日本の親子

不安・怒りから あらたな関係の創造へ

平木典子・柏木惠子 編著

金子書房

まえがき

『日本の親子』と聞くと、みなさんは何を思い浮かべるでしょうか？　子育ての苦労や不安、子の受験や就職の問題、さらに歳老いた親の介護などなど、さまざまな親子のシーンを思い浮かべるでしょう。いずれも親にとっても子にとっても、楽しさよりも少なからぬ心身の労苦をともなう体験が多いことでしょう。

本書は、二〇一四年刊行の『日本の夫婦』の姉妹編ですが、副題の「不安・怒りからあらたな関係の創造へ」は、このような現代の私たち親子の労苦の中から見えてくる、あらたな親子関係の未来像を集約したものです。

親子関係の心理学といえば、そのテーマは長らく母子関係、それも育児期にほぼかぎられていました。それが大きく変わりました。これまであたりまえとされてきた〈育児は母の手で〉、〈男は仕事〉という生き方は、ゆがんだ形で崩れ始めています。

少子高齢化と労働の女性化（機械化、コンピュータ化）という史上初の事態は、従来の男女の生き方を破綻させました。肉体労働に代わって機械やコンピュータが登場して、女性にも職業への道が開かれ、女性には母でも妻でもなく一人の個人として生きる可能性と必要性が生じました。女性の職場進出は保育所が不足するほどの勢いであり、子育ては母親だけではすまなくなり、ようやく父親が登場しました。そこで男性は、親としてのみならず、夫として男性としての意味が問われるようになりました。しかし、多くの男性は家族のため、生活のためにと多忙な仕事に専念してきた末に、うつになったり家族から粗大ゴミと疎まれたりしてはじめて、父親としても夫としても、まして一人の人間としても生きていなかったことにやっと気づかされているのです。

一方、生殖の仕組みがあらわになり受胎調節技術が普及した結果、子は「つくる」ものとなり、「少なく産んでよく育てる」ために、過剰な期待と介入の対象になりました。その結果、子は自らの志と力で育つ機会を失い、親への反逆や自己嫌悪に陥っています。その具体例は各章に描かれています。

高齢化の不安と日常的に訪れる地球規模の異変を前にして、私たちは、一見、異常とも受けとられかねない言動を通して、山積する課題にかりたてられ、分断されていく親子関係の危機を表現しているように思います。今や、産業革命以来の科学万能主義と利便性・合理性の追求がグローバルな危機をもたらしたことが明らかになりはじめ、二十一世紀の人々はあらたな生き方を問われています。

育児に登場し始めた父親、保育士や祖父母など母親以外の人々の育児・養育参加は、先進国に共通の関心事です。能率と速さを競うのではなく、身近な人々が、それぞれのペースで、その人らしく生きることを支え合える関係、その原型は夫婦・親子の関係にあるでしょう。

本書が、男性と女性が親としてのみならず、夫婦として、さらに一個人として生きる道を考えるよすがになれば、望外の喜びです。

二〇一五年八月二十日

平木典子
柏木惠子

目次

装幀　岡田真理子

第I部

日本の親子関係の特徴と課題

第1章　ヒトの親子の特質と日本の子育て

根ケ山光一

1　動物の子育て

「子ども」の対立概念は「大人」です。子どもの出発点は親の繁殖の営みによって生じた一個の受精卵であり、それが発達して大人となり、自ら繁殖を行います。そうして世代を超えて遺伝子を伝えていきます。大人にまで成長するには、子ども時代に誰かから栄養などの資源を受け取り、守り育ててもらわなければなりません。個体単位で考えれば、子どもへの保護や資源供給は、その子どもの親が行うのが基本です。親は自分と同じ遺伝子を共有する子どもを生産し、それに対して資源供給の負担を引き受けることを通じて子どもを育み、次世代に自分の遺伝子が残るように努めます。生物学的にはそれが子育ての機能です。保護や資源供給を行う者と受ける者という構図の中では、子どもの対語は「親」であるともいえます。

1　繁殖と育児

雄と雌は互いに協力して子育てを行うことも可能ですが、それを相手に委ねて自分は別の異性を求め、次のあらたな子作りに専念することもまたひとつの選択肢です。それらは、子どもの保護の程度、一回に生まれる子どもの数やその成長の速度、あるいは生息環境の厳しさや捕食の危険性などによっても変わってきます。

ポルトマンやピアンカは一度に生まれる子どもの数やその成熟度などによって、親子の繁殖のスタイルが異なると指摘しました（Portmann, 1951; Pianka, 1970）。妊娠や哺乳という形で子どもに保護や資源供給を行うことが哺乳類の雌の役割であることから、人間でも子育てを行うのは母親であると半ば自明視されてきました。確かに、多くの哺乳類の雌が子育て行動を行うのは事実であり、親子における身体間の資源移動に限定すればその通りかもしれません。

しかし、遺伝子を子どもと共有するという点では父親も母親とまったく同等で、その父親が子育てに関与しても何の不思議もないのです。現に子どもや母親を守ったり、それに資源を供給するのが父親の役割であるという考え方もあります（Kleiman & Malcolm, 1981）。とくに体格や牙などの武器に大きな性差のある種の場合にはそういうことが起こりやすいといわれます。子を身ごもり出産し乳を与えるのは雌による役割ですが、そのような母子二者間の身体的なつながり以外では、雄による保護も子育ての一側面であるということができます。

実は両親を同じくするきょうだい同士も、母親や父親に対するのと同じ遺伝子の共有率を有しています。きょうだいは、大人と違ってそれ自身も子ども、つまり成長途上の個体であるため、世話や捕食獣からの防衛などの保護を引き受けるよりも、子どもを「遊び」に引き込むことで子どもを親から離し、育児の負担を軽減させます。また、遊びによってその子どもはさまざまな体験をし、それによって生活圏や仲間関係を広げ、また運動能力などを高めることができます。それは子どもの自立を促進するでしょう。

遺伝子は、親だけでなくいとこやおい・めいなど、それを共有する個体全体の繁殖の結果としてもたらされる遺伝子の総量を適応の指標とみなす、というのが包括適応度の考え方です。同じ遺伝子を共有する個体同士のサポートによる子育てを考えれば、祖父母や親きょうだい以外の近縁個体も子育てに関与して当然でしょう。働きバチが、自らは子どもを産まず、女王バチの産む自分のきょうだいをせっせとヘルパーとして育てるのは、この包括適応度の枠組みの典型例です。

2　子別れ

子育てが自分と同じ遺伝子を共有する幼い個体へのサポートだとすれば、その子どもが成長するにつれて養育の必要が減少し、親は可能であればその子どもを自立させて次の繁殖へと進もうとします。親が子どもに提供しうる母乳などの養育資源量が、子どもが親に求める養育資源量を上回っている場合は何の問題もありません。しかし子どもの要求量が親の供給量を超えると、母子間に反発性が生じることになります。その反発性をトリヴァースは離乳期の母子の争いと呼びました（Trivers, 1974）。養育資源をめぐる親子間の対立が親子を分離させ、子どもを自立へと導きます。それは狭義の「子別れ」と呼ばれるものです（根ケ山２００２a）。子別れの大事なポイントの一つは、親子に健全な反発性の存在を認めることです。しかし子どもが母親からスムーズに自立していくためにはその段階的な反復が不可欠で、反発性は離乳期にのみ顕在化するわけではありません。出産もその意味では親子間の反発性の一つの例です。

親と子ども相互の親和性と反発性は時々刻々その比率を変化させ、ダイナミックに相互作用を展開します。刻々と変化する相手の状態にあわせて、あるいはその変化を先取りして刻々と適切な手を打ち、その展開の主導権を親子ともども握ろうとするのです。

その反発性は子どもの自立を促しますが、母子の反発性だけが子どもを自立させるわけではありません。

母親と子どもの関係が子育ての原点だとしても、上で述べたように、それを取りまくさまざまな個体も子育てにかかわっています。まわりの個体が子育てをシェアすることも母子の分離に貢献しますし、そのような母親以外の個体による子育ては「アロマザリング」と総称されます（根ケ山・柏木　２０１０）。アロケアといわれることもあります。ダイナミックな関係は親子の間だけではなく、むしろ周囲の個体を取り込んだ複合的な広がりの中で展開されるのです。

アロマザリングはさまざまな動物種で確認されています（三浦　２０１０）。霊長類も発達したアロマザリングが見られる動物群です（根ケ山　２００２ｂ）。ヒトは、母子が離れつつも子が保護されることを特徴としており、それはアロマザリングがあって可能となっているのです（根ケ山　２００２ｂ）。

２　ヒトの子育て

１　「氏」とヒトの子育て

「氏名」は、われわれが人をどう認識しているかを知るおもしろい切り口であり、またそれはヒトの子育てを考えるうえでも大きな示唆を与えてくれます。名（ギブンネーム）は個に付与されたラベルですが、氏（姓、ファミリーネーム）は文字通り「家族」に対するラベルです。「血」の繋がった家族を核として、親族が同じ氏を共有しています。心理学的に「氏と育ち」というときの氏は遺伝という意味ですが、ヒトの個体は他者と生物学的に「遺伝子」を共有しつつ、「親族グループ」としての氏を社会的ラベルとして共有するのです。「○○家の△△さん」という具合に、人は個人としてのみならず、その人の背後にある親族集団によっても枠づけられます。その親族集団は、母系父系の両系にまたがって、先祖代々までさかのぼり子々孫々まで下りうるものです。子育ては子どもという個を育てることですが、実はそのように個とその背後にある親族集団のセットにかかわる行為なのです。そう考えれば、精子バンクなどを利用して生まれた子どもは、そういった血縁との繋がりを半ば喪失して育つわけで、これは本人のアイデンティティや発達にかかわる問題を提起しているといえるでしょう（Appleby & Karnein, 2014）。

１９７０年代に『ルーツ』という米国の小説が話題を呼びました。かつて奴隷として米国に連れてこられた黒人の子孫が、アフリカにそのルーツを訪ねるという事実を基にしたストーリーでした。自分の存在を成り立たせている血の繋がりを知って、はじめて自分というものが定まるという人間の自己認識の特徴がここにもみられていると思います。ひと頃日本で大きな社会問題として注目を集めた中国残留孤児の「里帰り」も、肉親を求めることを含むさまざまな動機に基づいたものでした（張　２００７）。

婚姻とは、血縁という生物学的枠組み同士が社会的に結びつけられる仕組みです。また伝統芸能の世界では「○○流」のように、非血縁的同族集団が形成され同じ氏が共有されます。さらに氏は養子縁組を通じて変更されますし、襲名とはギブンネームまで変更する行為であり、そこで受け渡されるのは単なるラベルではなく、その名前に付随する人格や価値・名声・財などです。そこではむしろ、名跡を引き継がせるのに恥じない優れた素質の人物を血縁にこだわらずに探し求め、大事に育てるようなことも起こります。

つまりヒトは、血縁とそれを超えた広い同族のネットワークを形成して生活することを特徴としています。子育ても、単に「育てる」という行為で直接に結びついた個体間の関係の中だけで完結していません。ヒトの子育てを親子という二者の問題に封じ込めてはならないのです。そのネットワークはメンバー同士相互に認識しあっていますし、子どももそういうネットワークの中で育てられます。子ども自身その中にいることを知っていますし、むしろ積極的にそのネットワークを利用もします。その枠組みは個人にとってサポートシステムともなり得るし、逆に足かせともなり得ます。

ヒトの男性は相互に許容的で、積極的に連合を作ることを強く志向するという説があります（Flinn, 2011）。連合する者同士はネットワークの中で親交をもち、結束してほかの外部ネットワークと対抗するというのです。また外部ネットワークとの抗争が、ネットワーク内の凝集性を高めることに貢献します。しかしこれはなにも男性にかぎった話ではないでしょう。婚姻は、外部親族集団を内部集団化する契機となります。ヒトの場合、こうして父系にかぎらず母系も含めた複雑な拡大親族ネットワークが形成され、そのなかで子どもが育っていくのです。

2　ヒトにおけるアロマザリング

さきほど述べたように、子別れは親子の身体資源をめぐる反発性と、周囲の個体によるアロマザリングという二つの要素によって支えられています。ヒトの場合、たとえば粉ミルクと哺乳ビンの存在は母乳哺育の負担を軽減しますし、おんぶひもやベビーカーは運搬の負担を軽減します。つまりさまざまな「モノ」の介在が母親の負担軽減とアロマザリングの強化にあずかっているのです。モノは親子を離しもするし引き寄せもします。家も距離調節の道具としてのモノですが、モノによる母親の子育ての代行や身体的負担の軽減という側面は、アロマザリングの一環と見なしうるものです。

子どもにモノを導入するのは親をはじめとする養育者ですが、導入したそれらのモノが、今度は親に替わって子どもに影響を与えます。子どもはそのようなモノの価値の多様性の中で育ちゆくことになります。それらのモノがもつ機能、あるいはそれが帯びている社会的価値については、親子間やそれを取りまく周囲の人々との間で評価の不一致がありえます（たとえばコンピュータは学習や連絡に便利な道具ですが、のめり込むと子どもが現実社会との接点を見失いかねないという両価性があります）。

さらにヒトの場合は、アロマザリングの担い手としての父親の役割が、ほかの霊長類と比べて格段に重要となっています（根ケ山　2002a）。それは、ひとつには子どもが成熟するまでに極めて長い時間を要することと、もうひとつには母親が子育てだけではなく、趣味など子育てと相容れない活動にかかわることのゆえです。前述のようにヒトの子育てには、母親の身体機能を代行するモノが多数存在します。たとえば哺乳ビンのように、それらを活用することでヒトの父親は、身体資源提供という母親にあてがわれた役割をも代行しうる存在となっています。血縁の繋がりをもたない専門家としての保育士もしかりです。また哺乳ビン自体も、その販売や流通、あるいは乳首のゴムや容器のプラスチック、粉ミルク、それぞれの原材料の生産・調達などと、目もくらむような複合システムの上に成り立っています。

ヒトの子育ての特徴は、そのような多様なモノと個体を積極的に組み合わせることによって豊かな「モノ−ヒト」システムを構成し、さらにそのシステムを複数組み合わせて入れ子構造化し、豊かで複合的な様相を呈しているところにあると考えられます。保育士・保育空間・遊具がそろった保育所などはその複合システムの典型例ですが、それはさらに「制度」として保育所間や行政・経済・法律などの巨大システムのネットワークの中に位置づけられています。

他方、安全のために親が子どもに持たせる携帯電話やＧＰＳ、あるいは補助繁殖（Freeman et al., 2014）と呼ばれるような人工的な繁殖の支援システムや代理出産、人工授精の技術なども、母親の身体機能と資源を他者が肩代わりするという意味でいえば、最先端の医療システムを巻き込んだヒト独特のアロマザリングだといえます。先端科学の世界ばかりではありません。安産祈願・七五三参りなど、成長の節目節目で育児にかかわっている神社仏閣やその背後にある宗教なども、育児という観点からはすべてアロマザリングの一翼を担っているといって過言ではありません。

そのような「モノ－ヒト」を束ねる諸システムをひとくくりにして「シクミ」と呼ぶならば、ヒトの子育ては「モノ－ヒト－シクミ」の膨大なシステムのなかで行われる営みであることが認識されます。それは母乳という身体資源をめぐる離乳時の母子間の対立を補償する受け皿であり、ともに子別れの重要な構成要素として母子間の相互自律的・協力的なコンパニオンシップを実現しています。筆者はヒトのアロマザリングを、そのように大きな生物学的枠組みと文化社会的枠組みのセットでとらえています。ヒトの子育ては、雌の身一つで子育てする世界とはまったく次元を異にしているのです。繰り返しますが、母子だけに限定して子育てを考えるのは、ヒトの場合には大変狭い視点といわねばならないでしょう。

3　ヒトの子育ての課題

1　複合的アロマザリング

さきにヒトのアロマザリングは複雑であると述べましたが、お産ひとつとっても、母親一人で行うことはまれであり、通常は産院やクリニックで行われ管理されます。その場で働く医師や看護師だけでなく、医療器具や薬品なども母親の分娩を助けるアロマザリングの一要素ですし、病院の事務システムも医療保険制度も医療スタッフを養成する教育制度も、すべて間接的なアロマザリングであるということができます。

母親の身体性が子育ての原点であるというとき、それはとくに接触をベースとした母・子の二項（二者）

関係と深くかかわっています。そしてそこにモノが介入して三項関係となります。ヒトにおいてはその三つめの要素としてのモノが帯びる価値が、親子の関係のあり方に大きな影響を与えます。

第三の要素はモノばかりではありません。ヒトあるいはモノ－ヒトシステムが第三の要素となることも多いのです。アロマザー（アロマザリングの担い手）は子どもを母親から離して、家庭の外へと連れ出します。そこはそのアロマザーの生活の場であり、子どもはそのなかで別の他者やモノに出会い、あらたな三項関係を構築します。そのようなことを通じて文化が子どもに伝播されるのです。

2 アロマザリングの抱える問題

医療にせよ保育にせよ、社会がそれらを制度として提供し、親は対価を払ってそのサービスを受け取ります。それは、もともと親子の間身体的な行為であった子育ての中にモノやシステム、あるいは金銭を介在させることでもあります。見方を変えれば、子育ての場において親子の身体を遠ざけることにつながります。身体を疎かにした子育ては、子育てに適合するように進化してきた身体と必ずしも整合しているとはかぎらず、困難ももたらしています。

モノの介在が親子に困難をもたらしうる例として、医師にとっての都合を優先させた「お産椅子」の登場によって、産む女性の身体の主体性が奪われたことがあります（長谷川　２００４）。出産の日時と場所が医師の都合で決まることも同様です。「妊娠・お産は病気ではない」という主張がしばしばなされるのは、医療主導で主体性を奪われた母親の直感的な不満の表れでもあるでしょう。

妊娠・出産は母子の両身体が直接かかわり合う事柄ですし、また育児は親と子どもの主体性がぶつかり合う場でもあります。とくに子どもは親の資源を引き出す力を備えた能動的な存在であり、それが子別れの原動力ともなっています。モノの介在は、そうした子の身体の予定調和的な関係に挿入された撹乱因子ともなりかねません。

身体同士の関係は、タッチの世界にもっともよく反映されます。触ることを通じたコミュニケーションには、触ることが同時に触られていることでもあることや、当人同士しか触体験を共有できないことなど、独自な属性がいくつもあります（根ケ山　２００２ａ）。モノの介在による身体の疎隔は、遊具・育児具全般にわたって生じる可能性があります。

母乳哺育は単なる栄養補給ではありません。人工栄養の問題もその好例でしょう。そこでの口唇部の接触から子どもは安心感を得るし、身体接触は母親の子どもに対する絆も補強します。また乳頭への刺激によって排卵が抑制され、次の妊娠の後傾化ももたらすという意味で天然の受胎調節機構でもあるのです。哺乳ビンによる哺乳にはそういった効果はあまり期待できません。哺乳ビンが介在することによって、身体－身体という二項性から身体－モノ－身体という三項性へと変化が生じ、このような直接的相互性が弱まります。

また、大人が提供するモノと、それを与えられる子どもの身体・行動傾向との間に齟齬があれば、子どもの能動性がそのモノとの不適切な接触を生むことになります。それは子どもの「事故」という深刻な問題にもつながります。生後一年目を除いて、不慮の事故は一貫して子どもの死因の一、二位の位置を占め続けています（表１－１）。モノは子どもを保護すると同時に、危険にもさらす両価性をもっています。導入するモノが子どもの能動性とうまく整合しないと、たとえば誤飲による窒息などの事故を招くことをこの表は教えてくれています。

多様なアロマザーが子どもに視線を注ぐことは、親の育児のバックアップとなりますが、同時に多様な価値の併存状況に子どもをおくことにもなります。その場合にはアロマザーが「子どもにとっては母親が一番」など、自らの価値観をふまえたまなざしを能動的に母子に向け返し、視点を相対化させる働きをします。他者のまなざしのなかに親子が位置づけられ、ほめられたり叱られたりしながらそのまなざしの評価を受けとめ、子どもが育つのです。祖父母は孫のアロマザーですが、それは同時に母親が行う育児の評価者でもあり、場合によっては批判者ともなりえます。同じことは母親と子どもの父親つまり夫との間にも生じますし、子どもを保育所・幼稚園・学校に通わせれば、その保育士や教師との間にも生じます。昨今の「モンスター・ペアレント」現象もその一断面です。これもアロマザリングが招く育児の難しさの一環でしょう。

4　日本の親子・子育て

1　母子密着

ヒトの子育ては、種としての共通点とともに、文化や生息環境による違いもあります。日本では、子育ての負担が母親に集中する傾向が強いといわれます（柏木　２０１０）。日本の母親の子育てに対する過剰な美化と期待はまた、「母性神話」と

表1-1　性・年齢階級別にみた主な死因の構成割合（平成24年）
（厚生労働省平成24年人口動態統計月報年計〈概数〉の概況より）

	年　齢	第１位			第２位			第３位		
		死　因	死亡数	死亡率	死　因	死亡数	死亡率	死　因	死亡数	死亡率
男児	０歳[注)]	先天奇形等	390	73.3	呼吸障害等	165	31.0	乳幼児突然死症候群	88	16.6
	1～4	先天奇形等	86	4.0	不慮の事故	80	3.7	悪性新生物	51	2.4
	5～9	不慮の事故	72	2.6	悪性新生物	51	1.9	肺　炎	17	0.6
	10～14	不慮の事故	66	2.2	悪性新生物	59	2.0	自　殺	55	1.8
女児	０歳[注)]	先天奇形等	417	82.5	呼吸障害等	148	29.3	乳幼児突然死症候群	53	10.5
	1～4	先天奇形等	91	4.4	悪性新生物	50	2.4	不慮の事故	43	2.1
	5～9	悪性新生物	33	1.3	不慮の事故	30	1.1	先天奇形等	20	0.8
	10～14	悪性新生物	51	1.8	不慮の事故	28	1.0	自　殺	20	0.7

注）０歳の死亡率は出生10万に対する率である。

いわれることもあります（大日向　２０００）。その一方で父親不在も日本の家庭の大きな特徴とされ（柏木　２０１１）、母親のみに子育ての負担が大きくのしかかっているのが日本の現状です。

日本では、かつては祖父母、地域ネットワーク、そして家庭の内外における多数の子どもたちの群れといったものが、母子の過剰な密着化の防波堤となっていました。しかし今はそういう防御の枠組みがことごとく弱体化し、その一方で母子を取りまく環境の危険度が増し、数少ない子どもを母親が責任をもって守り育てなくてはならないという圧力が増してきています。今の日本はこのような閉塞的な状況のなかで、母子だけが互いに向き合い、ストレスを高めているのです。

たとえば就寝形態として、日本は母子の共寝と父の別室就寝が多いことが特徴的です（片山　２０１０）。それは母子の排他的な結びつきの原因でもあり結果でもありましょう。夜間一人でい続けた場合、空腹や寂しさで子どもが泣きやすく、おっぱいを含ませることがその対応策となります。それが母体への刺激となり、結果として排卵が抑制され次の妊娠が遅延します。母子が同室就寝するということは、母乳哺育やその母子関係の長期化、夫・妻のパートナーシップの弱体化、母子結合化に繋がっているのです。

一方、たとえば英国の子どもは、親の寝室とは別の子ども部屋のベッドに覚醒したままで入れられ、独りで寝ることを強いられます（根ケ山　１９９７）。日本と違って、親が子どもをコントロールするという特徴があるのです。そのような日本の母子の関係は、子どもが自立するときに母親が示す「空の巣症候群」や、出産に際して実家に身を寄せる「里帰り出産」（小林・陳　２００８）など、独特の母子関係に繋がっています。妻が里帰り出産した夫は父親としての意識や関与が有意に低いのですが（久保ほか　２０１２）、これも子育ての協力に消極的な夫の妻が実家の支援を求めた結果という側面があるかもしれません。

2　離乳・断乳

離乳は、親の身体資源への依存からの脱却という意味で、子別れと深くかかわっています。霊長類種を比較すると、子主導的な離乳をするタイプ（ボンネットモンキーやチンパンジーなど、子が母親から自然に離れていく）と親主導的なタイプ（ニホンザルなど、母親が子を拒否して離す）とがあります（根ケ山　1996）。ヒトにはその両方の離乳のスタイルがともにあります。上で述べたように、日本の母子は密着傾向が強いことを特徴としていますが、しかしいつまでもその状態が続けば母子の自立がともに妨げられることになるので、それを避けるためにはどこかで母子が離れなければなりません。日本の助産師桶谷そとみが確立し普及させた桶谷式断乳は、それにかかわる日本の離乳の特徴を考えるうえで示唆に富んでいます。

桶谷式断乳とは、生後一年を過ぎたどこかの時点で、母親が専門家の指導のもとで乳房にこっそりと顔の絵を描き、それを子どもに見せるとともに、それ以降の乳頭への口唇接触を許さない離乳法です。これを実施するときに子どもは歩行と固形食摂取が十分できていなくてはならず、またそれを実施するには気候もよく、子どもも元気な日であることなどの条件もあります。

そして大事なことは、それによって断乳実施者の大半が数日の内に、憑き物が落ちたように離乳を達成することです（Negayama, 2011; 相川　2015）。その日を境にきっぱりと母乳を断つという意味ではまぎれもなく「断」乳ですが、子ども自身の内なる自立志向性の兆しを利用した、母子共同作業なのです。乳頭への接触拒否という親から子どもに向けられた反発性は、そのきっかけに過ぎません。子どもの側に受け入れ態勢が備わっていることを前提とするという意味では、むしろ「克乳」とでも呼ぶべきものです。

このように、子どもの主体性をふまえて適切なタイミングで適切な切断の力を行使すれば、子どもは驚くほど速やかに親から自立します。子どもというものは保護への依存と独立への希求をともに抱えるアンビバレントな存在なのです。親は自立への希求という子どもの主体性を見逃さず、その力を利用して子どもを自立させてやればいいのです。それは親の引力から子どもを解放してやることであるとさえいえます。母子の密着的関係を特徴とする日本の育児にとってこのような反発性の力は、過剰な密着を調整する子別れのための弁なのでしょう。

日本における親子間の反発性の機能について、同様のことは離乳食をめぐっても指摘できます。子どもが食べる瞬間に、食べ物を与えている母親の口に、子どもの口の動きと同じ動きが無意識のうちに現れることがあります。これは共感反応とか共感的開口と呼ばれるもので、そこには食べる側と食べさせる側の主体・客体の交錯があります。自他の混交といってもいいかもしれません。この行動は最初のうち母親の開口が子どもの開口に先行しますが、やがて子どものほうが先行することが増えてきます。つまり主導性が親から子どもへと移行するのです。そして、摂食における子どもの自立が出始めると減少していき、自他が分離していきます。

興味深いことに、離乳食が本格化する一歳を過ぎた頃に、日本の子どもは母親による食供給に対して積極的に拒否を発現させ、それが母親の供給自粛を引き出します。これも英国に比べて日本の母子に多発する行動です（Negayama, 1998-1999）。ここでも日本の親子は、自立するために反発性をテコにしています。このように、断乳あるいは食の拒否などにみられる親子の反発性は、日本の親子にとって大事な距離調節機能をもっています。

似たような身体感覚の共有は、くすぐりなどの身体接触遊びにおいても指摘できます。これは共感性の原基となるもので、私はこのくすぐりのような、身体同士の二項関係でありながら、子どもの身体の一部をまるで第三項であるかのように対象化して成立する関係を「原三項関係」と呼んでいます（Negayama,

2011)。このようなくすぐりや食を契機にした身体の重なりと分離は、やがてごく普通のモノを対象とする真正の三項関係へと展開します。

3 守姉・地域

ところで、子どもの発達にとって重要な役割を果たすヒトのアロマザリングは、大人によるものとはかぎりません。沖縄の多良間島には「守姉（土地の方言でムラニまたはムレネエネエ）」という風習があり（根ケ山 2012）、その風習は子どもも重要なアロマザーであることを示してくれています。具志堅（2013）によれば、それと似た風習が、沖縄のほかの島々にも伝わっています。実は若い雌のアロマザリングは、ほかの霊長類でも見られる現象です（Lancaster, 1971）。

守姉とは、赤ん坊に近居する血縁のないもしくは遠縁あるいはいとこ程度の間柄の少女が、その親から見込まれて子守を指名され担当する風習で、それは単なる一過的なお手伝いというよりも、擬似的な親子のように子どもの世話を専属で引き受け、その排他的関係を一生続けていくという特殊なものです。それを頼む際は、赤ん坊の親が重箱にご馳走を詰めて少女の家を訪問し、また受けた少女は半ばその赤ん坊の家族のようにその家庭に出入りして寝泊まりしたり食事をともにしたりしますし、赤ん坊も半ば少女の家族の一員となります。少女の母親は「ダクアンナ」と呼ばれ、この人も赤ん坊にとって特別な存在となります。少女は、赤ん坊の家庭から時に晴れ着などをプレゼントされることはあっても定期的に報酬をもらうようなことはなく、その点でも通常の子守とは違います。

多良間島の守姉は、子どもや周囲の環境に対する大人の信頼があり、また子どもにもそれができるという自負があるところに成立する風習です。子どもの側には見込んで指名されることの喜びとプライドがありますから、その役割をおろそかにしません。そしてそうすることを通じて、子どもも自然に子育てのノウハウを赤ん坊から学びとります。

この風習の大事なところは、単にその「守姉－赤ん坊」間のアロマザリングにあるのではなく、それを契機として両家族が疑似姻戚的な関係に入る点にあると私は見ています。親はその家族が長期にわたり自分たちとの親しい交流の対象としてふさわしいかを測りながら守姉を選び、また守姉の親も赤ん坊の家族を選んでいるのです。この点は、ほかの動物のアロマザリングとは一線を画するところです。そういえばご馳走持参で申し入れをするのもどこかしら「結納」のようです。それを通じて赤ん坊と少女は二つの家族間を行き来するようになります。この風習が教えてくれるものは、豊かなネットワークの広がりの中で子どもが育つこと、そしてそのネットワークはダイナミックに広がっていくこと、子どもはその要に位置していること、そういう複合的なネットワークの中を行き来することでさまざまなまなざしや価値に触れながら子どもが育っていくことです。

それは母系・父系という血縁を超えた育児ネットワークにほかなりません。血縁のない友人や遠縁の女児と赤ん坊が結びつくことで、地域の子育てネットワークが拡大されます。それはその赤ん坊と少女にとって、生涯にわたるバックアップの親族サポート体制を得ることです。これは、籍を入れるというような社会制度的な裏づけのあるものではありません。しかし生涯にわたって独特の親しい特別な関係を形作り、実質的な連携を実現する大事な関係なのです。これを背後で支えているのは、沖縄のユイマール（地域共同体の相互扶助）の思想で、乏しいからこそ助け合い、豊かなサポートシステムをつくっているのです。

日本人は互いにファミリーネームで呼び合うのに対し、西欧の人々はギブンネームを用います。おそらくその習慣の違いには、親族のリンクをより重視する日本人と個人をより重視する西欧人という違いが反映されているのでしょう。守姉はそういう日本のネットワークと調和した風習のように思われるのです。

ところが、その守姉が今廃れつつあります。原因は放課後も勉学と部活動を奨励する学校教育や習い事にあると思われます。そしてもう一つは、本土復帰後設立された保育所の影響もあるでしょう。もちろん保育も社会にとって大事なアロマザリングシステムですが、保育を職業とする専門家がそのための専用空間を用意して、育児に特化して子どもとかかわる保育所は、社会がその用途のために設定した仕組みであり、子どもが地域の遊びの中で子どもとかかわるという守姉とは本質的に異なる側面をもっています。

守姉や断乳のような土着的もしくは慣習的な仕組みには、われわれの社会が意識化できていないような、風土や生活に叶った合理性が備わっている可能性があります。社会がよかれと思って意図的に用意する仕組みは、その意図された目的のためには特効的な優れたシステムではありますが、その人工性はそれまでの長い時間の中で自然発生的に成立していた土着の安定的な仕組みと競合し、それらが担っていた優れた役割を知らず知らずのうちに崩すように作用しているかもしれません。あらたな仕組みや考え方を導入する場合には、その導入の功罪を慎重に検証しなくてはならないと考えます。

引用文献

相川公代　２０１５　桶谷式断乳にみる母子関係の変化　早稲田大学大学院人間科学研究科２０１４年度修士論文

Appleby, J.B. & Karnein A.J. 2014 On the moral importance of genetic ties in families. In T. Freeman, S. Graham, F. Ebtehaj & M. Richards 2014 *Relatedness in assisted reproduction: Families, origins, and identities.* 79-96, Cambridge University Press.

張嵐　２００７　中国残留孤児の帰国動機――語られ方をめぐって　日本オーラル・ヒストリー研究　**3**　99-124頁

Flinn, M.V. 2011 Evolutionary anthropology of the human family. In C.A. Salmon & T.K. Shackelford (Eds.) *The Oxford handbook of evolutionary family psychology.* 12-32, Oxford University Press.

Freeman, T., Graham, S., Ebtehaj, F. & Richards, M. 2014 *Relatedness in assisted reproduction: Families, origins, and identities*. Cambridge University Press.
具志堅邦子　２０１３　守姉という存在　沖縄国際大学大学院地域文化論叢　**15**　45－63頁
長谷川まゆ帆　２００４　お産椅子への旅――ものと身体（からだ）の歴史人類学　岩波書店
柏木惠子　２０１０　アロマザリングを阻む文化　根ケ山光一・柏木惠子（編）　ヒトの子育ての進化と文化――アロマザリングの役割を考える　有斐閣　163－181頁
柏木惠子　２０１１　父親になる、父親をする――家族心理学の視点から　岩波ブックレット
片山勢津子　２０１０　子どもの就寝様式に対する母親の意識について　日本建築学会計画系論文集　75（647）　17－23頁
Kleiman, D.G. & Malcolm, J.R. 1981 The evolution of male parental investment in mammals. In D.J. Gubernick (Ed.) *Parental care in mammals*. 347-387, Springer.
小林由希子・陳省仁　２００８　出産に関わる里帰りと養育性形成　北海道大学大学院教育学研究院紀要　106　119－134頁
久保恭子・岸田泰子・及川裕子・田村毅　２０１２　出産前後の里帰りが父子関係、父性、夫婦関係に与える影響と支援方法　小児保健研究　71　393－398頁
Lancaster, J.B. 1971 Play-mothering: The relations between juvenile females and young infants among free-ranging vervet monkeys *(Cevcopithecus aethiops)*. *Folia Primatologica*, **15**, 161-182.
三浦慎悟　２０１０　動物におけるアロマザリング――哺乳類を中心に　根ケ山光一・柏木惠子（編）　ヒトの子育ての進化と文化――アロマザリングの役割を考える　有斐閣　11－30頁
根ケ山光一　１９９６　サルの子別れ・ヒトの子別れ　青少年問題　**43**　26－31頁
根ケ山光一　１９９７　親子関係と自立――日英比較を中心に　柏木惠子・北山忍・東洋（編）　文化心理学　東京大学出版会　160－179頁
Negayama, K. 1998-1999 Feeding as a communication between mother and infant in Japan and Scotland. *Annual Report of Research and Clinical Center for Child Development*, **22**, 59-68.

根ケ山光一　２００２a　発達行動学の視座――〈個〉の自立発達の人間科学的探究　金子書房
根ケ山光一　２００２b　霊長類を通してみたヒト乳幼児の母子関係――反発性の視点から　心理学評論　**45**　399－410頁
Negayama, K. 2011 *Kowakare*: A new perspective on the development of early mother-offspring relationship. *Integrative Psychological & Behavioral Science*, **45**, 86-99.
根ケ山光一　２０１２　アロマザリングの島の子どもたち――多良間島子別れフィールドノート　新曜社
根ケ山光一・柏木惠子　２０１０　ヒトの子育ての進化と文化――アロマザリングの役割を考える　有斐閣
大日向雅美　２０００　母性愛神話の罠　日本評論社
Pianka, E.R. 1970 On *r*- and *K*-selection. *American Naturalist*, **104**, 592-597.
Portmann, A. 1951 *Biologische Fragmente zu einer Lehre vom Menschen*. Verlag. 高木正孝（訳）　１９６１　人間はどこまで動物か　岩波書店
Trivers, R.L. 1974 Parent-offspring conflict. *American Zoologist*, **11**, 249-264.

第2章　母親と父親

牧野カツコ
石井クンツ昌子

はじめに

本章では、まず最初に、国際比較や歴史的変遷の視点から日本の家族と育児の特徴について触れます。欧米諸国と比較すると、日本の家族では性別役割分業によって「父親は仕事、母親は育児」と役割がはっきりと分かれていることが特徴的です。子育てがもっぱら母親の仕事と考えられている日本の家族の現状と問題点についてまず先にとりあげ、次に父親の育児・子育て参加の意識と現状について述べることにします。

1　日本の家族の特徴・子育ての特徴

1　子どもが育つ家族の現状

日本の家族の親子関係を考えるうえで、まず子どもが生まれて育つ家族の状況を見ておきましょう。子どもは普通「家族」の中に生まれます。子どもは家族を選んで生まれてくることはできません。生まれた家族には、父親、母親ときょうだいがいたりすることもあるでしょうし、祖父母がいたりすることもあるでしょう。母親一人と自分だけということもあるでしょう。

　家族というと夫婦と子どもを思い浮かべる人が多いかもしれませんが、日本では、子どものいる世帯の割合は、減少の一途をたどっています。二〇一四年発表のデータでは、十八歳未満の未婚の子どもがいる世帯の数は、平成二四（二〇一二）年には一、二〇〇万世帯で、世帯総数に占める子どもがいる世帯の割合は二四・九％、三〇年前の約半分ほどの割合になりました（図2-1）。このうち子どもが一人という世帯が全世帯の一〇・八％、二人という世帯が一〇・九％、三人以上という世帯はわずか三・三％という結果です（厚生労働省国民生活基礎調査）。

　子どものいる世帯を家族構造別にみますと、夫婦と子どものみの世帯が七一・九％を占めていて、七割以上の子どもが両親と子どもという構成で暮らしています。ひとり親と子どもの世帯の割合も増加していて六・六％（八十万世帯）を占めます。また祖父または祖母を含む三世代世帯は一八・〇％となっています。

　出生率の低下、三世代世帯の減少は、子どもにとってはきょうだい、祖父母との関係がなくなり、子ども

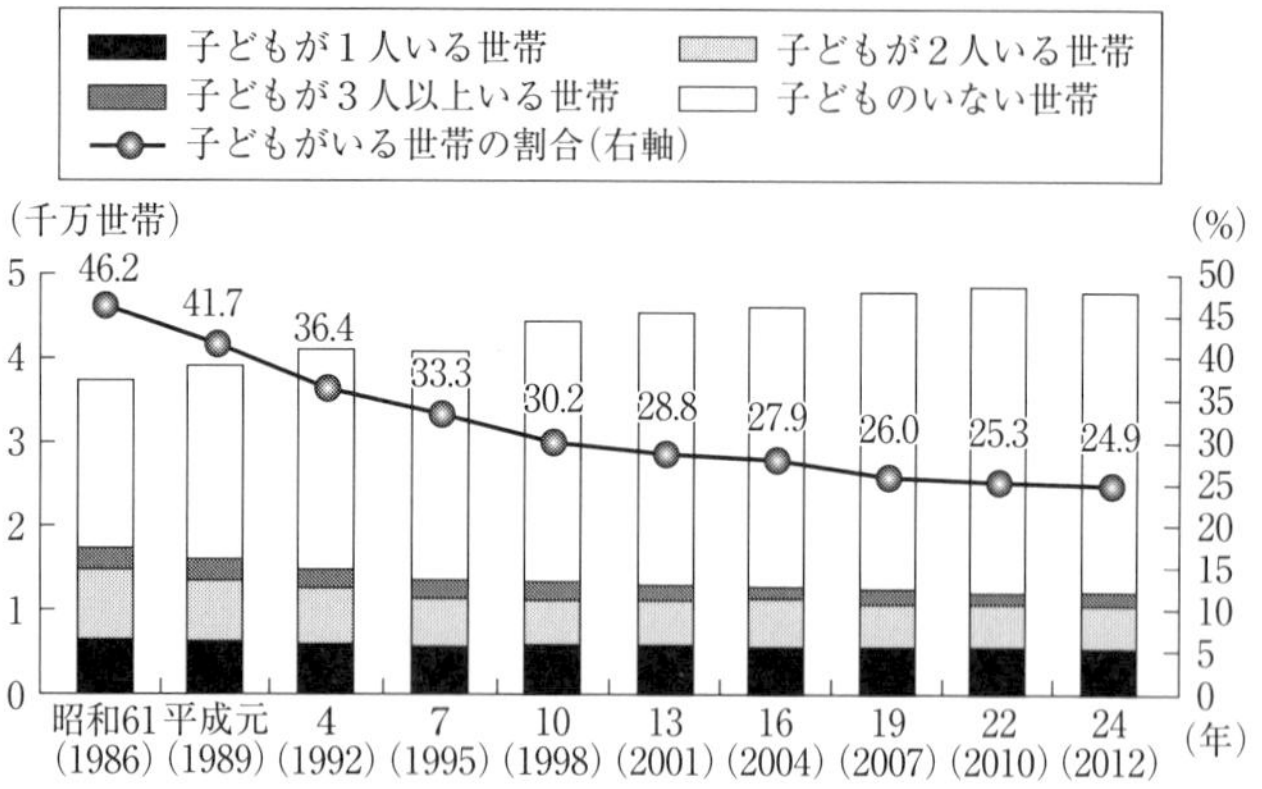

出典　厚生労働省「国民生活基礎調査」

注）平成7年は兵庫県を平成24年の数値は福島県をそれぞれ除いたものである。

図2-1　18歳未満の子どものいる世帯数と子どもの数別割合

が成長する過程で、日常かかわる家族の人々が非常に少なく、単純になっていることを意味します。子どもが幼いうちは「父親は仕事、母親は育児」という性別分業を当然とする社会の通念がいまだに強いので、父親は子育ての責任をもっぱら母親に任せることが多いのです。母親以外にほとんど接する人がいない家族の中では、子どもはコミュニケーションの能力や言語や社会性を育てることがどうしても難しくなっています。

親世代に平均五人のきょうだいがいた時代には、父親側に四人のおじ・おば×五人の子どもで二十人のいとこ、母親側にも二十人のいとこがいた計算になります。実際には会うこともないいとこも多かったことでしょうが、さまざまな年齢のいとこと遊んだり、教えてもらったり、けんかをしたりして育ってきました。現在の若い親世代は、きょうだいが一人か二人という人がほとんどです。今や、いとこが一人もいないという青少年が育っています。きょうだいもいないうえに、いとこもいない、乳幼児期の遊び相手はいつも母親という子どもたちは少なくないのです。

2　工業化の進展と家庭と職場との分離

日本の家族では、子育てがもっぱら母親の仕事とされ、父親の子どもとのかかわりが少ないことは、多くの調査や研究で指摘されてきました。

戦後日本の急速な工業化の進展によって、農林漁業に従事する家族が激減し、非農林雇用者世帯が急速に増加しました。雇用労働者の増加は、父親の家庭からの物理的、精神的不在をもたらしたといわれています。これは日本だけの現象ではなく、生産労働の場が家庭と分離することによって先進工業社会の欧米でも大きく問題にされてきました。ドイツの精神分析学者ミッチャーリヒは、一九六〇年代に、『父親なき社会』を出版し、職業が専門化し分業が進み、複雑な管理体制の整った現代社会の労働形態は、農業や手工業の世界と異なり、子どもは労働する父親の姿を見ることがなく同一化の対象を失い、「父なし子」が成長すると論じました（ミッチャーリヒ／小宮山訳　１９７２）。

「機械による大量生産と分業の発達、住居と労働の場所との分離、自立生産社会から消費的な賃金労働の被用者への立場の変化は、父親の権威の空虚化と家庭内外での父親の威信の失墜とを絶えず促進してきた。（163頁）」「子どもにとって身近な父親の姿は、職場での怒りや疲労や噂話を持ち帰り、ただ横たわる父親である。（159頁）」

（ミッチャーリヒ／小見山実（訳）『父親なき社会――社会心理的思考』新泉社　１９７２年）

先進工業国がいずれも直面するこの「父親なき社会」の現実は、五〇年たった今でも、とくに日本では色あせることなくあてはまるといえましょう。

日本の場合は、高度経済成長期に定着した「育児、子育ては母親の仕事」という意識と実態は、経済の低成長期になっても変わらず、子育ての責任がほとんど母親に任されている状態は、世界的にみても大変顕著です。

3　国際比較からみえてくる日本の家族

ここで日本の家族の特徴を、家庭教育に関する国際調査から見てみましょう。独立行政法人 国立女性教育会館が二〇〇五年に日本、韓国、タイ、アメリカ、フランス、スウェーデンの六か国を対象に、家庭教育についての大規模な国際比較調査を行いました。

調査対象は、〇～十二歳までの子どもと同居している親またはそれに準ずる保護者で、回収サンプル数　各国とも父親五〇〇人、母親五〇〇人（ペアではない）です。この調査は国際家族年の一九九四年の調査との比較ができるように、多くの項目を共通に設定しました。まず、子どものいる家族の一般的な概要を見てみましょう。

二〇〇五年時点での子どものいる家族の就業状況を見ますと（表2-1）、日本では、夫婦がそろっていて妻が専業主婦という家族が五一％を占めて、最も割合が多くなっています。韓国では日本以上に専業主婦の割合が多くなっていますが、スウェーデンではわずか一六％であることは注目すべきでしょう。アメリカ、フランス、タイなどでも二〇％台であることは、専業主婦が主たる形ではなく、共働き家族のほうが主流であることがわかります。十年前の一九九四年調査と比較すると日本ではむしろ専業主婦家族が増加しています。スウェーデンでは、専業主夫家族も六・二％

表2-1　家族の就業状況（％）（家庭教育に関する国際比較調査　1994年，2005年）
（日本女子社会教育会，1995，国立女性教育会館，2007より作成）

		N	配偶者／パートナーあり 共働き家族	専業主婦家族	専業主夫家族	無職家族	不明	計	なし計
日本	1994	1,067	47.4	49.7	0.3	0.2	0.4	97.9	2.1
	2005	1,013	42.3	51.1	0.4	0.2	0.7	94.8	5.2
韓国	1994	1,004	25.7	72.9	−	0.6	−	99.2	0.8
	2005	1,009	36.9	61.1	0.6	0.2	0.2	98.9	1.1
タイ	1994	1,000	67.4	28.3	0.7	0.2	0.3	96.9	3.1
	2005	1,000	66.2	23.8	1.4	1.7	−	93.1	6.9
アメリカ	1994	1,000	53.2	25.3	3.2	2.1	3.4	87.2	12.8
	2005	1,000	54.0	25.8	2.1	0.8	4.6	87.3	12.7
フランス	1994	−	−	−	−	−	−	−	−
	2005	1,001	55.8	25.3	3.2	0.8	7.8	92.9	7.1
スウェーデン	1994	1,113	61.0	17.8	5.9	2.6	1.3	88.6	11.4
	2005	1,026	58.0	16.3	6.2	2.6	7.2	90.4	9.6

注）「専業主婦家族」とは，父親が有職で母親が無職の家族。

「専業主夫家族」とは，父親が無職で母親が有職の家族。

「無職家族」とは，父親と母親とも無職の家族。

「不明」には，配偶者の性不明，本人の職業不明，配偶者の職業不明が含まれる。

と少なくありません。日本では専業主夫という家族は〇・四％しかなく、六か国のなかでもとくに少ないことが目立ちます（牧野　2007）。

配偶者／パートナーが「なし」ということは、ひとり親家族をさしています。

アメリカでは十年前と変わらず一二％を超えています。日本の場合は一〇年前と比べると増加しましたが五・二％で、欧米諸国よりは割合は低くなっています。この調査の回答者が、両親がいて面接調査に回答できる余裕のある家族であるとみることもできますが、調査対象は一都市にかぎらず全国を代表するように抽出されているなど調査の条件は六か国とも共通ですので、比較は可能です。

4　子育ては母親、稼ぎ手は父親の日本

図2-2のように、子どもの食事の世話をする人は日本では、圧倒的に「主に母親」と答えています（八五・九％）（父母の回答を合わせたもの）。「主に父親」であるという答えはわずか二・五％で、「父母両方でする」という回答も著しく少ないのです。韓国も日本と同様の傾向ですが、スウェーデン、アメリカ、フランスでは、「おもに母親」の割合が減り、「両方でする」が多くなっています。

日本ではしつけも「主に母親」という割合が高く、世話もしつけも子育てはもっぱら母親の仕事となって

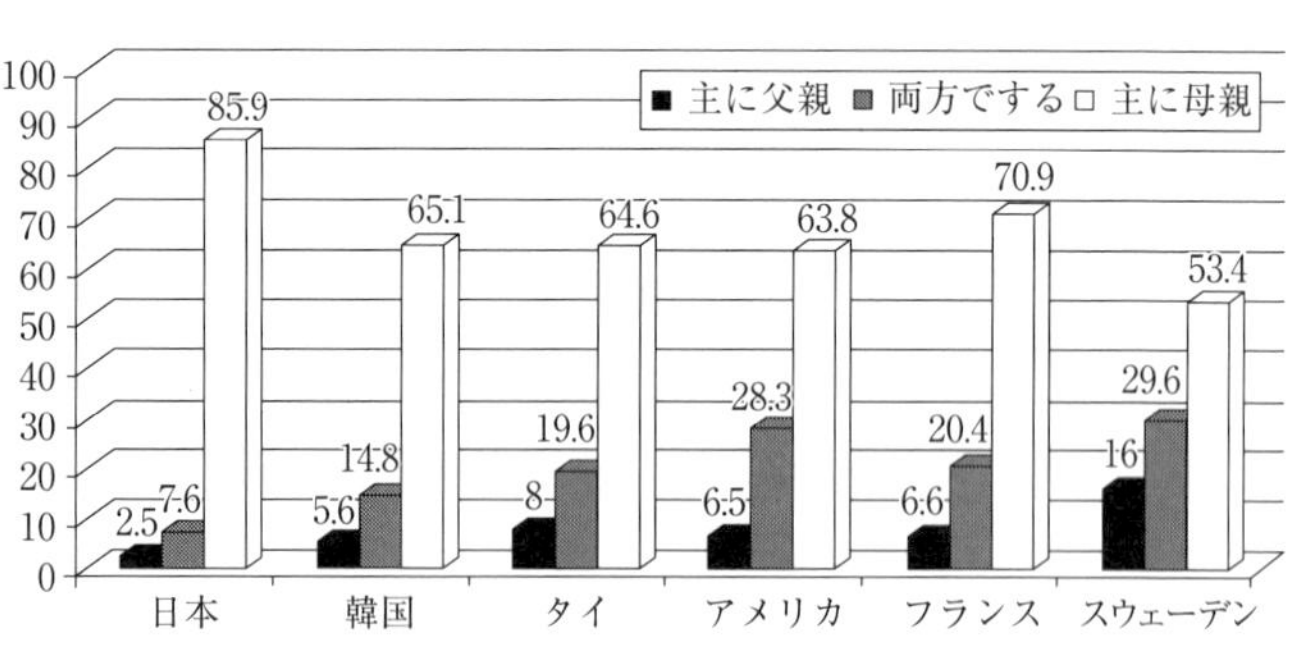

図2-2　食事の世話をする（家庭教育に関する国際比較調査　2005年）
（国立女性教育会館，2007）

いることがよくわかります。スウェーデンでは、子どものしつけは両親二人の仕事であり、母親一人の仕事ではないという意識であることがわかります。韓国では、食事の世話については日本と似た状況でもっぱら母親ですが、子どものしつけについては、日本よりも父親がしつけに参加しているという結果でした。

　では、日本の父親は子どもについて何をしているのかというと、図２‐３に示すように、「生活費を負担する」という項目で「主に父親」がする割合が圧倒的に高くなっているのです。スウェーデン、フランスでは、生活費について、父母がともに負担し合う家族がもっとも多いことがわかります。タイ、アメリカでも生活費を得る仕事をするのは父親のほうが多いけれども、それでも夫婦がともに稼ぐ、という家族は日本や韓国よりはるかに多いのです。ここでも「男は仕事、女は家事・育児」と日本の家庭内の性役割分業が非常にはっきりしていることが明らかです。

　日本の場合、子育てがもっぱら母親の仕事となっている状態は、この十年間ほとんど変化がなく、六か国の中でも父母の役割の差がとくに顕著にみられました。比較的平等のスウェーデンでは食事の世話をする父親が十年の間に五・七％から一六％にまで増えて、主に母親がするという家族は六七％から五三％にまで減っているのに対して、日本では主に父親がする家族は二・七％ほどしかなく、十年たっても二・五％と増えるどころか減っているのです。依然として食事の世話は八六％の家族で主に母親が行っ

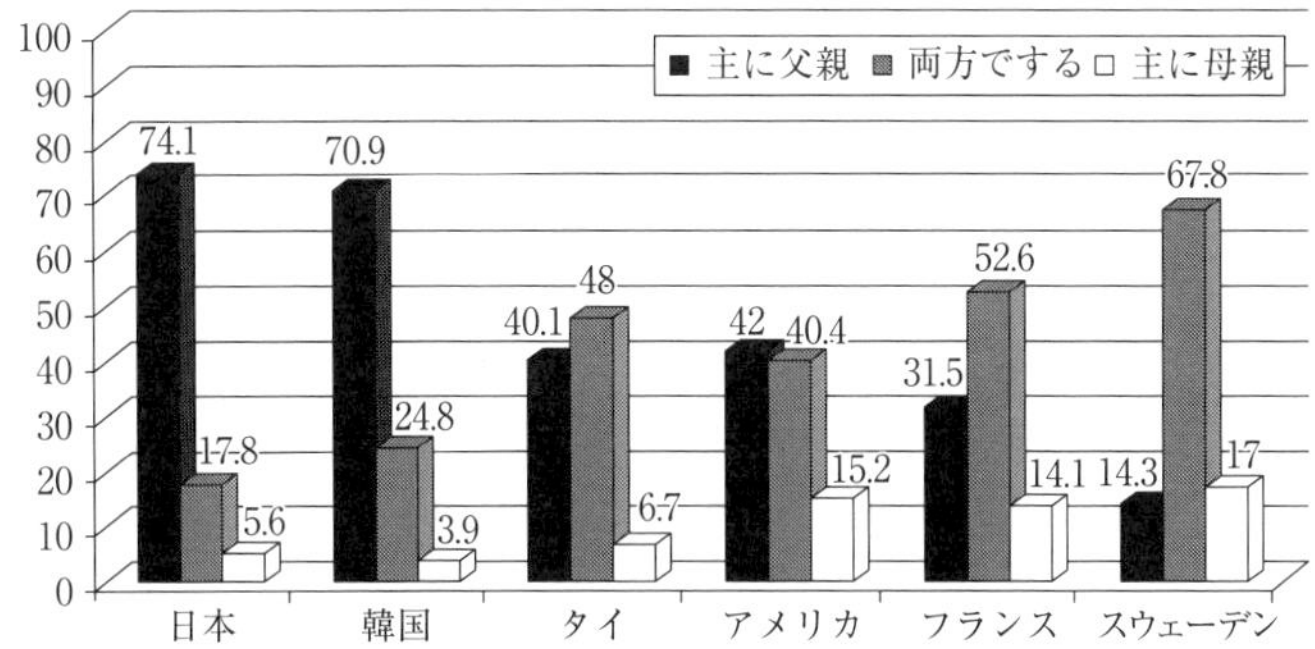

図2‐3　生活費を稼ぐ（家庭教育に関する国際比較調査　2005年）
（国立女性教育会館，2007）

ているという現状です。

日本の父親と子どもが接する時間が少ないことについては次節で詳しく述べますが、一方で日本では母親と子どもと一緒にいる時間が最も長く、子どもとの緊密すぎる関係が浮かび上がります（図2-4）。

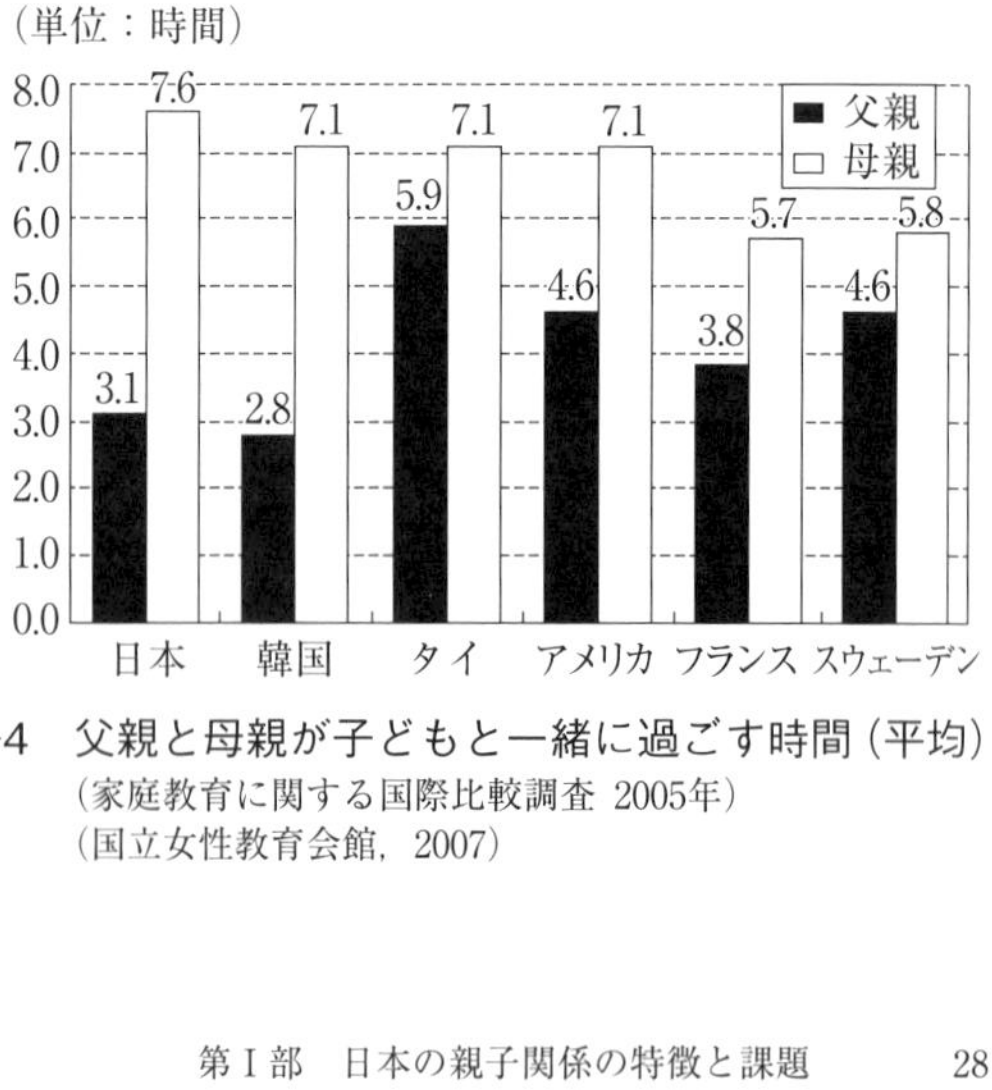

図2-4　父親と母親が子どもと一緒に過ごす時間（平均）
（家庭教育に関する国際比較調査 2005年）
（国立女性教育会館，2007）

5　性別割分業意識の源流

欧米諸国が家族の中の性別役割分業を減らし、共働き家族が増加してきたのに対して、日本ではなぜ「男は仕事、女は家事・育児」の性別役割分業がかくも根強いのでしょうか。韓国の家族でも日本と同じような性別役割分業が強く見られるのは、両国が長く儒教の影響を受けてきたことによるところがあるからと思われます。

わが国の江戸時代には、士農工商の封建社会の身分秩序維持のために、幕府が儒教思想を広め、人びとが生まれながらの分を守ることを徹底させたことはよく知られています。世の中には天地自然の秩序、理があると諭し、男尊女卑の言葉が示すように、「男が主、女は従」、「男は外、女は内」などの言葉で、倫理規範として広めたのです。四書五経の女子版として作成された女大学、女中庸などの書物は、女子の手習いの書として江戸期に普及し、女子が守るべき行動規範を示していました。

この性別役割の倫理規範は明治維新による近代化以降も、家制度を柱とする旧民法のもとでは、男女差別と役割分業を土台としていて、変わることがなかったのです。また、明治五年に近代学校制度が成立した後も、修身を通じて、儒教の規範は学校教育で教え続けられてきました。第二次世界大戦後の新憲法により男女の平等が宣言されるまで、およそ四百年の長きにわたって「男子は外を治め女は内を治む」に象徴される儒教規範は子どもや人々の意識に刷り込まれてきたといえます。

6　戦後の経済発展と性別役割分業

戦後の新憲法によって基本的人権や男女平等の思想が確立しましたが、この性別役割分業規範は、やがて日本の戦後の復興と高度経済成長政策の推進のために、再び学校教育のなかにも取り入れられ、人々の倫理規範としてよみがえるのです。

戦後の復興期を終え、一九六〇年代後半から日本は経済の高度成長期に入ります。右肩上がりの経済成長と所得倍増論などに人々は希望をもち、文字通り会社人間として猛烈に働きました。戦後の日本の経済発展を支えたのが性別役割分業に基づく「男は仕事・女は家庭」のスローガンでした。長い封建時代を経て明治以降は修身教育に取り入れてきた男女別の役割意識は、人びとに抵抗もなく受け入れられたといえるように思います。

一九五八（昭和三三）年から中学校の職業・家庭科は「技術・家庭」科となり、学習指導要領で、教育内容が「男子向き」「女子向き」に分けられました。まさに男子は生産労働に、女子は家事労働に、性によって役割を分ける分業を、国家は学校教育においても推進したのです。

高等学校の家庭科についてみると、国は女子の家庭科必修が「望ましい」（一九五六年）としていた状態から次第に履修規定を強め、一九七〇（昭和四五）年には「家庭一般」の女子のみ必修（四単位）が義務づけられたのです。女子が家庭科の授業を受ける間、男子は、体育（格技）を学ぶこととなったため、体育の授業時間にも男女の差ができるという不平等な教育課程ができたのです。このような教育政策の結果、男は家庭生活を振り捨てた身軽さでモーレッ社員となって生活費を得る役割を果たし、女は、家庭内の家事・育児・介護などの無償労働を引き受ける体制が確立してきたといえるでしょう。

男女で不平等な家庭科の教育課程は、一九八五年に日本が国連の女子差別撤廃条約を批准し、その後国内での多くの議論の末にようやく中学校、高等学校とも家庭科の男女共学、必修が行われるようになったのです。高等学校で家庭科の男女共学がスタートしたのは、条約の批准後およそ十年を経た一九九四年からです。それから二十年、男子も家族・保育について学ぶようになった家庭科の男女共学世代は、現在ようやく三五歳ということになります。共学で家庭科を学んだ男性たちは保育に抵抗がないといわれています。

いずれにしてもわが国の性別役割分業意識は儒教の歴史に根差す大変根強いものであること、加えて戦後の経済政策、教育政策によりむしろ強化されてきたために、今日まで女性の政治、経済の場への参加を阻み、男性の子育て参加を阻む大きな壁となっているといってよいでしょう。

2　日本の母親と子どもの濃密な関係

1　母子一体の人間関係

日本の家族の「男は仕事、女は家事・育児」という性別役割分業意識が、長い歴史を背景とする根深いものであることを見てきましたが、もう一つ日本の育児を特徴づける厄介な意識が、日本人と「母」の問題です。明治以降の家制度のもとでは、「子ナキハ去ル」と言われていたように、子どもを産まない嫁は三下り半の離縁状で離婚をされたりしました。子を産み母となることによって女性は夫婦関係ではなく母－子というタテの関係を強固にすることができ、家の中での地位が安定したのでした。嫁にとっては、愛する男性の子というよりはそれとまったく切断された文字通りのわが子であり、かくて妻は母に変身し、母と子の強い心理的な結びつきがつくられてきた、と言われています。

一九五八年から六〇年にかけて日本に滞在し、東京近郊のサラリーマン家庭の実態をつぶさに観察したアメリカの社会学者エズラ・ボーゲルは、日本人の親子関係と育児様式について、基本的に「母と子の相互依存」であると表現しその特徴を強調しました。日本の乳児期の母と子は、添い寝、おんぶ、一緒に入浴すること、外出するときに絶えず子どもを一緒につれていくこと、など、「肉体的にも心理的にもきわめて親密である」と述べました。アメリカの子どもが泣く場合、自分の内的緊張を自分で解消させていかなければならないことを学んでいるのに対して、日本の幼児たちはどんな緊張が起ころうとも、いつも母親が自分のそばに来て、肉体的に心地よくしてくれ、慰めてくれると思うのである、と日米の育児様式の違いを表現しました（ボーゲル　1968）。

精神科医の土居健郎が臨床的経験の中から分析した「甘え」の概念は、日本社会のさまざまな文化的特質や、日本社会の特徴を非常によく説明できることから、一九七〇年代に人々の注目を集めました（土居　1971）。日本文化の背景にある「甘え」の心理や「甘え甘やかす」人間関係などの原型が、母子関係における乳児の心理に発しているとしています。乳児が母親に密着することを求める感情は、確かに洋の東西を問わずある程度普遍的なものといえますが、日本人の場合、とくに注目すべきことは、甘えには「渾然とした一体感を楽しむ」という情緒的な「自他一致の状態」があるという点です。つまり母親自身が、幼児の密着することを求める感情を心地よく感じそれを望んでいる、ということにあります。

英語の「依存」（dependency）という言葉では、「甘え」の本質が言い表しにくく、欧米の言語には適切な語彙がないといわれるのは、この自他の一体感にあるとされています。土居は、臨床の場での経験から、日本語の、すねる、ひがむ、ひねくれる、うらむ、意地を張る、気兼ねする、こだわるなどの豊富な言語が「甘えられない」人間関係の心理に由来するものであることなどを分析しました。

臨床心理学者の河合隼雄が、「個」の論理が発達している欧米社会との対比で日本社会が「母性原理」を土台とすることを唱えたことも（河合　１９９７）、日本人と母親の問題を考えさせるものといえます。

2 「母性神話」の政治性

「三歳までは母の手で」あるいは「母性神話」、「母性信仰」といった言葉で表現されていますが、日本では「子育てにおいて母親は絶対的なもの」という社会通念が広く根深く浸透しています。「母性」という言葉は、大正時代に「母性偏重を排す」という論稿で与謝野晶子が最初に使ったのではないかと言われていますが、以後「母性」は天皇制と結びつき、母親なら当然持つべき自己犠牲と子への献身を賛美する思想になっていきました（加納　２００９）。本来、子を産むという自然に備わった営みにたいして、社会的営みとして子産み、子育てを女性の役割として押しつけてきた歴史があります。

雇用者家族の増加に伴って専業主婦が増加しますが、狭い住宅で母と子が向かい合い、育児の責任を一人で背負う母親たちの「閉塞状況」から、母親たちの育児不安や、幼児虐待、子殺し、母子心中などの事件につながることが指摘されました（木村　１９８０）。子どもが幼いうちは、母親が育てるべき、小さいうちから保育所や他人に子どもを預けることは子どものために良くない、といった通念が根強く、働く母親を不安にし罪障感を強めました（牧野　２００９、大日向　１９８８）。

日本のフェミニズムの動きは、一九七〇年代に入り、三歳児神話や母性神話が、いかに制度的、政治的につくられ利用されてきたかを明らかにする研究や論説を生み出し、母親たちは母性の呪縛から少しずつ解き放たれてきたといえます（江原　２００９）。今日では、日本人の乳幼児期の母子関係の緊密さは、かなり影を潜めているように見えます。保育所問題で騒がれている「待機児童」は、多くが〇歳児保育の入所待ちの問題となっています。〇歳から預けたいという母親たちの増加は、一見「三歳までは母の手で」といわれていた時代が去ったように見えますが、子どもの出産によって仕事を辞める母親は、三〇％に上ります（厚生労働省　２０１５）。日本では、欧米諸国と比較すると、M字型就労構造の底は浅くなりましたが依然としてM字型の構造は続いており、とくに乳幼児をもつ母親が働き続けることは、大変厳しい状況です。

母親たちは母性信仰から自由になったものの、「男は仕事、女は家事・育児」の性別役割分業意識の根強さによって、育児は母親の責任という社会通念がいまだに母親たちの行動を規制しています。制度的にも、政策的にも子どもを持つ母親が仕事を持ち続けることができる体制にはなっていません。なるべく早くから子どもを預けないと、二歳、三歳からでは保育所には空きがなくなるのです。よい保育施設がない母親たちは、職場復帰をあきらめ、子どもが友だちと遊ぶことができないことを残念に思いながら、密室での濃密な関係を続けざるを得ない状況です。

子どもが幼い間は、労働時間を十分に短くして、父親も母親もともに子育てを楽しめるというような職場の体制が確立しなければ、日本の母子関係の濃密さは変わることがないでしょう。

3 父親の育児・子育て

1 「育メン」ブームと父親の育児参加の現状

近年、日本では「育メン」という言葉が頻繁に聞かれるようになりました。「イケメン」をもじったこの言葉は育児を積極的に楽しむ「イケてる」男性という意味があります。メディアにおいては、子どもをもつ男性を対象とした雑誌が次々と発刊されたり、「育メン」を題材にしたドラマやコマーシャルが作成されたり、産業界では男性が使いやすい形状や柄を取り入れたベビーカー（乳母車）、ベビーキャリア（抱っこひも）や育児バッグなどの「育メン」グッズが流行するなど、今の日本では、父親の育児や子育てに社会経済的な関心が集まっているといえるでしょう（柏木　２０１１、石井クンツ　２０１３）。

このような「育メン」現象をもたらしたのは、少子高齢社会の到来により、日本政府が少子化対策の一貫として始めた父親の育児参加の奨励、発達心理学における父親研究の発展（柏木　１９９３）、男性学の台頭（石井クンツ　２０１３）、家族社会学を中心とした母親の育児不安研究の発展（牧野　１９８２）、一九九〇年代の男性運動の醸成などがあげられます。

日本政府の少子化対策に関しては、二〇一〇年六月の育児・介護休業法の改正は、その目的が明らかに父親の育児休業取得率を向上させることであるのがわかります。なぜなら、この改正では、①母親が専業主婦であっても、父親が育児休業を取得することができる、②出産後八週間（母親の産後休暇中）以内に育児休業をとった父親は、妻の産後休暇後に再度育児休業を取得することができる、③父母ともに育児休業を取得する場合、通常は子が一歳までの休業が一歳二か月まで可能となる（パパ・ママ育休プラス）などの、父親の育児休業を促進するという内容が盛り込まれたからです。

このように制度・政策的には男性が育児をできる環境が整ってきているのですが、現実的には日本の男性にとって、育児休業取得は「夢の話」である場合が多く、男性が毎日の生活の中で育児時間を確保するのでさえ、「至難の業」といえると思います。たとえば、男性の育児休業取得率は二〇〇九年の一・七二％から二〇一三年には二・〇三％と増えましたが、女性の八五・六％（二〇〇九年）と七六・三％（二〇一三年）と比較するといまだ低迷しているのが現状です。また、二〇一〇年の育児休業法改正後の二〇一一年のデータでは前年より二倍増の二・六三％の父親が育児休業を取ったということですが、その詳しいデータを見ると、女性で一番多いのが一〇か月～一二か月の育児休業期間であるのに対して、男性の場合は一か月未満の育児休業取得が最も多いのです。さらに、その内訳を概観すると、五日未満の「育児休業」を取得した男性が三五・一％、五日～二週間未満では二八・九％と、男性の育児休業期間が短いのがわかります。

日本男性の育児参加の低さ、とくに育児に費やす時間の顕著な男女差に関しては、諸外国との比較からも明らかです。牧野ら（２０１０）の調査によれば、韓国、アメリカ、タイ、フランス、スウェーデンにおいても、母親が子どもと一緒に過ごす時間は父親と比較して長いのですが、父親と母親の子育て時間の格差が一番大きいのが日本の四・五時間であるのがわかるでしょう（図2-4参照、28頁）。牧野らは同様な調査を一九九四年にも行なっていますが、この格差は最初の調査時の四・一二時間よりも大きくなったと報告されています。

それでは日本の父親はどのような育児に参加しているのでしょうか。時事通信社の「父親の育児参加に関する世論調査」（２０１１年）によれば、日本の父親が最も多くしている育児が子どもを「お風呂に入れる」であり、一九九九年から二〇一一年にかけては六五・六％から七五・二％の父親がそのように回答しています。次に多い項目は子どもの「遊び相手をする」で二〇一一年のデータでは七四％が「している」と回答しています。ほかの項目である「おしめをかえる」「ミルクを飲ませたり、ご飯を食べさせる」「寝かしつける」「保育園などの送迎」などへは半数以下の父親がやっていると答えています。この結果からわかることは、「お風呂」や「遊び」など比較的楽しい育児に父親が参加している場合が多く、反対に「おしめをかえる」「ご飯を食べさせる」などの子どもの身体的なニーズに対応した育児参加が少ないことです。このような傾向があるものの、一九九九年、二〇一〇年、二〇一一年のデータを比較すると、すべての項目で父親の育児参加は近年になるほど増加しています。

父親の育児参加にはこのような増加傾向が見られますが、日本の約四割の父親は子どもと接する時間が短いと悩んでおり、「平成十二年度子育てに関する意識調査事業調査」（こども未来財団　２００１）の調査でも、十五歳未満の子どもを持つ父親の約五割が男性も育児休業を取得するべきと答えています。これらの父親の育児参加に対する高い意識と前述した男性の育児休業取得率の低さを同時に考えると、日本では「育メン」現象のなかで、父親の多くが育児や子育てに参加するのは必要だと感じながらも、実際には仕事が忙しいなどの理由で、育児に積極的に参加するのが難しい状況にあるといえるのではないかと思います。これが、アメリカの家族社会学者のLaRossa（1997）が唱える父親の育児参加の高い「意識」と低い「行動」のひとつの例だと思います。つまり、父親の育児参加への希望が多くなってきているにもかかわらず、現実的にはなかなか育児時間を確保できないことや育児休業を取得できない今の日本の父親たちは、この狭間で右往左往しているのではないでしょうか。

2　子どもと家族への影響

父親の育児参加がどのような影響を子どもや家族へ与えているのかについての研究は、これまで発達心理学や家族社会学の領域で蓄積があります。父親の育児参加と子どもの発達との関係を見ると、父親の日常的な遊びや世話行為が三歳児の情緒的および社会的発達にポジティブな影響を与えていること（加藤ほか　２００２）や、父親と子どものかかわりにより母親の精神的ストレスが軽減されている場合には、小学校一、二年生の社会性の発達が良いこと（尾形・宮下　１９９９）、父親との接触時間が多い就学児ほど、そのような接触時間が短い子どもと比較して、友人や両親以外の大人に対して友好的な態度がとれる（Ishii-Kuntz, 2004）などがわかっています。

夫の育児・家事参加は子ども以外の家族にも何らかの影響を与えています。たとえば尾形・宮下（２００３）は幼児期の子どもがいる家庭を対象として調査を行った結果、夫からの家事へのサポートが少ない場合に妻のストレスが高くなり、そのために母親が可虐的な養育行動を取ることを明らかにしました。また、妻が夫の育児参加を高く評価して夫と協働で育児をしているという実感を得られていることが、母親の育児不安軽減につながります（山根　２０００）。さらに、夫の育児参加が頻繁であればあるほど、夫と妻の結婚満足度が高くなる傾向にあることもわかっています（佐々木　２０１２）。

父親の育児参加は父親自身へもさまざまな影響を与えています。母親が育児不安やストレスを感じるように、育児をする父親も同様の不安やストレスを感じています。冬木（１９９７）の調査によれば、従来父親に期待されてきた大黒柱的な役割と同時に母親に期待されてきたケア役割もこなす父親像を内面化している父親で、育児行動がその期待に伴わない場合、最も役割葛藤を感じているということです。また、育児をする父親へのインタビューからは、「父親が育児をすることに対して、家族や友人からの理解が低い」「公園デビューができずに、パパ・ママ友がいなくて孤立している」などが聞かれ（石井クンツ　2013）、父親も母親と同じように、育児ストレスを感じていることがよくわかります。

反対に育児参加の父親自身への影響にはポジティブなものもあります。たとえば、父親のディストレス（心身の苦痛や苦悩）は、父親の子育て参加が頻繁であるほど、低くなります（石井クンツ　2013）。子育てに楽しさを感じているのかに関する国際調査（内閣府「少子化社会に関する国際意識調査」2011年）によれば、日本の父親が子育てに楽しさを感じている割合が韓国、アメリカ、スウェーデンの父親と比較すると少ないのですが、それでも日本の男性の九〇％以上が育児の楽しさを感じています。父親の育児参加は父親自身に成長感をもたらすことも過去の研究で明らかになっています（柏木　2011、酒井　2009）。「第一回乳幼児の父親についての調査」データを分析した高岡ら（2006）は、平日に子どもと過ごす時間の多い父親ほど、自分が成長していると思っていることを明らかにしました。

4　若年成人子と父親の関係

日本における成人子の親子関係の研究は従来老親と成人子の同居に焦点をあてたものが多かったのですが、一九九〇年代後半からは「パラサイト・シングル」に代表されるような少子社会における若年成人未婚者の親依存に関する研究が増えてきました（宮本ら　1997）。

若年成人子の親子同居に焦点をあてた研究（鎌田　2003）では、全国的に非「大都市」地域に親同居が多く見られ、父親に関しては「高等教育を受けていない」「農林漁業に従事している」場合に親子同居が多いことがわかっています。成人子自身の属性に目を向けてみると、低年齢層の未婚者は親同居の傾向が著しく高いです。宮本ら（１９９７）は、この時期の親子関係は学校を卒業して就業している子もいるが、行動的には親に依存していることが特徴であると述べています。このように若年成人子とその親については、子どもの親への依存という視点からの研究が多く、親子研究の質や父親の影響などについての研究が比較的少ないのが特徴です。

日本の「パラサイト」的な親子関係に比べて、欧米の親子はより対等な親子関係を維持しているといえるでしょう。たとえばアメリカでは大人は幼少時から子どもに対しても、人格をもつ一個人として常に対等に接している場合が多く、社会的なマナーや公共道徳などのしつけを厳しく指導し、他人に迷惑をかけることがないようにしつけている場合が多いです。また子どもが幼少のころから「他人に迷惑をかけない」という社会性や公共心を厳しくしつけることにより、自立を促すという意味もあります。さらに、アメリカでは子どもを所有化することはなく、親の子どもに対する責任は、できるだけ早く子どもを自立させ、社会に貢献するよりよい社会人を育てることです。子どもも早くから自立したいと考えているために、中学生のころから精神的に自立し始めて、高校を卒業すると同時に、大学に進学するにしても、就職するにしても、経済的にも自立して、家を出て一人で生活することが多いのです。

親子関係の質などに関する研究は少ないものの、若年成人期への移行過程にある青年期後期の父子関係についての研究はいくつかあります。それらの研究結果を概観すると、妻から夫への信頼感が高い場合には、母親が認識する父親から娘への支持的なかかわりと娘が認識する父親からの支持的なかかわりの両方が高くなることが明らかになりました。つまり、夫婦間の信頼関係が、娘の父親からの支持に対する評価をあげているということです。さらに、娘が認識する父親の支持的なかかわりが、娘の自己肯定感と幸福度を高め、その結果、抑うつ傾向を低くしているという報告もあります（大島　２００９）。日米の大学生の親子関係と子どもの独立意識に注目した小野寺（１９９３）の研究では、父親と情緒的な結びつきが強い青年は、母親とも情緒的な結びつきが強く、独立意識も高いことが両国に共通してみられました。また、父親の養育態度が受容的であればあるほど、若年成人子の相互協調性が高くなる傾向も明らかになりました（松岡　２０１３）。

父親研究がさかんなアメリカでは、父親と子どもをフォローアップして調査する縦断的なデータも収集されています。そしてこれらのデータからは、父親の子育て参加は子どもへ長期的にポジティブな影響を与えていることが示唆されています。たとえば、父親と多くの時間を共有した女児はそのような時間が少なかった女児と比較して成人後の精神状態が良好であることがわかっています（Wenk et al. 1994）。また、父親から多くの愛情を受けて育った子どもは、そのような経験が少なかった子どもと比べて、成人後の自尊心と人生に対する満足感が高いことも明らかになっています。

このように、日米の研究からは父親の育児・子育て参加が子どもの発達と精神面で何らかの影響を与えていることがわかります。父親の子育て参加の子どもへの影響は、子どもの年齢により違いは見られますが、全体的にはどちらかというとポジティブな影響があることが示唆されています。

おわりに

日本では「男は仕事、女は家事・育児」の性別役割分業の意識と社会的な体制は、依然として根強く、母子関係と父子関係は大きく様相が異なっています。子どもから見ると、いつもそばにいる母親、いつも不在の父親です。この家族の構造は、離婚や死亡などによってひとり親家族になった場合に、一方の役割をとる人を失い大きな痛手となります。「母親も父親も、仕事も家事・育児も」という構造に近づくことが大切です。父親の育児参加は、子ども、母親、父親によい影響があることを述べてきました。母親の職業への参加もまた、父親の稼ぎ手としての負担を減らし、母親、子どもを成長させることになります（牧野ほか　1996）。

「育メン」ブームが到来したとはいえ、日本の父親の育児・子育て参加はいまだ限定的です。しかし、父親の育児・子育てに関する意識が高くなってきている今日であるからこそ、その行動を増やしていけるよい機会であるともいえるでしょう。そのためには、父親が育児・子育てをしやすい環境を整えていくという構造的な改革、そして、職場の上司や同僚をはじめ、一般社会に根強く存在する伝統的な性別役割分業意識の改革が必要です。

男性が育児や子育てをしやすい環境を整備するために長時間労働を減らすことはこれまで指摘されてきました。しかし、ほかにも有給消化率を高めることやフレキシブルな働き方を検討する必要があります。また、育児休業やフレックスタイムが取得しやすい環境をつくることも重要な課題です。意識的改革では、職場の上司などを対象とした男女共同参画に関する研修を実施しながら父親の育児・子育て参加の啓発を行なっていくことが必要です。しかし、男女共同参画意識を短期間で習得することは困難であることを考えれば、むしろ学校教育の中でこのような意識啓発が必須であると考えます。その意味で、とくに家庭科における家族の役割についての学習が期待されます。

よく母親から自分たちが育児や子育てをしても「育ウィメン」と特別に注目されることはないのに、男性が少しでも育児をすると「育メン」ともてはやされるのはおかしいと指摘されます。それはもっともなことですし、近い将来には「育メン」という言葉さえあまり注目を浴びなくなるくらい男性が育児や子育てを積極的にするのはあたりまえとなるような社会が到来することを期待しています。

引用文献

土居健郎　１９７１　「甘え」の構造　弘文堂

江原由美子　２００９　制度としての母性　天野正子ほか（編）新編日本のフェミニズム５（母性）　岩波書店　1-37頁

冬木春子　１９９７　父役割が父親の役割満足感と役割葛藤に与える影響　家族関係学　16　25-37頁

Ishii-Kuntz, M. 2004 Fathers' involvement and school-aged children's sociability: A comparison between Japan and the United States. *Japanese Journal of Family Sociology*, **16**, 83-93.

石井クンツ昌子　２０１３　「育メン」現象の社会学——育児・子育て参加への希望を叶えるために　ミネルヴァ書房

時事通信社　２０１１　父親の育児参加に関する世論調査

柏木惠子（編）　１９９３　父親の発達心理学——父性の現在とその周辺　川島書店

柏木惠子　２０１１　父親になる、父親をする——家族心理学の視点から　岩波ブックレット

加藤邦子・石井クンツ昌子・牧野カツコ・土谷みち子　２００２　父親の育児かかわり及び母親の育児不安が三歳児の社会性に及ぼす影響　社会的背景の異なる二つのコホート比較から　発達心理学研究　**13**　30-41頁

加納実紀代　２００９　「母性」の誕生と天皇制——母性概念をめぐって　天野正子ほか（編）新編日本のフェミニズム５（母性）　岩波書店　68-73頁

鎌田健司　２００３　成人子の親との同居に関する決定要因　経済学研究論集　19　109-126頁

河合隼雄　１９９７　母性社会日本の病理　講談社＋α文庫

木村　栄　１９８０　閉ざされた性　汐文社

こども未来財団　２００１　平成十二年度子育てに関する意識調査事業調査

国立女性教育会館　２００７　平成16年度・17年度　家庭教育に関する国際比較調査報告書

厚生労働省　２０１５　第３回21世紀出生児縦断調査（平成22年出生児）

LaRossa, R. 1997 *The modernization of fatherhood: A social and political history.* Chicago: University of Chicago Press.

牧野カツコ　１９８２　乳幼児をもつ母親の生活と〈育児不安〉　家庭教育研究所紀要　3　34-51頁

牧野カツコ　２００９　働く母親と育児不安――育児不安を生む社会環境　天野正子ほか（編）新編日本のフェミニズム（5　母性）岩波書店　220-237頁
牧野カツコ　２００７「家庭教育に関する国際比較調査」の概要と意義　研究ジャーナル Vol.11　国立女性教育会館　3-10頁
牧野カツコ・中野由美子・柏木惠子（編）１９９６　子どもの発達と父親の役割　ミネルヴァ書房
牧野カツコ・渡辺秀樹・舩橋惠子・中野洋恵（編）２０１０　国際比較にみる世界の家族と子育て　ミネルヴァ書房
松岡　恵　２０１３　相互独立的自己観と相互協調的自己観の発達についての臨床心理学的研究　博士学位論文　甲子園大学
宮本みち子・岩上真珠・山田昌弘　１９９７　未婚化社会の親子関係　有斐閣選書
ミッチャーリヒ、Ａ／小見山実（訳）１９７２　父親なき社会――社会心理学的思考　新泉社
文部科学省　高等学校学習指導要領解説家庭編（平成二二年五月）
内閣府　２００１　少子化社会に関する国際意識調査
日本女子社会教育会　１９９５　家庭教育に関する国際比較調査報告書――子どもと家庭生活についての調査
大日向雅美　１９８８　母性の研究　川島書店
尾形和男・宮下一博　１９９９　父親の協力的関わりと母親の育児ストレス、子どもの社会性発達および父親の成長　家族心理学研究　**13**　87-102頁
尾形和男・宮下一博　２００３　母親の養育行動に及ぼす要因の検討――父親の協力的関わりに基づく夫婦関係、母親のストレスを中心にして　千葉大学教育学部研究紀要　**50**　5-15頁
小野寺敦子　１９９３　日米青年の親子関係と独立意識に関する比較研究　心理学研究　**64**　147-152頁
大島聖美　２００９　妻から夫への信頼感が青年期後半の娘の心理的健康に与える影響　発達心理学研究　**30**　351-361頁
落合恵美子　１９９７　21世紀家族へ（第３版）――家族の戦後体制の見かた・超えかた　有斐閣選書
酒井彩子　２００９　妊娠期から育児期の父親の子育て、第一回妊娠出産子育て基本調査（妊娠期～０歳児期）報告書　ベネッセ教育研究開発センター・次世代育成研究所

佐々木卓代　２０１２　子育て参加と父親の成長認識――アイデンティティ理論と関与理論を援用して　博士学位論文　お茶の水女子大学
高岡純子・邵勤風・木村治生　２００６　父親の子育て観・教育観・家族観　第一回乳幼児の父親についての調査報告書　33－57頁　ベネッセ教育研究開発センター
ボーゲル、ＥＦ／佐々木徹郎（訳）１９６８　日本の新中間階級――サラリーマンとその家族　誠信書房
Wenk, D., Hardesty, C.L., Morgan, C.S. & Blair, S.L. 1994 The influence of parental involvement on the well-being of sons and daughters. *Journal of Marriage and the Family*, **56**, 229–234.
山根真理　２０００　育児不安と家族の危機　清水新二（編）家族問題――危機と存続　21－40頁　ミネルヴァ書房

第3章 子育ての文化と家族政策

船橋恵子

はじめに

家族を大切に思う人は多いでしょう。内閣府が二〇一四年三月に発表した『家族と地域における子育てに関する意識調査報告書』（全国二〇歳～七九歳の男女三〇〇〇人対象）でも、大切だと思う人間関係や繋がりとして、九七％の回答者が「家族」と答えており、「地域の人」「仕事仲間」「友人」等をおさえて突出して多いのです。

家族を大切に思う気持ちは、国境を越えて普遍的なようです。国立女性教育会館が二〇〇六年三月に発表した『家庭教育に関する国際比較調査報告書』（日本・韓国・タイ・フランス・スウェーデン・アメリカの六か国における十二歳以下の子どもと同居している男女の保護者六〇〇〇人を対象）でも、将来子どもに期待することとして、どの国でも九八～一〇〇％の回答者が「幸せな家庭を築くこと」を選んでおり、「高収入」「地位」「名声」「人のために尽くす」「趣味」をおさえて一位になっています。

しかしながら、この大切な家族を形成し維持するのは容易なことではありません。とくに子どもを産み育てることは、どこの国でも困難があり、だからこそ社会の未来の担い手である次世代を産み育てることについて、どの国でも支援政策をとっているのです。育児支援政策には、①親以外の専門家による保育・教育、

②親が子にかかわる権利と子が親に育てられる権利を保障する制度としての育児休業や労働時間短縮、③育児にかかる費用を社会的に再分配する児童手当、そして④親の育児そのものを支える親教育とピアサポートがあります。背景には、地域社会が変容し近所の人が気軽に手を貸せなくなってきたこと、育児を助けてくれる同居・近居の親族が少なくなったこと、少子化により育児に触れる機会が減って育児経験が自然には伝えられなくなったこと、産業構造が変化して母親が家の外で働く必要が高まったこと、育児にかかる費用が高くなったことなど、個人の心がけでは解決できない構造的な要因があります。

筆者は、フランス、スウェーデン、アメリカおよび日本で、育児中の家族を対象としたインタビュー調査を積み重ね、各国の育児支援政策・家族政策について調べてきました。その結果、どの国にも育児支援の切実なニーズがあり、いろいろな制度がつくられているのですが、どうも日本の子育ては困難度が高いのではないかという印象をもちました。日本でもほかの国と同じように保育所や育児休業や児童手当や親教育の仕組みがあるのに、なぜ日本は子どもを産み育てやすい社会と感じられないのでしょうか。

本章では、家族文化、親子の関係のもち方、母性意識の日本的特徴を明らかにしながら、そのような家族文化に規定された育児支援政策の問題点を洗い出し、どのような方向で子どもを産み育てやすい社会を形成していくか、一緒に考えてみたいと思います。

1　家族文化の違い

日本の家族文化の特徴として従来指摘されていたものに、就寝パターン、母乳へのこだわり、親子・夫婦の呼び方などがあります。

1　就寝パターン

子どもが生まれたら、夫婦は乳幼児をどこで寝かせるのでしょうか。従来、欧米では子どもを独りで別室で寝かせるけれども、日本では夫婦の間に幼い子どもを挟んで川の字になって寝るといわれてきました。そして、このような寝かせ方が、話さなくても側に居ればわかる「以心伝心」を鍵とする日本的コミュニケーションを育てる基盤になっていると指摘されてきました。

千石保は、ウィリアム・コーディルによる一九六〇年の日米母子関係比較観察調査を追跡して、一九八〇年に同様の日米比較観察調査を行っています（千石　1984、調査の対象は三～四か月児をもつ日米の家庭で、サンプル数は一九六〇年調査では日米とも三〇、一九八〇年調査では日本三七、アメリカ三〇）。日本の乳児は、一九六〇年にはすべて両親と同じベッド（布団）で寝ていましたが、一九八〇年にはベビーベッドの普及に伴い、両親と同じベッド（布団）一例、同室一三例、独りで別室就寝が十三例に変化しました。他方、アメリカの乳児は、一九六〇年に別室就寝が十七例、両親と同室が十三例、しかもその十三例はより広い家に引っ越して別室就寝になる予定でした。そして一九八〇年には別室二五例、同室三例です。アメリカでは乳児を夫婦の寝室から離して寝かせる規範が持続しており、日本では乳児を夫婦の寝室に一緒に寝かせる傾向が根強いことがわかります。

一九八七年に筆者も参加して行った日仏女性資料センター母子関係研究会の日仏子育てアンケートの結果を見てみましょう（フランス四三〇名、日本三三八名）。フランスでは、四五％がはじめから別室、子どもが三歳になるまでには九六％が別室就寝をしているのに対して、日本では、はじめから別室はわずか六％、三歳以後も母子が同室就寝している家庭が多数で七四％に上りました。インタビュー調査をしてみると、フランスでは狭いアパートで個室を複数取れない場合でも，夫婦のベッドを居間に持ってきて子どもは独立した別室で寝かせていました。ここには夫婦の親密な空間に子どもを入れないという考え方が基礎にあります。

比較的新しい調査結果ではどうでしょうか。筆者も参加した国立女性教育会館の『家庭教育に関する国際比較調査』（前掲）のデータからは，子どもと同じ部屋で寝ている親は，日本六五％，韓国五八％，タイ七八％，アメリカ一四％，フランス六％，スウェーデン二九％でした。欧米とアジアでくっきりと態度が分かれ，今日もなお就寝パターンは文化や生活様式に深く根ざしたものだということがわかっています。

2　母乳へのこだわり

日本は，母乳育児を礼賛する傾向が強い社会です。厚生労働省の『平成17年度乳幼児栄養調査』によると，妊娠中からぜひ母乳で育てたいと思っていた母親は四三％，母乳が出れば母乳で育てたいと思っていた母親は五三％で，はじめから粉ミルクで育てようと思っていた母親は一％しかいません。保健指導の現場でも，母乳は無条件によきものとされ，思うように母乳が出ない母親は悩むことが多いようです。

もちろん世界保健機構（ＷＨＯ）が勧めるように，一般に母乳には，①初乳の免疫効果，②母子の絆の強化，③母体の回復促進と排卵抑制効果，④常に適温で容易く経済的というメリットがあります。しかし，フランスやアメリカでは，母乳を無条件で良いものとは考えずに，各家庭の事情に応じてケース・バイ・ケースで選ぶような指導がなされています。

フランスのロングセラーの育児書（Pernoud, 1987）は，人工乳も栄養的に優れていること，母乳が出にくい人にとって母乳は容易でなく苦痛なこと，仕事に早く復帰するために人工乳が重宝なこと，母子の絆は母乳そのものによって形成されるのではなく、母親が子どもにかかわることの総体によって形成されること等に注意を促し、母親がどんな生活・人生を送りたいのか、はたして母乳がよく出るのかどうか、よく考えて自分で決めるよう促しています。また、父親の視点を取り入れているアメリカの育児書（Goldman, 1997）は、母乳でお乳が痛くなってしまった妻への対応に困難を感じたり、自分がのけ者になったように感じる父親もあり、赤ん坊を置いて夫婦で外出しにくくなるなどの問題も指摘しています。

たしかにヒトは哺乳類なのですが、こうした社会的・文化的な要素も考慮し、母乳が出にくい女性に過度なプレッシャーをかけない配慮が必要でしょう。

ちなみに内閣府の『少子化社会に関する国際意識調査報告書』（二〇〇六年）によれば、母乳育児（混合栄養を含む）をした人の割合は、スウェーデンが最も多く九三％、次いで日本八一％、韓国六八％、アメリカ四五％、フランス四四％となっていました。欧米諸国の傾向は同一ではなく、スウェーデンで日本より母乳育児が盛んなことは、大変興味深いことです。

3　親子・夫婦の呼び方

日本では、子どもが生まれた後、夫は妻を人前で「お母さん」とか「ママ」などと呼び、妻は夫を「お父さん」とか「パパ」などと呼ぶようになることが多く見られます。孫が生まれると、夫婦で「おじいちゃん」「おばあちゃん」と呼び合ったり、親となった成人子からそう呼ばれたりします。アメリカやフランスでは、筆者の観察したかぎり、このように夫婦がその子や孫に対する役割名で呼び合うことはなく、常にファースト・ネームかニック・ネームで呼び合います。

これは、敬語などのように他者との関係性において言語表現が多様に変化する日本語の特徴の一環といえるのかもしれませんが、むしろ日本の家族規範を表わしているのではないでしょうか。我妻洋と原ひろ子は、日本の育児様式を歴史的・文化的に多角的に検討した古典的名書『しつけ』（我妻・原　１９７４）において、日本の伝統文化のなかで女性の社会的役割が「嫁に行き、夫に仕え、姑に仕え、子供を生み、子どもを育てる」ことに集約されてきたことを指摘しています。女性が個として生きるより母役割に生きることが優先されたともいえるでしょう。子どもが生まれると、家を継ぐ男の子の育児に最大の努力を払うべきで、父親役割と母親役割は違うということを暗に示している呼び方の習慣ともいえます。「主人」や「家内」という呼び方も、やはり家族規範を表しています。

以上をふまえると、日本の家族文化は、就寝パターンや母乳へのこだわりや呼称習慣を通じて、個より伝統的家族関係を重んじ、性別分業を前提として母子が一体的な関係を持つよう、深いところで仕向けているといえるのではないでしょうか。

2　家族政策の違い

はじめに述べたように、育児が構造的に困難になってきたところから、どの国においても、保育・教育、育児休業、児童手当、親教育などが制度化されています。ここでは、社会民主主義的な政策をとるスウェーデン、その対極にあり自由な市場活動を最大限利用するアメリカ、伝統的社会組織が複雑な社会保障制度を組み上げているフランス、そして家族に基本的な福祉機能を求める日本の四か国をとりあげて、その特徴を紹介しましょう。

1　スウェーデンの育児支援

スウェーデンは、貧しい北国から発展した人口九〇〇万ほどの小さな福祉国家で、育児支援には政府が大きな役割を果たしています。労働組合が基本的に政府の支持母体であったため、労働者の権利保障が進み、男女平等政策や男性の育児休業取得促進政策で知られています。

家族についていえば、カップル関係の多様化が進み、法律婚をとらない同棲や異性間ではない同性同士の結婚が認められ、離婚の増加とともにひとり親家族や再構成家族（子連れ再婚）も増えています。興味深いのは、実の親子関係が重視されていることです。母乳の期間は長く、幼い子に添い寝もしますし、父親がわからないときは社会保険庁で「父親鑑定」が行われ、生物学的父親には養育費を払う義務が生じます。

社会省によれば、家族政策の目的は、①子どものいる世帯といない世帯との生活条件を平等にする、②両親がともに職業と家庭とを両立できる機会を保障する、③（ひとり親、子どもの障碍など）弱点のある家族に特別な支援をする、という三点にまとめられます。

そのために、まず育児コストを社会的に再分配する仕組みとして、資産調査なしにすべての子どもに給付する普遍主義的児童手当、低所得層向けの住宅手当、ひとり親または親のいない子どもに対する養育費援助を行っています。また、従来は福祉制度であった保育サービスを、一九九〇年代後半にすべての子どものための普遍主義的教育制度へと変革しました。今日、希望すれば必ず入れる一歳からの就学前学校（保育所）、小学校への橋渡しを行う就学前クラス、学童保育などが整備されています。

そして、スウェーデンの育児保障で最も世界に誇れるものとして、柔軟な育児休業制度があります。五つの休暇権を規定する両親休暇法と三つの受給権を規定する両親保険から成っており、家庭の事情にあわせて柔軟で多様な育児休業のデザインを可能にしています（詳細は、舩橋　2006を参照）。所得保障のある一年間の休暇のあと、短時間労働に復帰し、短時間保育を利用する人が多いのですが、男女平等に育児の楽しみも負担もわかち合うために、男性の育児休業取得を促進しており、パートナーに譲ることができない期間（パパ月、ママ月）を設けています。さらに、育児休業中の親のために子連れで集える地域育児支援センターを整備しており、育休中の父親が集まる姿は珍しくありません。

このような至れり尽くせりの育児支援は、人口規模の比較的小さな社会で子育てのコストを社会全体で担おうとする共同体意識に裏打ちされており、民主主義的政府への信頼と高い社会保障費負担への合意に基づいています。個々の家族の多様化と流動化をこえて、次世代育成が機能しているといえます。

2　アメリカの育児支援

アメリカ合衆国は、歴史的に移民からなる人口三億九〇〇〇万人という巨大な多民族社会で、言語や文化・生活様式の多様性が基盤となり、「自由」に大きな価値が置かれています。州によって法や政策に違いがありますが、全体に市場における自由競争を重視しています。基本的に公的な保育や保険がなく、私的な保育や保険による生活保障を自己責任で行うのが原則です。

自由な競争の結果、努力と実力で社会的に上昇していくアメリカンドリームは健在ですが、階層格差が大きく、一度貧困に陥るとそこから這いあがるのは困難です。子どもの貧困率や乳児死亡率は先進国としては例外的に高く、一九六〇年代から連邦政府は貧困対策に力を入れてきましたが、なかなか改善されません。上層は自由に自己責任で次世代育成を行い、下層に対しては福祉政策を適用するという「二重構造」が、アメリカの特徴です。したがってアメリカでは、「福祉」は、普遍的な市民権というより救貧対策の意味が強く、みっともないことと考えられています。家族インタビュー調査をすると、「いったん子どもを産むと自分の意志で決めたからには、福祉に頼らず何とかして自分たちで育てていくべきだ」という強い信念が繰り返し語られました。

そのような社会で、育児コストの社会的再分配という考え方は採用されず、児童手当はありません。その代わりに、子どもにかかわる税控除があります。また、低所得層向けに多数の補助プログラムがあり、政府の補助金を得てＮＰＯが実施しています。

保育や教育は私立が基本で、公立の保育や学校は貧困層のためのものです。そして、公立より私立学校のほうがレベルが高いのです。親の教育権と自由な選択が尊重され、フリースクールもさかんです。たとえば、小さいうちは自由に野山をかけめぐり、興味をもったことを自発的に学び、統一テストで一定の得点をとれば、大学進学も可能です。低所得者向けに一九六五年からヘッドスタートという公的保育（Head Start Program）が実施されています。

育児休業は、労使交渉により多くの企業で実施されていますが、連邦政府レベルでの制度化は長年の課題でした。一九九三年にようやく「家族医療休暇法」が成立しましたが、十二週間までの無給休暇で、軽い病気には適用されないなど、限界が指摘されています。

アメリカでは、階層によって育児支援状況が異なります。低所得層向けの公的支援としては、公的保育（ヘッドスタート）、現金給付（ＴＡＮＦ＝困窮家庭に対する一時的経済支援）、食料券（フードスタンプ）、税金控除、医療保険、教育支援、識字教育など、多数のプログラムがあります。

高所得層は自力で問題を解決できます。庭にプールのある広い家に住み、車は夫婦で二台、子守のナニー（子育て経験のある移民の主婦）を雇い、ナニー専用の車まで用意します（公共交通機関は発達していない）。あるいは高価で良質の私立保育園に子どもを預けることもでき、大企業に勤めている場合は、企業内保育園やベビーシッター派遣サービスを利用できます。アメリカで意外にあるのが、専業主婦／専業主夫という選択肢です。労働市場が流動的なので、高学歴の男女がいったん職業を中断しても、子どもが成長してから復帰が可能だからです。片働きでも、家族が生活できてよい保育園がみつからないときは、性別にとらわれず収入の低いほうが家で子育てをします。

しかし、中間層は階層格差の大きい社会の中で取り残され、仕事と育児の間で駆け回っています。公的保育も高価な私的保育も利用できず、多くは地域の保育ママを利用しています。家族医療休暇法も無給なので利用できません。自発的にプレイグループを作ったり、祖父母の育児支援に頼ったり、教会ネットワークに参加したりして、何とか相互に支え合っています。このような育児困難にもかかわらず、不思議なことにアメリカは一九九〇年以来出生率が2以上を保っており、少子化問題に直面していません。

3　フランスの育児支援

フランスは人口六〇〇〇万の豊かな農業国で、伝統的な職能団体が構成員に対する社会保障を複雑に組み上げているのが特徴です。いろいろな面で消費者にとっては不便な社会ですが、年に五週間のバカンスや三五時間労働制など、労働者の生活権が保護されています。フランスでは時間がとてもゆっくり流れると感じます。また、フランスは階層社会であり、家政婦や乳母を雇う伝統があり、そのおかげで高学歴のキャリア女性で子沢山というケースが珍しくありません。

家族について言えば、カップル関係の多様化と流動化に伴って、ひとり親や再構成家族が増えているのは、先進国共通の現象ですが、フランスでは親子関係に適切な距離があり、子どもを他人に預けることに抵抗感が少ないという特徴があります。子どもは社会全体で育てるという合意に基づいて、充実した家族政策が実施されています。

フランスの家族政策の実施主体は、政府そのものではなく、政府に隣接して歴史的につくられたフランスに固有の機構です。雇用労働者に対しては家族手当金庫（ＣＡＦ）があり、農業者に対しては農業者共済（ＭＳＡ）があります。事業主から六割、国庫から二割、一般福祉税から二割の拠出金によって成り立っており、個別企業の福利厚生を社会全体の連帯福祉システムとして統一したものです。ここが育児コストを社会的に再分配し、保育サービスを創出しています。

ユニバーサルな家族手当としては、第二子からの家族手当、保育費支援か育児休業給付かを選べる自由選択補足手当、親付き添い休暇手当があります。また特別な状況に対する資産調査なしの手当として、障碍児教育手当、ひとり親や里親への家族支援手当があります。さらに低所得層向けの手当としては、誕生や養子の際の子ども受入手当、三歳までの基礎手当、家族補足手当、新学期手当、住宅手当、ひとり親や若年失業に対する最低所得保障としての就業連帯所得手当などがあります。これらの豊富な家族手当のおかげで、母子世帯でも子どもを育てることができ、再分配による子どもの貧困率の改善度が大きく、出生率の回復も見られました。

フランスの保育・教育システムは、三歳を境に大きく違っています。三歳までは、保育ママによる個別保育を中心に保育所や託児所などが整備され、三歳からは国が保障する無料の教育制度である幼児学校を中心に学童保育も整備されています。保育所を増設するためには、家族手当金庫を中心に自治体や企業、非営利組織などが連携します。

フランスの次世代育成支援政策の優れたところは、選択の自由を考慮した豊富な家族手当と多彩な保育と教育の制度です。育児休業制度もありますが、所得保障が低く、保育を利用して働きたい人が多いため、育児休業制度の利用は伸び悩んでいます。近年は父親の育児を推進する議論が盛んで、二〇〇二年に父親休暇が三日から十四日になり、二〇一四年には父親のための育児休業期間の拡大も行われました。

4　日本の育児支援

海外から日本社会を見ると、精密機械の分野で優れた生産性を発揮していることと季節感あふれる美しい文化に、あらためて驚嘆させられます。しかしながら、公害被害を出しながら経済成長してきた歴史への無反省さや女性の地位の低さにも、あらためて日本社会の抱える問題の根深さを感じます。ちなみに二〇一三年に世界経済フォーラムが発表した『国際男女格差レポート』では、日本は調査対象一三六か国中一〇五位で、前年より四ランク下がっていました。なぜ日本の女性は、潜在的能力を社会的に発揮できていないのでしょうか。いろいろな角度から分析が可能ですが、ここでは家族や育児の視点から問題を指摘したいと思います。

日本社会の家族的基礎には、揺るぎない戸籍制度があり、個人は家族の一員として身分を定義されています。そして前述したように、日本の家族文化は、女性を個人であるよりも母役割としてとらえる傾向があります。他人の力を借りずに子育てを家族の中で抱え込もうとする意識、結婚したら子どもを産んであたりまえ、母乳で育ててあたりまえ、育児責任は母親が中心、という社会的まなざしが強く存在します。待ったなしの日々の育児負担が母親に集中することは、母となった女性の地位を低く押しとどめる効果をもってきました。

母親の孤立した育児の困難さが社会的な理解を得られるようになったのは、出生率低下がクローズアップされてからのことです。また、出産・育児期をこえて女性が職業活動を継続することもできる社会にしていかなければならないと日本政府が考え始めたのは、二〇〇七年の「子どもと家族を応援する日本」重点戦略あたりからに過ぎません。重点戦略ではじめて日本政府は、①働き方の改革による仕事と生活の調和の実現、②親の就労と子どもの育成の両立および家庭における子育てを包括的に支援する枠組みの構築、のふたつを車の両輪とし、未来への投資と定義しました。その後、議論を重ねて、二〇一二年の子ども・子育て関連三法の成立に至っています。新しい育児支援システムは、二〇一五年四月からスタートしていますが、とりあえず基本的な財源を確保したものであり、内容の充実は今後にゆだねられています。

現状では（二〇一四年）、日本の児童手当は所得制限があり、三歳未満では月額一万五千円、三歳以降小学校終了まで第一子・第二子一万円、第三子以降一万五千円、中学生一万円が一五歳まで支給されます。二〇〇九年に所得制限のない児童手当が構想されましたが、二〇一二年に財源問題で挫折し、所得制限を導入しています。

育児休業は、労働者の申し出により子が一歳に達するまで取得できますが、一歳六か月まで延長可能で有期雇用（契約社員）にも適用されます。その他、勤務時間の短縮や看護休暇もあります。しかし、なかなか現場の事情で利用しにくい状況に変わりがないようです。スウェーデンのように堂々と取得できるわけではありません。

保育も、これからますます多様な形で多様な運営主体が参入してくるとみられますが、待機児問題の解消には時間がかかりそうです。家庭での子育てを支援するひろば事業は伸びていますが、ＮＰＯ頼みで公的支援の安定化が望まれています。

日本でも、育児支援制度はそれなりに変革を重ねており、女性の潜在能力活用と子育てしやすい社会の形成はこれから、という状況ではないでしょうか。

以上、四か国の家族政策を概観してきましたが、子育てについて困難は共通でも、問題への対応の仕方には、その国の歴史的・政治経済的・文化的な背景によって大きな違いがあることがわかります。

3 家族政策を特徴づける福祉レジームと家族文化

各国の家族政策を特徴づけているものには、いくつかの次元がありますが、ここでは福祉レジームと家族文化をとりあげたいと思います。

1 福祉レジーム

スウェーデンやフランスなど多くのヨーロッパ社会では、子育てのコストを社会的に再分配するためにユニバーサルな児童手当があり、公的な保育・教育システムがつくられ、また育児休業の所得保障もありますが、アメリカや日本では、子育ては基本的に私事で家族の責任においてなされるべきことであり、現金給付や公的保育は貧困家庭対策として出発し、育児休業の所得保障も不十分でした。政府が媒介する育児コストの社会的再分配の強さで較べてみると、スウェーデン、フランス、日本、アメリカの順に並ぶでしょう。

しかし、すでに述べたように、アメリカ社会で育児支援の仕組みが少ないわけではなく、自由な市場を通じて供給されるサービスがあり、高所得層はそれらを購入して仕事と家庭を両立でき、中間層でもそれなりの自衛的ネットワークをつくって自助努力をしています。貧困層に対してのみアメリカ政府は公的な支援プログラムを用意していたのでした。

つまり、どこでも育児支援ニーズはあり、育児支援の仕組みはつくられているけれども、「政府」を介した仕組みが中心なのか、「市場」を通じた仕組みが基礎なのかが違うということにすぎません。これは、G・E・アンデルセンの言う「福祉レジーム」の違いであり、政治経済システムの歴史的経緯に深く根ざしています。福祉レジームとは、福祉の供給が国家を中心に組み立てられているのか、市場の福祉サービスとして売買されているのか、家族のなかで満たされているのかに注目して、福祉体制を国際比較する理論です。

「福祉」や「保育園」という言葉は、アメリカではよくないイメージがつきまとい、かわいそうな人たちのものと見られていますが、ヨーロッパでは、社会権に基づく当然事と見なされています。ヨーロッパ的発想の社会権に基づく普遍主義的な支援の方向か、アメリカ的発想に基づく救貧的な支援の方向か、日本は、新しい子育て支援システムにおいて、どちらのほうに向かっていくのでしょうか。日本はこれまでヨーロッパからもアメリカからも制度の模倣をしてきていますが、格差縮小をめざして社会的再分配に重きを置くか、企業の自由競争を尊重して自己責任と救貧の二重構造でいくか、今あらためて舵の切り方が問われていると思います。

2　家族文化

親子関係の文化から家族政策のあり方を見ていくと、別な違いが見えてきます。

日本とスウェーデンでは、添い寝に許容的で母乳へのこだわりが強く、親子関係が重視されている社会といえます。親子の接触が密な家族文化をもつ社会では、ゼロ歳児保育の拡充より育児休業を保障するという考え方が支持されやすいでしょう。スウェーデンでは、公的保育は満一歳を過ぎてから保障され、ゼロ歳児保育へのニーズはほとんどありません。スウェーデン教育省で幼児の保育・教育制度設計に長年携わってきたバーバラ・マルティン・コルピさんは、一九九九年に筆者の質問に答えて、ゼロ歳児は母乳を与えられている時期ですので、両親に所得保障のある十分な育児休業を与えて、安心して育児をしてもらえることが大切と説明してくれました。

ただし、同じように親子関係が重視されているといっても、スウェーデンは母子だけでなく（男女平等に）父子関係も重視しています。そのため、スウェーデンは父親の育児休業取得促進政策において世界の先頭を歩んでおり、また父親鑑定を通じて父親の養育責任を追及し、たとえ両親が離婚しても元夫婦が子どもを共同で育てていくように、共同親権、面会交流権、養育費の支払い義務などをきちんと規定しています。日本のように母親頼みではないということが重要です。

アメリカとフランスでは、夫婦の親密性を非常に重視して乳児を別室に寝かせる習慣があり、母乳にも強くはこだわらず、子どもを他人の手に預けることにあまり抵抗感がありません。アメリカでもフランスでも、ベビーシッターやナニーは広く利用されており、子どもが幼くても夫婦だけで外出したりします。筆者も、一九八〇年代後半のフランス滞在中に出産後、研究所に通ったり泊まりがけの研究会に参加できたばかりでなく、高校生のベビーシッターに赤ん坊を預けて夫婦で夜のオペラを見に行くこともでき、母性の拘束から解き放たれた結果、子育てが楽しい、子どもが可愛いと心底思える経験をしました。誤解のないように付け加えると、アメリカやフランスでは親が子どもを構わないのではなく、いつも密着している必要はないけれども子どもの相手をするときはしっかり向き合うという育児態度が見られました。たとえば別室就寝であっても、寝る前に子どものベッドサイドでゆっくりお話を聞かせてあげたり、保育園から子どもを迎えるときに抱きしめて語りかけたりして、十分に親子の時間を持った上で別室で寝かせているのです。

とくにフランスでは、子どもは小さいうちから他者とかかわり、「社交性」を育てることが大切だと考えられています。フランスの子育て家庭をインタビューしたとき、「保育園は子どもの社交性を育てるから良い」という意見を聞きました。このフランスに固有の「社交性」については、民法学者の大村敦志さんが、「人とつきあう能力」と定義し、仲間となる＝「結社」することが市民社会を構成していく基本的な力であると述べています（大村　２００２）。市民として他人とつきあう能力を赤ん坊の頃から養っていくためには、親子の密室空間以外に他人と触れあう場が子どもにも必要というわけなのです。親だけでは子どもは育たない、親子の間には適切な距離が必要という視点は、親子関係ばかり強調されてきた現代日本の育児観に、新鮮な見方をもたらしてくれるでしょう。

このように家族文化と家族政策は、相互に規定し合っています。一般に親子関係を重視する文化では、親が子育てすることを勧めるため育児休業を歓迎する傾向があるのに対し、夫婦の親密性を重視し親子関係に適切な距離を求める文化では、保育が発達する素地があります。もちろん家族政策は政治的に形成され、為政者の家族観や女性労働力の位置づけによって育児休業を優先するのか保育を優先するのかが決まってくるのであり、その政策に見合った育児観が小児科医や心理学者などによって広められ、人々がそれに適応した結果として、特定の家族文化が醸成されるという側面もあるでしょう。日本では一九六〇～七〇年代に、高度経済成長と大企業を中心とした男性稼ぎ手モデルに基づく日本的経営方式が広がり、結婚したら子育てに専念する母親像が一般化しました。

日本の母子関係強調も、従来の動かない日本文化としてではなく、人口学的条件の下で男性労働力を一家の稼ぎ手として位置づけてきた政治的な選択の随伴現象として理解されるべきことかも知れません。

おわりに

家族を大切に思う気持ちは普遍的で、子どもが生まれると、夫婦は喜びとともに新しい負担をどのように分かち合っていくのかを模索しなければなりません。

スウェーデンのように所得保障のある育児休業制度が有効な仕組みとして存在するならば、夫婦でどのように育休を組み合わせていくかということが、重要な家族戦略になるでしょう。対等な職業活動を持つ夫婦であれば、育休を平等にとって、親子と夫婦の絆を深めていくことも可能です。実際にスウェーデンで調査をしたときに、子育てを通じてますます愛情を深めていく家族に出会いました。離婚にいたった場合でも、元夫婦は子どもの養育に全面的に協力し合っていかなければならず、親同士としての友情的な関係が続いていく場合が多く見られました。

アメリカのように自助努力が要請される国では、お金を投じて良い保育サービスを購入するか、それがかなわなければ夫婦のどちらかが育児に専念するか、教会などの地域ネットワークでやりくりするか、低所得者向けの公的支援に甘んじるか、階層に応じて多様な生き方があり得ます。アメリカでは子どもを産むことは私事ですから、インタビュー調査でも、やはり母親が厳しい状況に置かれていると感じるケースに多く出会いました。とくにアフリカ系アメリカ人で貧困に陥ってしまった家族では、一〇代の妊娠で未婚の母になるケースが多く、女性の貧困化、そして貧困の再生産が見られます。

フランスでは選択の自由が掲げられており、育休か保育かを選べるように政策がデザインされていますが、現実には高学歴・高所得階層は豊富な保育サービスを活用して夫婦ともに職業生活を発展させ、低所得層は育児休業給付のメリットから女性が仕事を中断し、夫婦間の稼得力格差が広がる傾向にあります。ただ、母子家庭でも経済的にやっていける豊富な家族手当のある社会であり、子どもを産んでも何とかなるという安心感が広く存在します。

日本はアメリカと並んで労働時間が長く、残業があたりまえの慣行が残っているため、夫の長時間労働を目のあたりにすると、妻が子育てをしながら職業を継続するイメージが描きにくい社会です。結婚までは男女平等に歩んできた夫婦が、出産・育児を機に妻は育児優先、夫は稼ぎ手へと性別分業に陥っていく場合が今も少なくありません。互いに異なる世界を生きていると相手の困難が見えにくくなります。子育てが性別分断をもたらし、夫婦関係が冷えていくリスクにさらされます。心がけで相手を思いやり夫婦関係を維持する努力は無駄ではありませんが、構造的に難しい面があるでしょう。家族や子育てを大切にするためには、働き方の変革や夫婦の自立的な職業活動の継続が重要になってきます。

子育ては未来への投資ですから、子どもの豊かな成長と夫婦の対等で協力的な関係のために、育児支援の制度をさらに充実していく必要性があります。そして私たち市民も、日本の育児文化に無反省にはまり込んでいないか、自問する必要もありそうです。

参考・引用文献

舩橋惠子　２００６　育児のジェンダー・ポリティクス　勁草書房

Goldman, M.J. 1997 *The joy of fatherhood : The first twelve months.* Rocklin, CA : Prima Publishing.

大村敦志　２００２　フランスの社交と法　有斐閣

Pernoud, L. 1987 *J'élève mon enfant.* Paris: Horay.

千石保　１９８４　いつ〈日本人〉になるか――日米母子調査にみる育児と文化　小学館

我妻洋・原ひろ子　１９７４　しつけ　弘文堂

第4章　なぜ日本の母親に育児不安が強いのか？

柏木惠子

はじめに

子育てについての国際比較調査をみますと、「育児が楽しくない」と回答するのは日本の母親に多い一方で、「育児に悩む」との回答も日本の母親に多いことが目につきます。発達心理学の国際学会でも育児不安に類する育児ストレスの研究はありますが、日本の育児不安の研究の多さに比べるとそれほど多くはありません。これらのことから、育児不安は日本に特徴的な現象であるといってもよいでしょう。

ちなみに、労働問題のなかでも日本人に特有の現象として他国の人々から注目されるのは、過労死です。"*karoshi*"と日本語のままOEDに採用されたのはもう十年あまりも前のことです。そもそも英語圏には「過労のために死ぬ」という現象がなく、したがってそれをあらわす単語ももちろんありませんでした。そこで、"*karoshi*"という日本語がそのまま英語に採用されたのです。育児不安が過労死のように英語になったとしても、何ら不思議はありません。過労死も育児不安も日本の特有の現象であるのは、日本社会にそれらを産み出す土壌があるからです。もう少し具体的にいえば、それは日本の男性と女性の生き方です。

1　育児不安とは？——母親のアイデンティティの揺らぎ

一口に育児不安といいますが、それは育児や子どもについての不安や悩みだけではありません。それ以上に、育児をしている母親が自分自身の生き方について感じる不安や焦燥が大きな比重を占めています（表4－1）。

母親は、単に育児や子どものことに不安を抱いているのではなく、それ以上に育児をしている現状を直視したときに、あらためて自分とは何か、自分はどう生きたいのか、どう生きるべきかを考えさせられ、その結果、不安や焦燥にかられているのです。つまり、自分とは何か、どう生きるべきかというアイデンティティを問い直して不安やあせりが生じてくるのです。

ストレスや不安でいっぱいという母親たちと話し合う機会がありました。「何でも話せる友人がいない」「姑と意見が合わず衝突する」など、それぞれのストレス源が語られ、共感する人、同情する人などいろいろでした。なかでも、ある一人の母親の次の発言には、その場にいた母親たち全員が「そう、私も」「私も同じ」と強く共感しました。その発言とはこのようなものでした。

表4-1　育児不安とは？（数井ほか，1996）

子ども・育児についてのストレス
子どもの活発さに疲れ果ててしまう
子と相性が悪いのではないかと思う
親泣かせなくらい、すぐにぐずつく
この子の行動にはとても気がかりなことがある
うちの子はとてつもないことをして私を悩ませる
親自身についてのストレス
親としての責任に縛られている
母親であるとともに自分の生き方も確立したいとあせる
友だちとつきあう機会が少なくなった
毎日がなんとなくおもしろくなくイライラすることが多い
以前ほどものごとが楽しめなくなった

「私は育児を楽しくしっかりやっている。いいママだと思う。家事もきちんとやっている。また親しい友人もいるし姑とも何の問題もなくやっており、自分はいい母親、主婦、妻だと思う。けれども私はストレスがいっぱい！　それは、自分がどこでも『○○ちゃんのママ』『○○さんの奥さま』あるいはただ『奥さん』と呼ばれ遇されているばかりで、自分の名前・固有名詞で呼ばれたり遇されたりすることがないからだ。『私』個人として生き、行動することがまったくない。それがストレスだ」と。

自分はどう生きたいか、何をもって自分の存在が確かめられるかを考える、つまりアイデンティティへの問いは人間ならではのものです。これを問うたとき、母や妻ではない「私」としての生がまったくないことに気づく、それがストレス、不安の根源なのです。これはまさにアイデンティティの揺らぎ、アイデンティティの喪失であり、母親たちはそれに苦悩しているのです。

2　社会変動は人の心を変化させ、アイデンティティを揺るがす

このような育児不安に対して、「昔の母親はそんなことをいわなかった、子を愛し育児も家事も何の文句もいわず献身的にやっていた。そんな不安や悩みをいう今どきの女性は子どもがかわいくないのか。ジコチュウだ、わがままだ」と非難の声があがるかもしれません。しかし、育児不安はそのようなものではありません。

女性が妊娠し出産し母乳が出る、これはいつの時代もどの社会でも哺乳類である人間のメスに共通の不変普遍の現象です。けれども、子どもへの気持ちや育児の仕方、さらに子どもや育児への意味や感情や心理というものは、女性だからといって不変普遍のものではありません。それは、状況が変われば変化するもので

す。人間の心の発達は環境によって大きく影響を受けます。どんな時代に生を受けたか、どのような社会で育つか、どのような価値規範が優勢な社会かなど、環境の影響は多岐にわたり、それによって人の生き方はさまざまに影響を受けます。母親が育児のときにいだく感情も例外ではありません。いや、母親の子どもや育児への心理や態度は環境の影響をもっとも受けやすいものの典型例ともいえます。

近年の急激な社会変動は、人間の生き方、家族の構造や機能などに否応なく変化を促しています。女性にも大きな変化を迫っています。その大きな変化とは、女性の高学歴化と有職化、そして少子高齢化という人口動態的変化です。産業構造の変化、工業化の進展と経済的豊かさは、女性の高学歴化を進めました。今や一〇〇%に近い人が高校を卒業し、四五%前後の人が大学を卒業します。そして学卒後、職業体験をもつのはあたりまえの社会となり、女性に職業体験と経済力をもたらしました。

高等教育を受けることは、専門の知識や技能を高めることになるのはもちろんですが、それ以上に重要なのは、どのようなことがしたいか、何に対して自分はできる力があると確信がもてるか、何をすることでいきいきできるか、といった動機づけや自信、生き甲斐などを変化させることです。低学歴の場合には家庭内の日常的活動で十分満足していますが、高学歴女性では社会的場での達成や評価が重要になってきます。これは、母でもなく妻でもない、「私」として生きたいとの願い、「個人化」への志向に通じるものです。

もう一つ、「私」としての生への希求を促した決定的な環境は、少子高齢化です。とりわけ長命は少子化とあいまって、女性の人生を以前の多子短命の時代とは決定的に変えました。以前の女性がまったく体験しなかったライフコースを女性にもたらしたのです。

図4‐1は一九〇五年生まれの日本の女性の一生です。この図からわかるように、昔の女性は結婚後の十三年間に五、六人の子を次々と生み、離乳食も紙オムツも家電もなく、何事もすべて自分の手と知恵を使って育児と家事をこなす生活でした。そして最後の子（末子）が結婚して親としての責任をはたすと、その後

まもなく自分の寿命が尽きた、そのような一生でした。つまり女性の人生は母であることでいっぱいだったのであり、「私」として生きる必要はなかったのです。

このような一生を送った女性たちは、「母親である」「母親をする（育児家事をする）」ことで自分の時間も力もいっぱい、そして自分の手と知恵なしには育児も家事もまわらないと自負していたことでしょう。すべての子が成人するまで自分の命が続くことが、当時の母親たちの切なる願いだったのではないかと想像されます。文字どおり手塩にかけて子を育てあげ、しかも夫は先に逝き「女手一つで」育てたことへの安堵と自負を得、子や周囲から感謝され賞賛されたことでしょう。こうして「母であること」に何の不満も焦燥ももつことはなく、母としての人生を送ることができたのです。

それが激変しました。子は少数となり、その少子を育てあげた後に、長い「カラの時間」が残っています。母ではあっても「母をする」必要はなくなり、否応なく「私」として生きることが求められることになったのです。人間は現在だけに生きる動物ではありません。過去を顧み未来を展望して現在を生きる——時間的展望をもって生きるのが人間です。高い知能が時間的展望というほかの動物にはない能力を可能としたのです。

育児不安を抱いている母親は、子どもはかわいいと思っている、ま

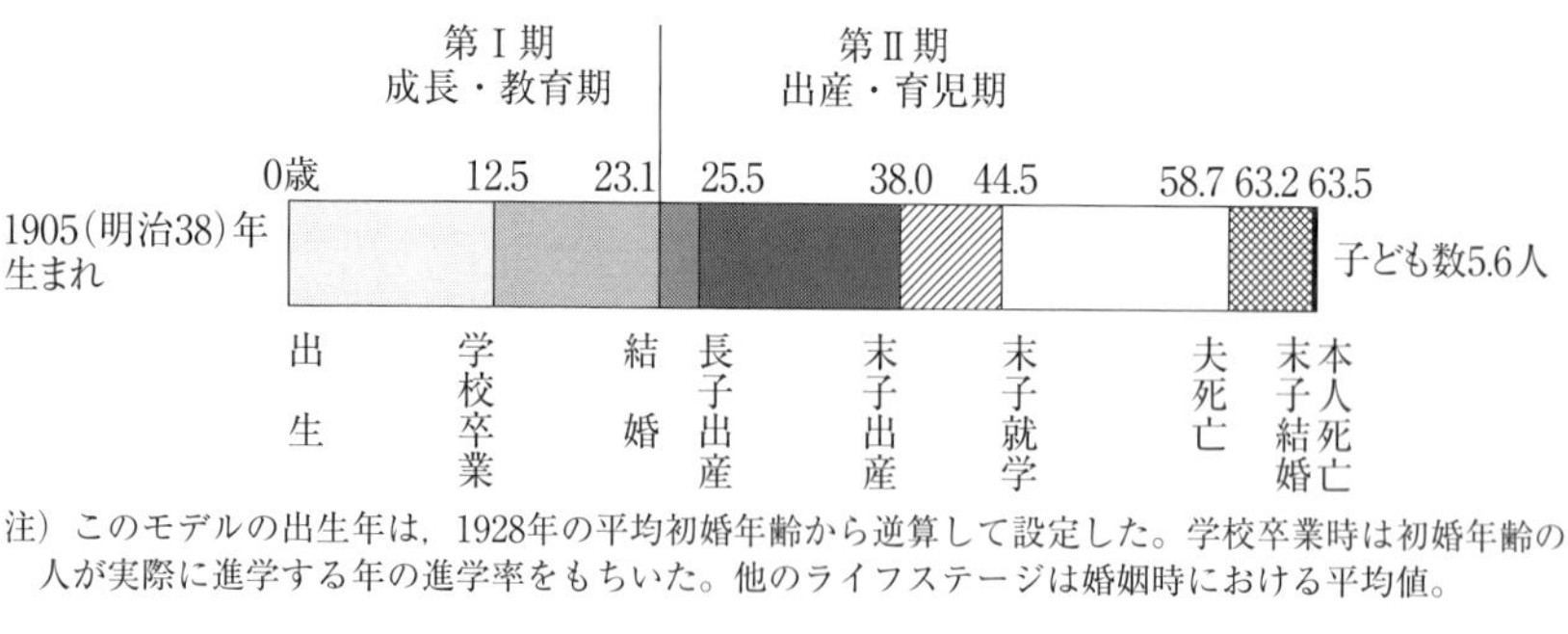

注）このモデルの出生年は，1928年の平均初婚年齢から逆算して設定した。学校卒業時は初婚年齢の人が実際に進学する年の進学率をもちいた。他のライフステージは婚姻時における平均値。

図4-1　1905年生まれの女性の一生（井上・江原，1999，3頁より）

た育児は大事であると思っています。しかし、その子どもはいつまでも自分を必要とはしないで、早晩自分から離れていくことを、母親は予見しています。そのとき自分はどうなるか、どう生きていくかを考えずにはいられません。そのとき母親に思い起こされるのは、子どもを産む以前の働いていたときの充実感や達成感――自分の努力や成果が認められた喜びなどです。今の育児だけの生活では、そうした機会は喪われてしまった、また育児だけで心身のエネルギーを使い果たされてしまい、かつて発揮していた力はもう錆びついてしまった、でも勉強する時間も心のゆとりもないという自信喪失感や危惧の念が強いのです。

3 『子供をもつと夫婦に何が起こるか』

右のタイトルの翻訳書があります（ベルスキー&ベルスキー／安次嶺　１９９５）。結婚してから子の誕生後をずっと追跡して夫婦関係の変化を研究した報告書です。結論を簡単にいえば、「子どもは夫婦の関係を揺るがせる／悪化させる」とでもいえるものです。欧米では夫婦のパートナーシップがなによりも重要ですが、この本の結論は「子は夫婦をつなぐかすがい」ではなく、夫婦の間に打ち込まれるくさび、パートナーを分断するものともいえるものです。

では、日本では子どもが生まれると夫婦に何が起きるでしょうか。一言でいえば「性別分業が確立する」です。昨今、恋愛結婚が主流となり、夫と妻は学歴も年齢も昔ほど差がなく、二人は対等な友だちとして知り合い、恋愛し結婚します。子どもの誕生以前は、妻も働いていることが多く、夫婦の対等な関係はそう変わらずに続いています。それが子の誕生で一変します。今も七〇％の女性（妻）が出産を機に退職して育児家事を担い、男性（夫）は稼ぎ手として仕事をするという性別分業体制になります。妻が仕事を辞めない場合も、夫の家事育児時間はほとんど増えませんから、家事育児は基本的には女性の役割、つまり女性は「家庭も仕事も」という体制です。これは先進諸国のなかで日本に特有の現象です。

4 育児不安が生じるメカニズム――養育とはなにか

では、育児不安はどのような要因で生じるのでしょうか。何が育児不安を強めているのでしょうか。育児不安については膨大な研究がありますが、育児不安を増幅する要因として、次の二つが多くの研究で一致して確認されています。

1 育児は「母の手で」を実践している無職の母親

その第一は、母親の職業の有無です。素朴に考えると、仕事をもち育児もするのはさぞたいへんだろう、ストレスや不安も強かろうと思うかもしれません。ところが、研究の結果は正反対なのです。

① 職業と母親の育児不安

有職それもフルタイムの職をもつ母親と無職の母親を比べますと、育児不安は無職の母親で有意に強いのです（図4-2）。このデータは、出産退職率が当時最高だった埼玉県が問題を憂慮して、「なぜ辞めるか・辞めるとどうなるか」の研究が必要であるとして、助成を受けて行われた研究結果です。辞める理由の筆頭は、子どもの養育には母親がいい、つまり育児は「母の手で」するのが一番よいという考えでした。これは、女性本人がそう思って辞める以上に多かったのは夫や夫の親の説得でした。夫は「『母の手で』、が一番」そして「妻が退職して家のことを任せることで自分（夫）は安心して働ける、しっかり稼ぐ」という説得でした。この夫の説得は、性別分業でやっていこう、それがベストだという宣言です。

ところがこの説得は、図4-2にあるようにそのとおりになっていないのです。夫は安心していられる状況ではなく、無職になった妻、つまり「母の手で」を実践している母親は育児不安にさいなまれているのです。もし「母の手で」が最善ならば、退職して無職となり「母の手で」を実践している母親は、いきいきと楽しく育児をしているはずです。ところが育児不安に苦しんでいるという事実は、「母の手で」が最善どころかむしろ有害、問題をはらんでいることを示しています。

育児は「母の手で」行うのがよいという根拠として、妊娠出産さらに哺乳という女性ならではの機能があげられます。もちろんこれらは哺乳類であるヒトのメスに固有の機能です。けれども、誕生後の子どもの養育というものは哺乳ですむことではありません。「母の手で」の信奉には、（哺乳のみならず）子への愛情も女性だけに生来備わっている母性愛があり、これには男親はかなわないという考えが通底しています。

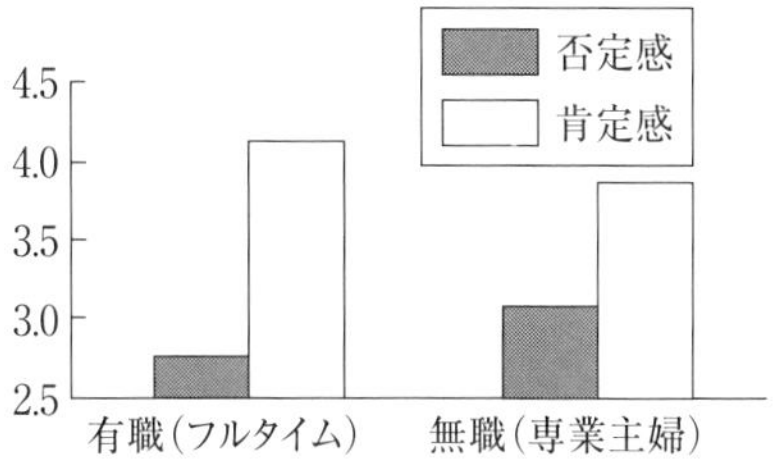

否定感≒（育児不安）
いらいらすることが多い
解放されたい
親として不適格ではないかと感じる
世の中から取り残される
子どもがかわいくないと思うことがある

肯定感
充実感を感じる
自分はかけがえのない存在
親になって成長できた
子育ては楽しい
子どもといると心がなごむ

図4-2　無職の母親と有職の母親の育児不安（小坂・柏木，2007）

２ ヒトの子育ては本能ではない――養護性と複数の手による養育

ヒトの子育ては本能、母性愛によって行われるものではありません。性や血縁を超えた養護性――幼いものか弱いものを慈しみ育もうという心と力――によるものです。さらに、ヒトの子育ては、ほかの動物に比類のない多岐で長期にわたるもので、それは一人では不可能であり、複数養育が必須です（根ケ山・柏木　２０１０）。これらのことは、第一章で述べられているとおりです。

　ところが、母性愛信奉が日本の男性にはとりわけ強いのです（図４－３）。

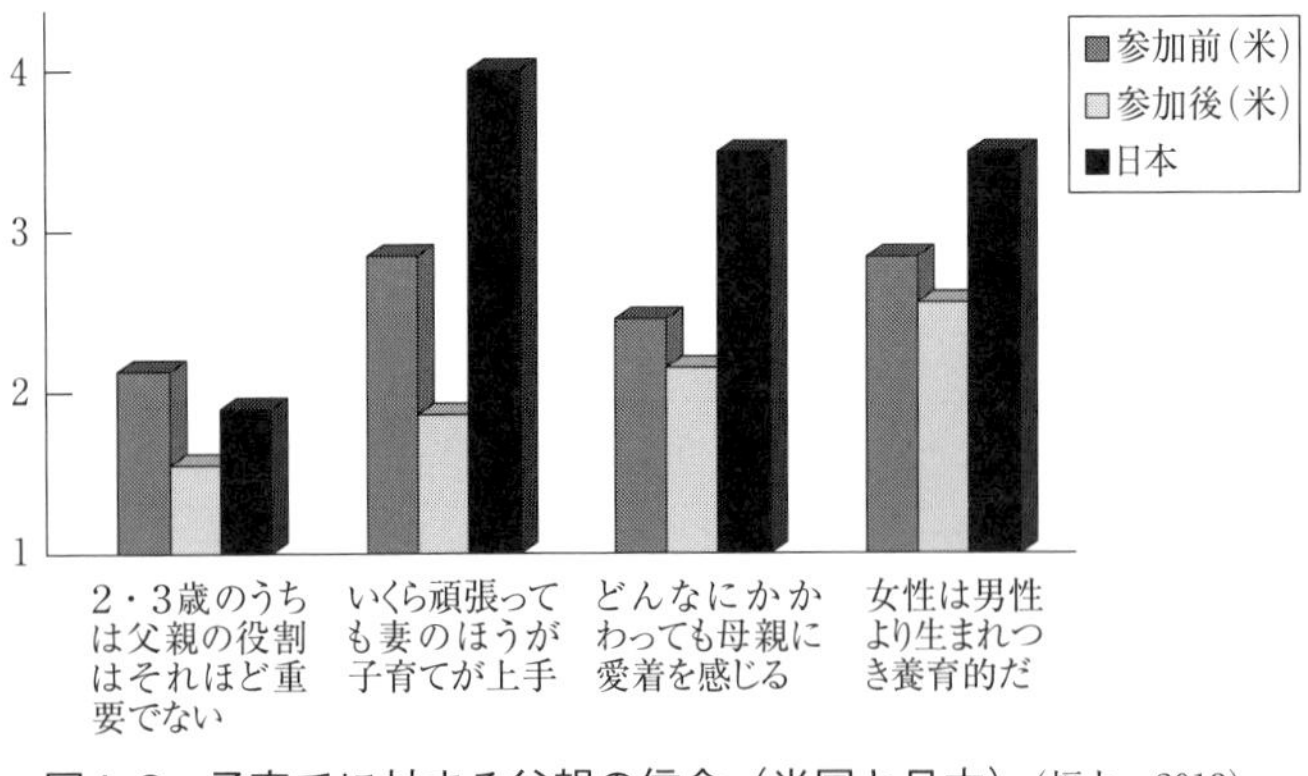

図4-3　子育てに対する父親の信念（米国と日本）（福丸，2013）

　このように強い男性（夫）の母性神話信奉が、女性（妻）に出産を機に退職を求め自分は稼ぎ手に徹する、という性別分業体制にしているのです。ところが、それがうまくいっていません。よかれと思った「母の手で」を実践している母親に育児不安が強い事実は、「母の手で」も、「女は家庭／男は仕事」という性別分業もうまく機能していないということを示しています。

３ 母性愛神話「女性は育児家事、稼ぎ手は男」
――男女ともワークライフバランスを欠く生活

性別分業というものは、絶対悪でもまた唯一ベストのものでもありません。状況によってそれが適切な生活スタイルになることもあれば、逆にマイナスの影響が生じることになることもあり、状況に依存する相対的なものです。

考えてみてください。子どもを産むか否か、何人かなどを決定できなかった時代、結婚したら、いつ何人生まれてくるかはまったく不明でした。たいていは、多くの子が次々と生まれるのが通例でした。そして人口乳も離乳食も洗濯機も掃除機もなく、すべて手作業で膨大な育児家事をこなす必要がありました。このような場合、産休や育休ではとうてい対処できません。出産した人が引き続き育児と家事をする、稼ぐことは夫に任せるというふうに、男女が役割を分担することが効率的でした。それ以外の策はなかったのです。それに女性が就ける職業はきわめてかぎられていましたから。

それが大きく変わりました。子をもつか、いつ、何人かの決定権を女性がもつようになりました。他方、機械化・コンピューター化、高学歴化によって女性の職域は広がり、学卒後の就職はあたりまえになりました。その体験をもつ女性が、「母の手で」と退職して育児だけの生活＝「私」のない生活に入ったとき、充実感や生き甲斐の喪失、社会からの孤立感さらに将来への不安を抱くのは当然でしょう。

女性が仕事を辞めて稼ぐ役割を退くと、稼ぐ役割を一手に引き受けた男性にも問題が生じています。職場うつ、出社拒否、さらに過労死など深刻な臨床的問題が多発しています。これらは労働制度上の問題もありますが、夫婦間の性別分業、その結果、男性／夫の仕事一辺倒の生活が破綻していることのあらわれなのです。

最近、ワークライフバランスがしきりに喧伝されています。男性も女性もワークとライフ双方を担い、二つのバランスがとれた生活をすることが大切、というのです。思えば、無職の母親はライフだけの生活、他方、仕事や稼ぎ一辺倒の男性／夫のようにライフがほとんどなくてワークだけの生活などと、どちらもが偏ったアンバランスな状況です。それが育児不安や過労死などにつながっている事実は、ワークライフバランスの重要性を実証しています。ライフワークバランスは、性別分業の生活では決して得られません。男性も女性も仕事と家庭双方を担う生活が必須です。

性別分業の背景にある母性愛信仰は、当の母親よりも父親（男性）に強いのです。そして「女親にはかなわない」と多くの日本の男性は考えています。しかしそれは事実ではありません。育児しないから「かなわなくなっている」だけで、育児体験をしない仕事一辺倒の生活の結果なのです。育児の第一責任者になった父親についての研究があります（Field, 1978　目良　1997）。それをみますと、第一責任者として育児する父親たちの子どもへの接し方、世話や叱り方などは子どもの気持ちや状態に応じた柔軟性をもち、母親と遜色ないものでした。アメリカでは父親が育児の第一責任者であることは珍しくありませんが、日本では育休をとる父親はきわめて少ないのが現状です。しかし例外的に育休をとった父親たちは、「授乳を除けば、母親ができることは自分は何でもできる」と異口同音に明言しています。

2　父親の育児不在

母親の育児不安の原因の第二は父親の育児参加がないことです。すでに述べましたが、男性・夫／父親が「母の手で」「母性愛」を信奉しますと、育児は妻・母、自分は稼ぎ手（仕事）という生活になります。この父親の育児不在すなわち母親だけ育児、という状況が、育児不安を増幅させます（図4-4　柏木・若松　1994）。

育児にかなり参加する父親（夫）の配偶者つまり母親（妻）では育児不安は低く、他方、楽しい・幸せ、子がかわいいいなど育児への肯定的な感情をもっています。それとは逆に、父親の育児がほとんどない妻・母親では育児不安は強く、子や育児へのポジティブな感情はもてないのです。夫は「女親にはかなわない」

「母の手で」がベストだと育児から降り、妻にだけ育児がかかっている状況は、夫と妻との関係の悪化につながります。育児不安には、自分と夫との対等性の喪失という夫への不満や怒りも含まれているのはこのためです。

心理学で親についての研究は昔からたくさんなされてきましたが、親といってもほとんど母親、父親の研究は長いあいだ皆無でした。それがようやく変化してきました。欧米で父親の育児が活発になったのを契機に、父親も研究の対象になったのです。

日本では、父親の育児は微々たるものです。２０１３年度の女性の育児休業取得率が七六・三％であるのに対して、男性の育児休業取得率は二・〇三％と、制度開始以来２％前後を低迷しているありさまです。日本の父親の育児不在、家族内ケアの少なさは国際比較データをみればいっそう明らかです（図４-５）。日本では、このような父親の育児不在が子育てや夫婦関係にどのような影響があるかという、欧米とはまったくちがう視点から父親が問題になったのです。

日本の男性は「父親になる」が「父親をする（育児する）」から降りている（柏木２０１１）、このことが育児不安という日本特産を生み強めているのです。それには十分な根拠があります。

人類の育児というものは、

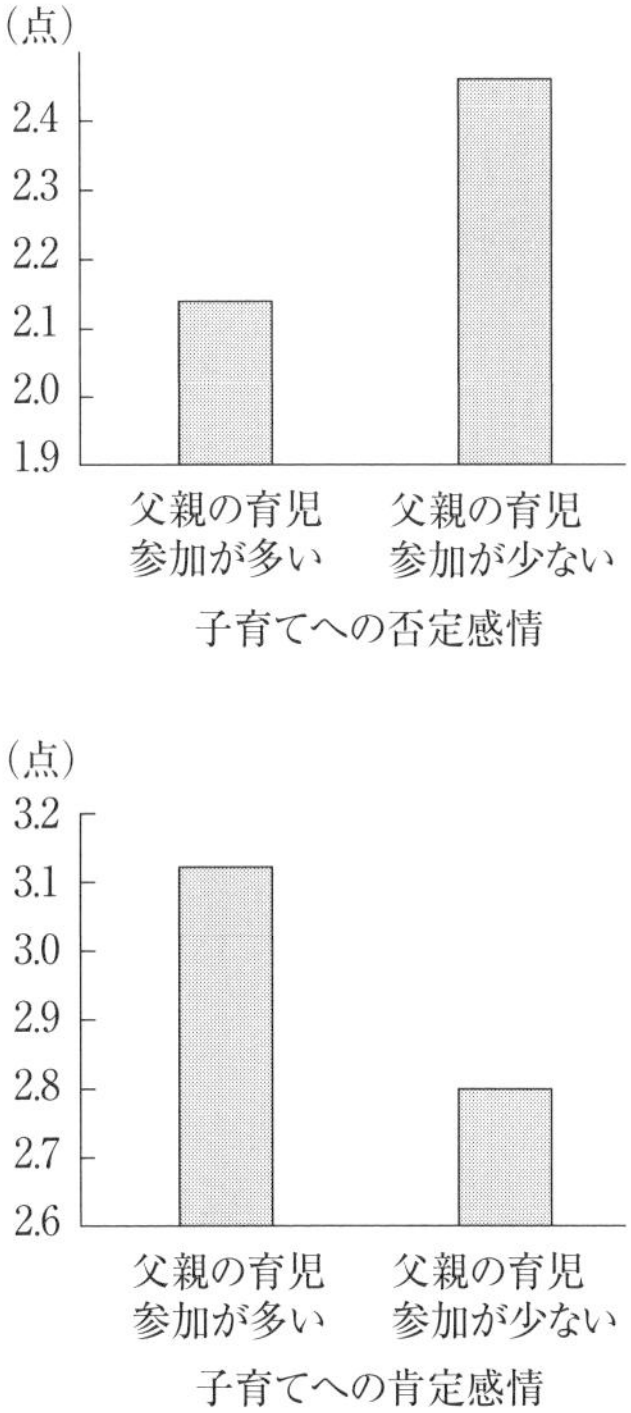

注）4点を満点として集計

図4-4　父親の育児参加と母親の子育てへの感情（柏木・若松，1994）

ほかの動物とは比較にならないほど長期にわたるものです。そして子に身につけさせる課題は多岐多様に広いことが特徴です。自分で歩くことができ、餌が取れれば、それで成体（おとな）、子育ては終わりという動物とは大ちがいです。人間の長期にわたる多様な養育をつつがなく果たせるように、人類のオスは単に精子の提供で終わらず、子の養育にかかわる、つまり育てるものに進化したのです（小原　１９９８）。このような子の成長に重要不可欠な父親の育児が欠けているのが日本の現状であり、それはゆゆしき状況です。一人で育児を抱え込まざるをえなくなった母親に、不安や焦燥が強まる（図４－４）のは当然の結果です。

父親不在は子どもたちにもマイナスの影響をもたらしています。育児・家庭不在の父親に対して、子どもの評価は低く、父親への信頼も低いのです（深谷　１９９６、牧野ほか　１９９６）。

父親の育児不在によって、当の男性にも問題が生じています。仕事一辺倒の生活は日常生活上の能力を欠き、粗大ゴミ化します。職場で昇進しますと、部下や係が何事もしてくれますから、粗大ゴミ化はいっそう進みます。家庭でも、家事育児はほとんどせずで世話されるばかりで、自分が他者の世話をする機会は稀ですから、思いやりや他の力になったり世話するなど、ケアの心と力（養護性）の発達が不全になります。男子は幼いときから勉強や運動が大事だと、女の子とちがって手伝いや来客の接待などをする機会をもたずに

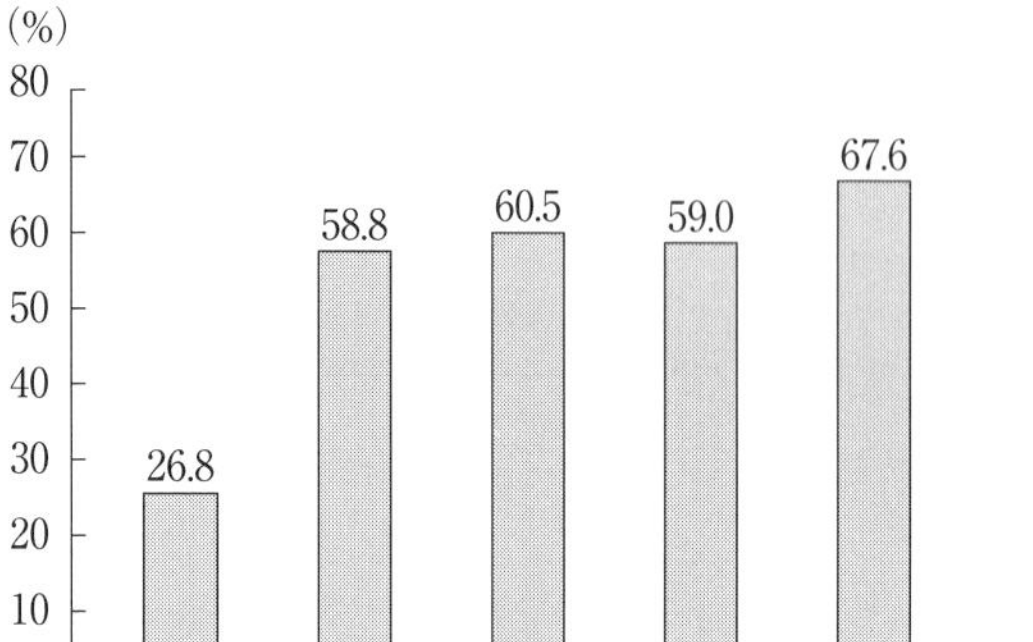

出典　総務省統計局「平成23年社会生活基本調査のはなし」2011年より
女性の家事関連時間（家事・育児・介護・買い物など）を100とした場合の男性の参加度（%）

図4-5　男性の家族内ケアの国際比較

きており、成人すれば仕事人間ですから、ケアの心と力の発達不全は当然の結果です。この状態は、在職中には何とかやり過ごせても、退職後の生活、とりわけ直面する自分や配偶者の老いや病に対処するにはあまりにも無力です。ケアは女性――妻や娘にという淡い期待は、少子高齢化の今日、現実的ではありません。「男は仕事、女は家庭」といったジェンダー規範は今や無効になったというのに、それにとらわれてきた生き方のつけといえるでしょう。性によらず男性も女性もケアの心と力を備えていることは、今日必須の発達課題です。

仕事と家庭（家事育児）の両方を夫と妻がバランスよく担っている国の一つが、オランダです。そこでは育児不安はなく、男性・夫と女性・妻が仕事も育児／家事を担い、さらに余暇も楽しんでいます。ワークライフバランスと男女共同参画が実現されています。そして育児不安とはまったく無縁で高い幸福感や高い自尊心をもてるのです（佐藤　印刷中）。これは日本と正反対の生活として注目すべき、そして目標とすべきでしょう。

5　日本の「相互・他者協調性」はマイナスの影響も

1　自分の人生のとらえ方

最後に指摘したいのは、日本の社会に強い「相互協調性」のことです。相互協調性とは、欧米の相互独立性――自分の個性や考えを重視する――の対極にあるもので、他者と協力し和を大事にする考え方であり生き方です。これ自体は、社会的動物である人間にとって重要なことはいうまでもありません。しかし、これがゆきすぎますと、「みんながそうしているから」「人に笑われないように」「他人と合わせるのが一番」と他者の目や思惑に神経質になり、過度に他人に配慮することになってしまいます。自分の信念で生きる、自分の道を歩むことはしないばかりか、いつしかできなくなってしまいます。

図4-6は「自分の人生を自由に動かせると思う」と考えているかどうかを世界60か国で調査した結果の一部です（電通総研 2004）。

日本人の回答は他国よりずっと低く、「自分の自由にはならない」と考えている人がとても多く、日本社会の他者同調性の強さを示唆しています。なんと窮屈な日本でしょう！ この他者同調性が強い場合、育児不安は強くなることがわかっています（石曉・桂田 2006）。これは行き過ぎた他者同調性の弊害の一つでしょう。

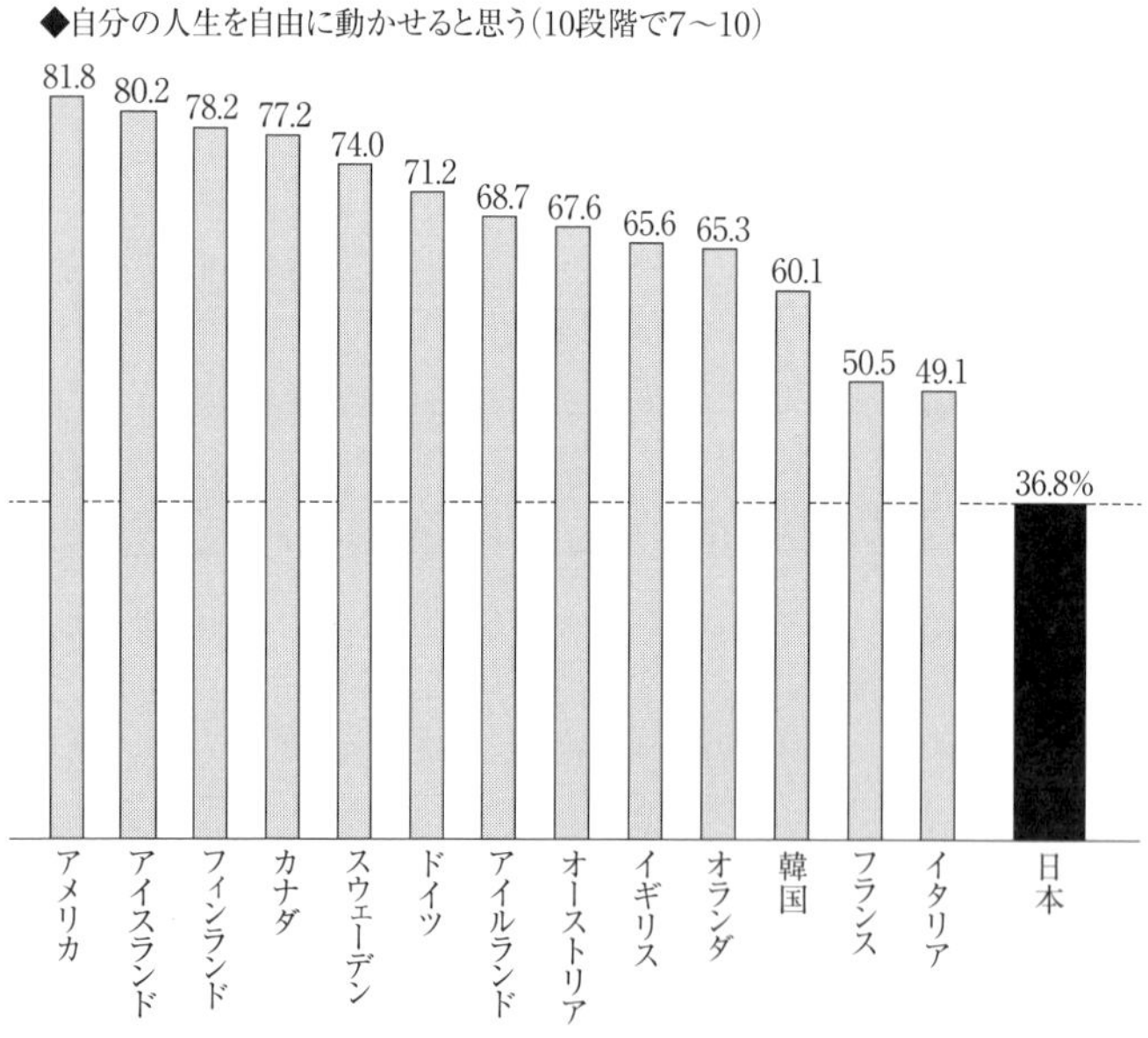

図4-6 「人生は自分の思い通りに動かすことができると思うか」に「YES」と答えた人の割合（電通総研，2004）

2 キャリアプランとしての就業、結婚、家事、出産、育児——有限の自己資源の賢明な投資戦略を

なぜ相互同調的であると育児不安は強まるのでしょうか。母親が無職の場合、また夫の家事育児不在が、育児不安を引き起こすことをみましたが、なぜでしょうか。

最近キャリア設計とかキャリアプランということばをよく耳にします。このキャリアとは、単に職業を意味するものではありません。キャリアとは自分はどう生きるか、つまり生き方です。職業のみならず結婚＝配偶者の選び方、家庭の運営——家事、出産、育児などを自分がどう選択し、どう担って生きるかの問題です。育児不安は、このキャリアプランがうまくできていないために、育児をはじめたところでつまずいてしまったケースとみなせるでしょう。

この問題を考えるうえで重要なのは、仕事、結婚・家事、出産・育児などは、いずれも自分のもっている資源つまり体力、知力、感情、経済、時間などを必要とする営みだということです。換言しますと、いずれの活動にも自己資源が必要、どれもがその資源投資の対象なのです。ところが、どの資源も有限です。誰にとってもいつでも一日は公平に二十四時間、心身エネルギーも経済もやたらに増減するものではなく、一人ひとり大体決まっている有限のものです。この有限の自己資源を、前述のようないろいろな活動にどう配分するか、それは重要な課題です。この課題を事前に賢明にクリアしているか、資源の配分をうまく考えたかどうかで、ことがうまく運ぶかどうか、心理的な問題を起こさずにすむかどうかが決まります。

具体的に考えてみましょう。結婚する前は、自分の時間も心身のエネルギーも経済などの自己資源をほとんど自分のために使い、それなりに満足していました。それが、結婚しさらに子どもが生まれると、様相は

一変します。家事、育児が必要で、それは膨大な手間ひまがかかる――つまり時間と心身のエネルギーの投資がいります。以前は自分だけに投資してきた自己資源を、家事や育児に大幅に配分せざるを得なくなり、自分への投資配分はできなくなってしまいます。母親たちが「自分の時間がない」「何も自分のことができない」「私としての生がない」というのは、この状態のいつわらざる実感です。

3 自己資源投資戦略の不在あるいは失敗

こうなることを結婚や出産の前にどれだけ冷静に考え、大切な有限の自己資源の投資配分を計画していたかどうかが問題なのです。それは本人だけではすみません。生活をともにする配偶者の生き方、その投資配分のしかたとも密接にかかわります。仕事人間の男性なら、家事育児に夫はほとんど投資しないでしょう。その結果は、妻だけが自分の資源を全部投資しなければならないことになります。それがわかっていないのです。アツアツの恋愛の末、「何でもしてあげたい」「この人のために生きるのが私の生き甲斐」などと結婚するのはダメなのです。そのような思いは長くは続かないもので、自己資源が自分にまったく投資できなくなって愕然とするのです。これでは自分の人生、資源の使い方を他人まかせにするも同然です。相手のジェンダー観やその生活にふりまわされて、「自分が生きた」という実感のもてない一生になるでしょう。「母の手で」という夫の言い分で退職した母親の育児不安、「固有名詞をもった生活がない」ということへの苦悩に共感する母親たちの嘆きは、その一端、自己資源投資戦略の不全・失敗の結果なのです。

6　おとなの発達――自分で選択し行動を能動的に制御する

女性が自分はどう生きるか、何をもって自分が生きた証となるかを十分に考える、そのうえでその生き方を貫くことができる結婚をする、また出産・育児で自己資源を消耗しつくしてしまわないことが重要です。そのためには、もう一人の親つまり夫の生き方を冷静に見定める、その資源を有効に活用する、そのような人生の設計を前もってきちんと考え、そうした生き方を共有できる人を同行者・配偶者として選択することが肝要です。キャリアプランとは、このようなことなのです。職業でも就活でもありません。

自分にとって何が大事か、何をすることで自分はいきいきできるか、幸せを感じられるかは、一人ひとり違うものです。これが女性の幸福の決定版だという生き方などありません。自分が大事にするもの／生きた証となるものを確認し、それを軸にキャリアプラン――結婚、出産、育児、老後――の生き方を考えることです。他人がどうしているとか、他人に笑われるなどということを気にすることはありません。そのような考えはむしろ有害になります。

高学歴社会の今日、女性は結婚や家事育児だけで達成感や生き甲斐をもつことはできなくなりました（柏木・永久　１９９９）。高等教育が普及せず有職女性も少なかった親世代は、娘にとって自分のモデルにはなりません。刻々と激しく変化する社会のなかで、自分の道は自分で見つけ自分で切り拓くこと、それはたいへんであるかもしれませんがやり甲斐のあることです。

ヒトは未熟な状態で誕生し、子どもは親や教師に守られ教えられ励まされて育ちます。子どもは育てられる存在です。おとなとても、育てられ鍛えられることは多々あります。しかし同時に、他者の力や意図によらず、みずからの志と力で道をみつけ、切り開き、歩むのがおとなです。自ら育つ力と志、それによる成長発達は人間ならではの営みです（柏木　2013）。育児不安をめぐる問題は、単に育児や親の問題にとどまらずおとなの発達とはなにかを再考させてくれます。

文献

ベルスキー、J&ケリー、J／安次嶺佳子　1995　子供をもつと夫婦に何が起こるか　草思社

電通総研　2004　世界60カ国価値観データブック　日本リサーチセンター

Field, T. 1978 Interaction behaviors of primary versus secondary care- taker fathers. *Developmental Psychology*, **14**, 183-184.

深谷昌志　1996　変わりつつある父親像　牧野カツコ・中野由美子・柏木惠子（編著）子どもの発達と父親の役割　ミネルヴァ書房　14-30頁

福丸由佳　2013　子育て期における父親役割・母親役割研究についての国際比較　日本家族心理学会30周年大会・国際家族心理学会第7回大会プログラム・発表論文集　40-41頁

井上輝子・江原由美子（編）　1999　女性のデータブック　第3版　有斐閣

柏木惠子　2011　父親になる、父親をする——家族心理学の視点から　岩波ブックレット

柏木惠子　2013　おとなが育つ条件——発達心理学から考える　岩波新書

柏木惠子・永久ひさ子　1999　女性における子どもの価値——今、なぜ子を産むか　教育心理学研究　**47**　170-179頁

柏木惠子・若松素子　1994　「親となる」ことによる人格発達——生涯発達的視点から親を研究する試み　発達心理学研究　**5**　72-83頁

数井みゆき・無藤隆・園田菜摘　1996　子どもの発達と母子関係・夫婦関係——幼児を持つ家族について　発達心理学研究　**7**　31-40頁

小坂千秋・柏木惠子　2007　育児期女性の就労継続・退職を規定する要因　発達心理学研究　**18**　45-54頁
牧野カツコ・中野由美子・柏木惠子（編著）1996　子どもの発達と父親の役割　ミネルヴァ書房
牧野カツコ・渡邊秀樹・舩橋惠子・中野洋恵（編著）2010　国際比較にみる世界の家族と子育て　ミネルヴァ書房
根ケ山光一・柏木惠子（編著）　2010　ヒトの子育ての進化と文化――アロマザリングの役割を考える　有斐閣
小原嘉明　1998　父親の進化――仕組んだ女と仕組まれた男　講談社
目良秋子　1997　父親と母親のしつけ方略――育児観・子ども観と父親の育児参加から　発達研究　**12**　51-58頁
佐藤淑子　印刷中　ワークライフバランスと乳幼児をもつ父母の育児行動と育児感情――日本とオランダの比較　教育心理学研究
石暁玲・桂田恵美子　2006　夫婦間コミュニケーションの視点からの育児不安の検討――乳幼児をもつ母親を対象とした実証的研究　母性衛生　**47**　222-229頁

第5章 少子化はなぜ止まらないのか
少子化の原因と影響

柏木惠子

1 子ども数の現実と理想――子ども願望の強さ

1 合計特殊出生率と理想の子ども数

日本の合計特殊出生率は一・三、この数値はここ十年来ほとんど変わらず、少子化は他国とりわけ先進工業国の中で際立って低いまま推移しています。合計特殊出生率とは、ある時代のある国や地域で一人の女性が一生のうちに出産する子どもの数の平均のことです。このままでは日本において人口が減少することは確実で、労働力人口の減少につながることから現行の国民年金制度をはじめとする社会保障制度の将来が危ぶまれ、少子化の解消は国家的課題であるとしてさまざまな施策が試みられています。しかし、一向にその効果は見えてきません。

一方、少子化の現実とは異なり、理想の子ども数は二・四前後と現実の子ども数を上回っていますが、これも近年ほとんど変わっていません（図5－1）。理想の数の子を産んでいれば、少子化にはならないはずです。このギャップは一体どこからきているのでしょうか。

2　現実と理想のギャップ——子ども願望の低さ

子どもがほしいか、子どもをもつと幸せになるか、パートナーは親になる準備ができているかなど、子どもへの願望をさまざまな国の男女に質問した国際比較調査があります（図5－2）。その結果は、たいへんショッキングなものでした。日本はほかの国々とはかけ離れて下の位置にあり、〈子どもをほしい〉願望は日本の女性も男性も弱いといってよいありさまでした。理想の子ども数は二・四人というのは絵空事のようでしかなく、少子化は子ども願望の低さの当然の結果なのでしょうか。

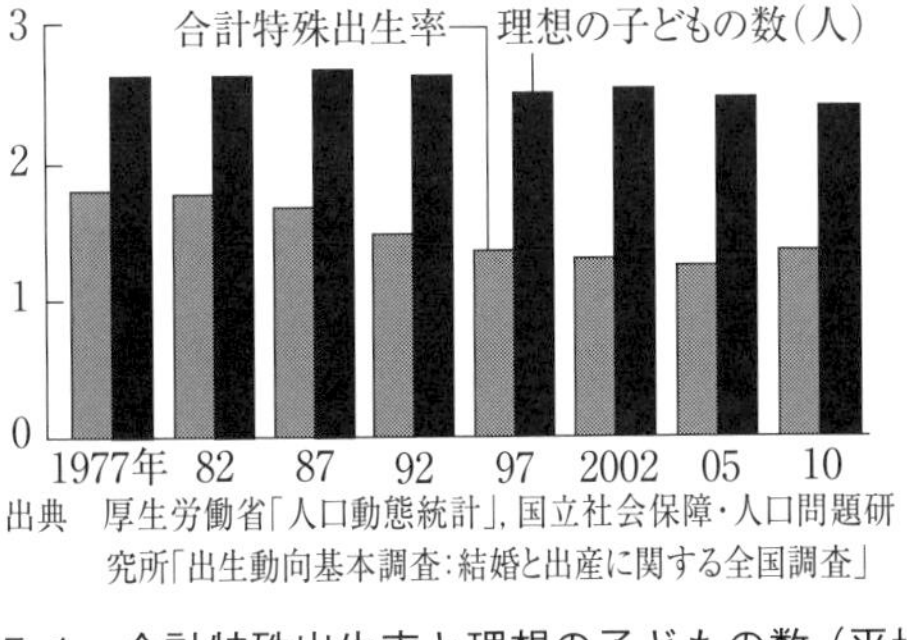

出典　厚生労働省「人口動態統計」，国立社会保障・人口問題研究所「出生動向基本調査：結婚と出産に関する全国調査」

図5-1　合計特殊出生率と理想の子どもの数（平均）

2　子どもを育てる社会的文化的な背景

1　「子は宝」——子どもを大事にしてきた日本

日本は古来、子どもを大事にする社会でした。明治以降に欧米から来日した宣教師や学者たちは、自分たちの出身国に比べて日本では子どもがかわいがられ大事にされていることにいたく感嘆し、そのことを手紙や日記に書き残しています。

ところで、日本には子宝思想が早い時代からみられます。八世紀に編まれた万葉集に、山上憶良の「白銀も黄金も玉も何せむに　優れる宝　子にしかめやも（子は黄金や銀よりもまさる）」というよく知られた短歌があります。そして、その考えに反対する人はほとんどおらず、「そうだ、子どもは大切なものだ」と共感しています。

しかし、日本の人々は、子どもがどんな金銀財宝よりも勝る価値があると心底思っているのでしょうか。もしそうならば少子化はあり得ません。どんどん子を生み、大勢の子を大事にするはずです。ところが、現実にはそうはなっておらず、少子化が進行し、しかも育児放棄や虐待も少なくありません。このことは、建て前としては「子は宝」だと思うけれども、自分にとっての子どもを現実的具体的に考えるとそうではないのです。換言しますと、子どもとは、山上憶良が謳ったように何ものにも勝る絶対的な価値をもつものではなく、あくまで相対的なものなのです。

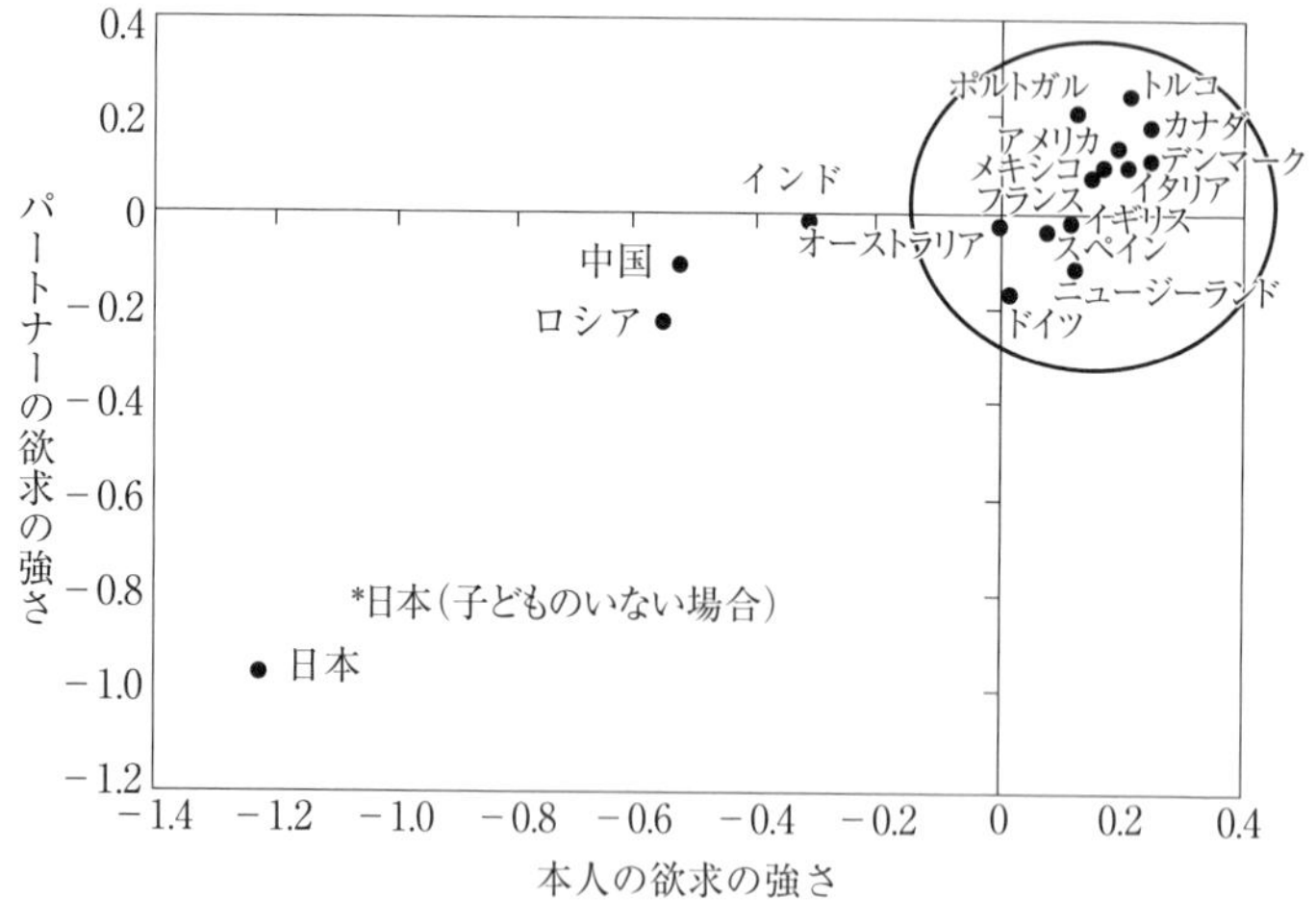

図5-2　本人・パートナーの欲求別・子どもをもつ願望と必要性
（ボイバン，2011）

2 子どもの価値は社会の豊かさによって異なる
——〈子どもの価値〉国際調査が示すこと

子宝思想が表向き広く支持されている日本では、子どもの価値は相対的なものでしかないことを声高に主張するのははばかられてきました。しかし、「あなたにとって子どもはどんなメリットがありますか」という問いへの世界各国の回答をみてください（図5‐3）。私たち日本人は、こう質問されたら「家庭が賑やかになる」「夫婦の絆が強まる」「生き甲斐になる」など精神的なメリットをまず考えるでしょう。たとえば、「子どもから稼ぎを期待するなんて、とんでもない！」と。ところが、経済的・実用的価値——働き手だ、稼いでくれるなど——子どもの価値は経済力と労働力にあるとしている国々は少なくないのです。

図5‐3は、国の経済的実用的価値が低

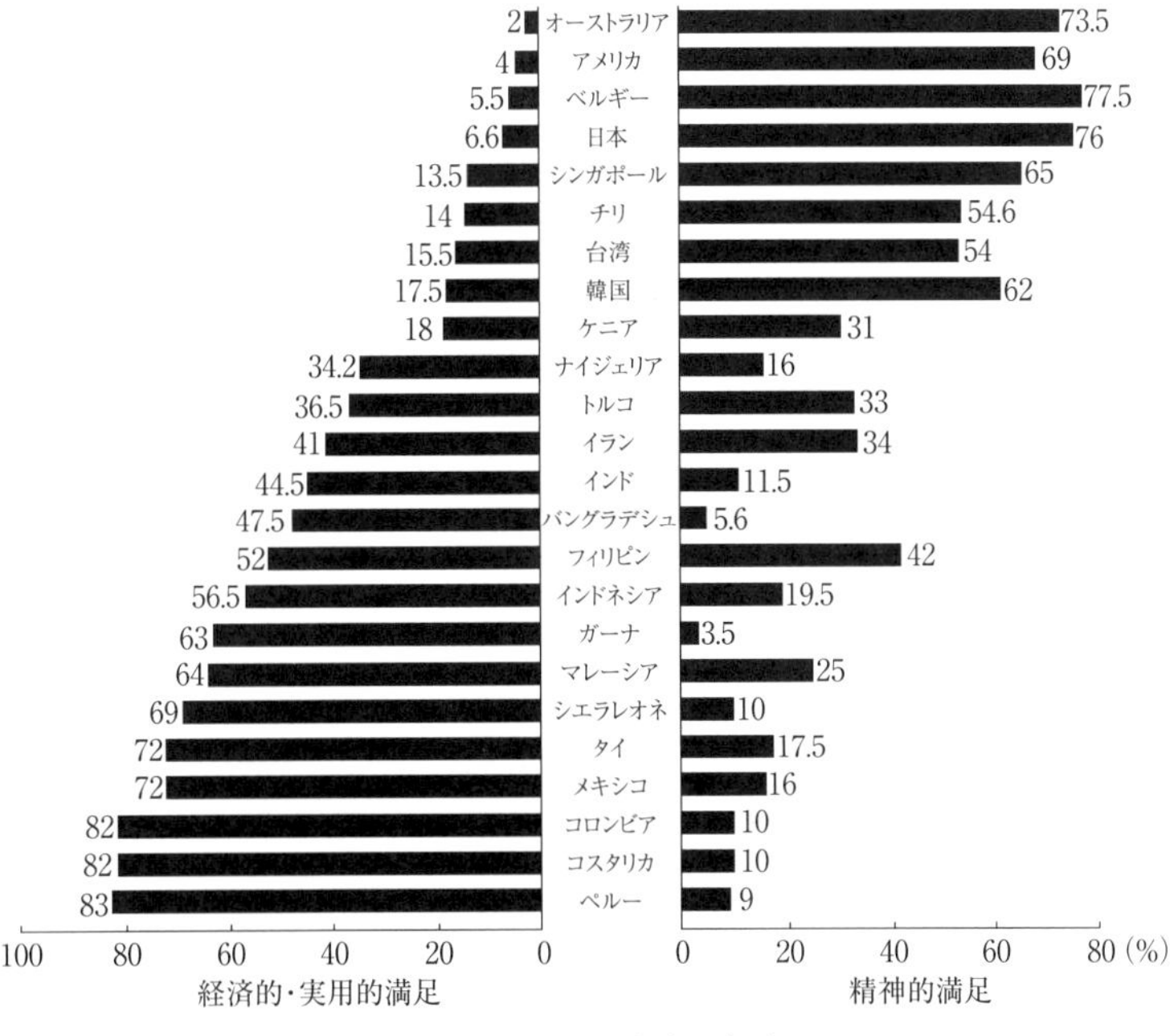

図5-3　子どもが親にもたらす価値（%）（世界銀行，1984）

い順に並べたものですが、工業化発展の度合い、つまり豊かな国かどうかが、子どもの価値を決めていることがわかります。まだ工業化が未発展で国も家庭も貧しい国々では、子どもは働き手つまり経済力と労働力としての価値が期待されています。これは、日本を含む豊かな先進工業国では子の存在は生き甲斐だの家庭円満などと精神的価値が期待されているのとは対照的です。しかし、日本も人々はともかく、政府は子どもを労働力・年金の担い手とみなしています。

さらに子どもと一口にいっても、性によって価値は違うのです。相続などに男女同権が適用される以前には、皇室や旧家だけでなく一般家庭でも後継ぎの男の子が生まれないことは、一大事でした。そのような時代、女の子しか生まれないと、母親は「女腹」とさげすまれもしたのです。それが近年、親が男子よりも女子を望む傾向が強くなっています。娘は親に優しく老後の世話や話し相手になってくれる、という期待からです。つまり、娘のケアラー（ケアをする人）としての価値が浮上したのです。子どもの価値にもジェンダー差がある、それは「ケアは女性によってなされるのがあたりまえ」と考える日本ならではの現象です（阿藤・早瀬、２００２）。

このように子どもの価値というものはそもそも相対的なものであり、社会的状況に依存して変化するものなのです。この子どもの価値の相対性が、次に説明する人口革命、つまり子は「つくる」ものとなっていっそう顕在化しました。以前は、いくら価値が低かろうともちたくないと思おうと、子を「つくる」あるいは「つくらない」ことはできず、子は「授かる」ものと受けとめて諦めてもいました。妊娠するかどうかは人知の及ばないものでした。

3　子どもは「授かる」ものから「つくる」ものへ

それが一変しました。

受胎の仕組みが詳細に解明され、セックスと妊娠を分離できる技術——避妊用具や薬などを手にした今、子どもが生まれるかどうかは「神のみぞ知る」ものではなくなりました。子をもつか否か、もつならいつか、何人かを事前に決め、そのとおりに実現できるようになりました。このように、子どもの命は、親／おとなの意思と決断の下に置かれ、「つくる」ものとなったのです。このことは少子化という数の変化以上に重大で、人類史上初の画期的なできごとです。これを人口革命といいます。

今日の少子化は、子を産むか否かを決定できる人が「少子にした」、つまり少子でよいと決めた、その結果なのです。少子という数のことなら、何も大騒ぎせずとも人類はすでに体験ずみです。結婚すると子は次々に生まれてきました。けれども多くの子が幼いうちに亡くなり、たとえ十人生んでも生きながらえた子はたった二人、ということは稀ではなかったのです。たくさんの子が産まれても少子になってしまったのです。子が生まれることも早逝することも、人間の力ではどうすることもできなかったのであり、子の命は人知を超えるものの意思と力にあったのです。

人口革命は医学と医療技術の進歩の結果です。それは、子どもが幼くしてばたばた死ぬ不幸が消滅した点では恩恵です。しかし見方を変えれば、子どもの命が親の意思と決断の下におかれるという、不遜ともいえる状況になったといえるでしょう。このことは親と子の関係にも変化をもたらしています。

3 〈なぜ子を産むか〉という研究テーマ

1 〈子どもを産む〉ことの理由

少子化という人口問題は人工的現象、つまり親になる人々の意思と決定の問題です。このあたりの事情は、〈なぜ子を産むか〉に関する研究が明らかにしています。この〈なぜ子を産むか〉という問い自体、昔はあり得ないものでした。子どもは「つくる」ものになった今、この問いが成り立つのです。三十歳代と六十歳代の母親に、「第一子を産んだとき、どのような理由で産んだか、何を重視して決めたか」を答えてもらいました。その回答には、世代差が顕著にみられます（表5－1）。

表5-1　世代別の子どもを「つくる」理由
（柏木・永久，1999）

60代に顕著な産む理由
結婚したら産むのがふつう
産み育ててこそ一人前
次の世代をつくる
生き甲斐になる
姓やお墓を継ぐため必要
30代に顕著な産む理由
2人だけの生活は十分楽しんだから
妊娠・出産を経験したいから
夫婦関係が安定したので
年をとったとき子がいないとさみしい
生活に変化が生まれる
自分の生活に区切りがついたから
経済的なゆとりができたから
仕事が軌道にのったので
手伝ってくれる人がいたので
よい保育園があったから

年配世代の母親には、「結婚したら産むのが普通」「次世代を残す責任」「家やお墓を継ぐ」などの理由が多く見られ、〈結婚したら、子どもをもつ〉のは自然・当然のことと考えられていることがわかります。この世代でも受胎調節は普及してはいましたが、結婚すれば子どもをもつのは当然と考えていたのです。そし

てこの世代の女性たちにとって、子はまずは世のため家のためのもの、その責務を結婚した女性ははたすべきものであったのです。

若い世代ではこのような理由をあげる人はほとんどいません。代わって現れた「産む理由」は、年配世代にはみられないものでした。「二人の生活は十分楽しんだから」「生活の区切りがついた（華道の免状がとれた／予定の旅行はすべてしたなど）」「経済的ゆとりができた」「仕事が一段落した」などなどです。いずれも子どもをもつことと自分（たち）の生活との比較検討がなされ、そのうえでの子産みの決断があるのです。子どもは絶対的なものではなく、自分たちの生活と相対的なもの、その生活を検討し子をもつ条件が整備されたか否かが子を産む決断につながるのです。つまり、子どもは絶対的な価値をもつものではない、まして年配世代のように、世のため家のためのものではない、子どもは自分の生き方を優先したうえで相対的なものとなったといえるでしょう。「妊娠・出産を経験したい」という欲望も顕在化しました。

2 〈子どもを産まない〉ことの理由

この研究対象になった三十歳代母親の中に、「当初、子どもは二人」と考えていたのが一人でいい・これ以上産まないと決めたケースが四十人ほどいました。この母親たちに、「なぜ（希望していた二人目を産むのを）辞めたのか」、その理由を尋ねました。多くあげられた順番にその理由を示したのが表5‐2です。

自分の心身への負担が第一位であり、その後に時間や生活リズム、経済など自分の資源が育児によって消耗されてしまうことへの憂慮が続きます。既婚女性が時間や心身のエネルギーなど自分の資源を何に投資しているかをみますと（永久・柏木　2002）、女性では職の有無にかかわらず家族への投資が断然多いのです。そして自分への投資が少ない人ほど自信を喪失し、あせりや迷いが強いのです。夫は仕事で多忙とはいえ、家事育児はほとんどせず自分の時間はアフターファイブなど結構もっている、そうした自分との落差を考えると、現在の自己資源の配分にいっそう疑問を抱き、夫との不公平感もつのるでしょう。そしてこんな体験はもう繰り返したくない、少しでも自分に投資したいという思いが第二子出産をやめることになる、つまり少子化となるのです。素朴な予想に反して、有職の母親のほうが無職の母親よりも子の数は多いので

表5-2　一人しか産まなかった理由（柏木・永久，1999）

自分のことをする時間がなくなる
生活のリズムを崩したくない
また子育てするのは億劫
生まれてくる子どもの健康が心配
子どもに生きよい社会や地球環境ではない
迷っているうちに機を逸した
子どもが多いとお金がかかる
以前の妊娠出産が大変だった
子どもや子育てが好きではない
教育や受験を思うと気が重い
子どもの数だけ気苦労が増える
一人の子に十分なことをしてやれない
教育費がかかる
夫が子育てに非協力的
子どもはほしいだけ産んだ

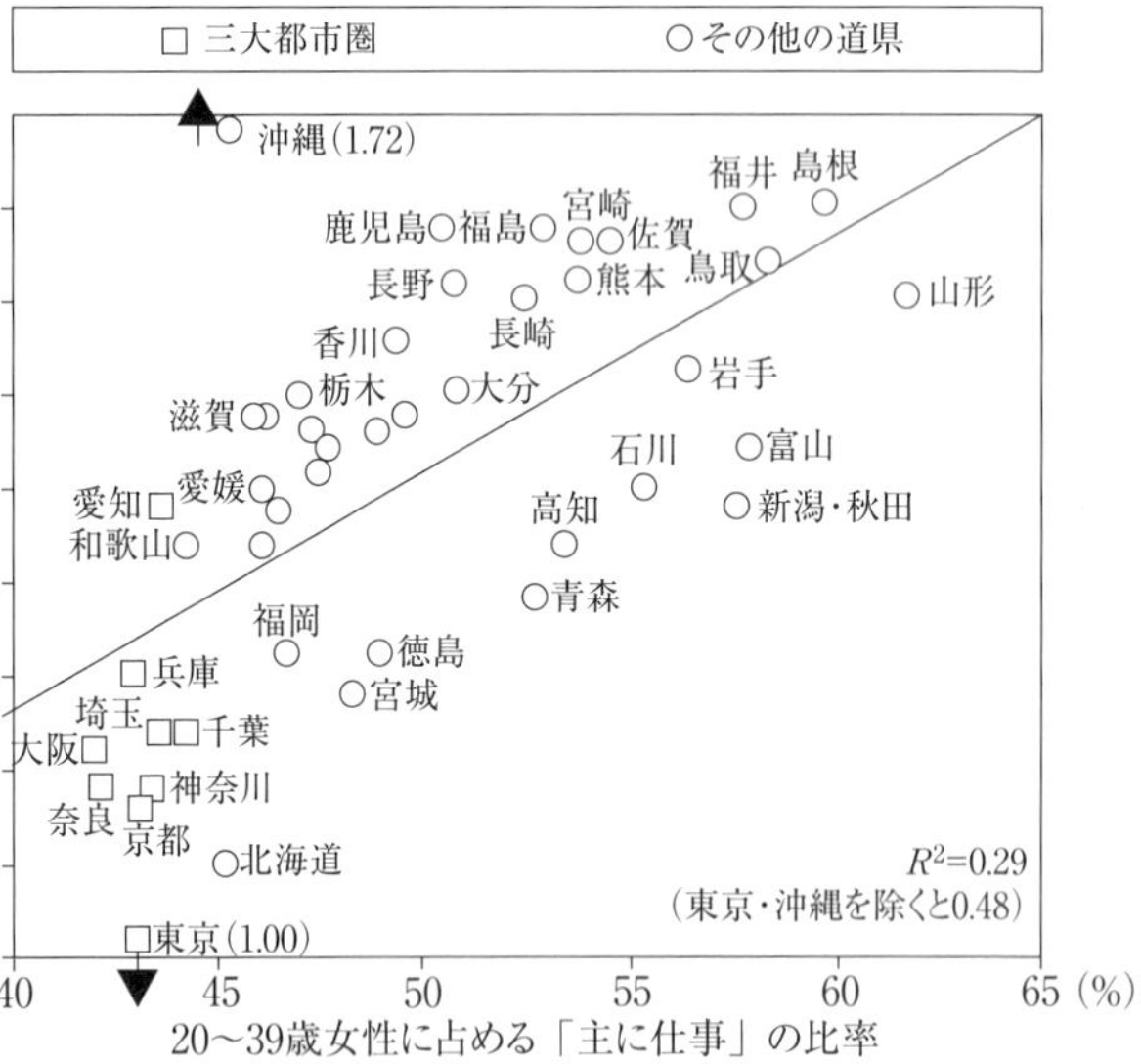

出典　就業率：総務省「国税調査」2005年
　　　出生率：厚生労働省『人口動態調査』2005年

図5-4　20〜30代女性の就業率と出生率

す。これは国際データでも日本のデータ（図5－4）でも実証されています。

第4章でもふれましたが、無職の母親の育児中心の生活では、自分への投資ができなくなって不満や焦燥が強まり、次の出産をためらうことになる事情がここからも示唆されます。これに対して、有職の母親は自己資源を子育てだけでなく自分にも配分できていることで、次子をもつことに積極的になるのでしょう。つまり無職の母親の強い育児不安は、少子化につながっているのです。

4　男性の生き方の見直し・女性の生き方の変化――政策とのズレ

1　少子化の隠れた要因は、父親の育児不在

少子化というと、母親側の要因が問題にされますが、それ以上に重大な要因は父親にあります。日本の男性の家事育児率が諸外国の男性に比べてきわめて低い状況は、さまざまな調査によって繰り返し報告されています。女性の育児休業取得率が七〇～八〇％であるのに対して男性は制度開始以来、地を這うほどの低さ（図5－5）でしかありません。

この父親の育児不在が出生率と密接に関係します。父親の育児参加がどの程度かを調べ、休日も育児をまったくしないゼロの父親から最長八時間以上の父親まで育児参加度別に分けて、群ごとの次子誕生率をみたのが、図5－6です。結果は一目瞭然で、父親が子どもの世話や遊び相手を長くするほど、次子誕生の確率は高いのです。父親の育児時間がゼロかごく短い場合、母親は子どもの世話を夫（父親）にまったく頼れな

いことになり、孤軍奮闘するしかありません。そうした場合、「もう産むまいぞ！」と思うでしょう。

夫が子どもの世話をしてくれていれば、妻は自分の時間や空間がもて、さらに育児を協同している夫との連帯感も生まれ、

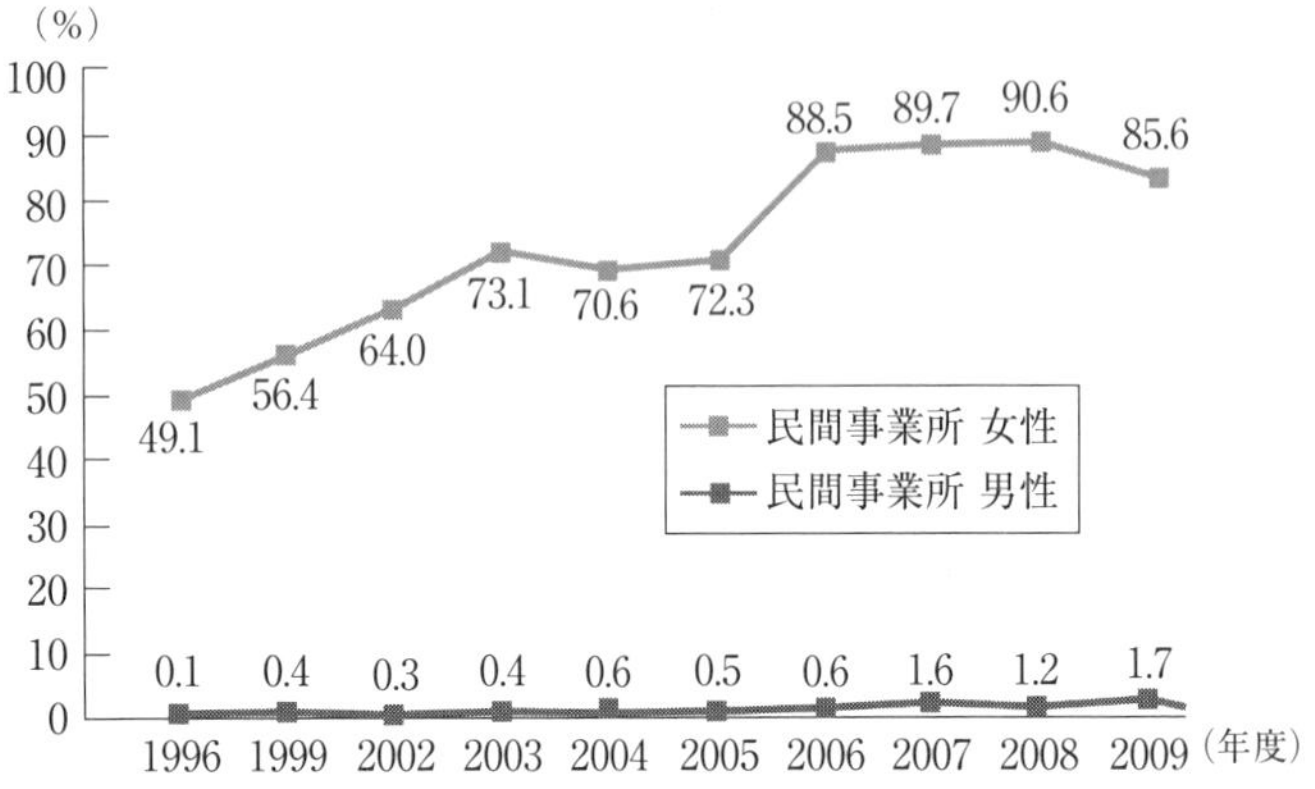

出典　厚生労働省「雇用均等基本調査」

図5-5　男性と女性の育休取得率の推移

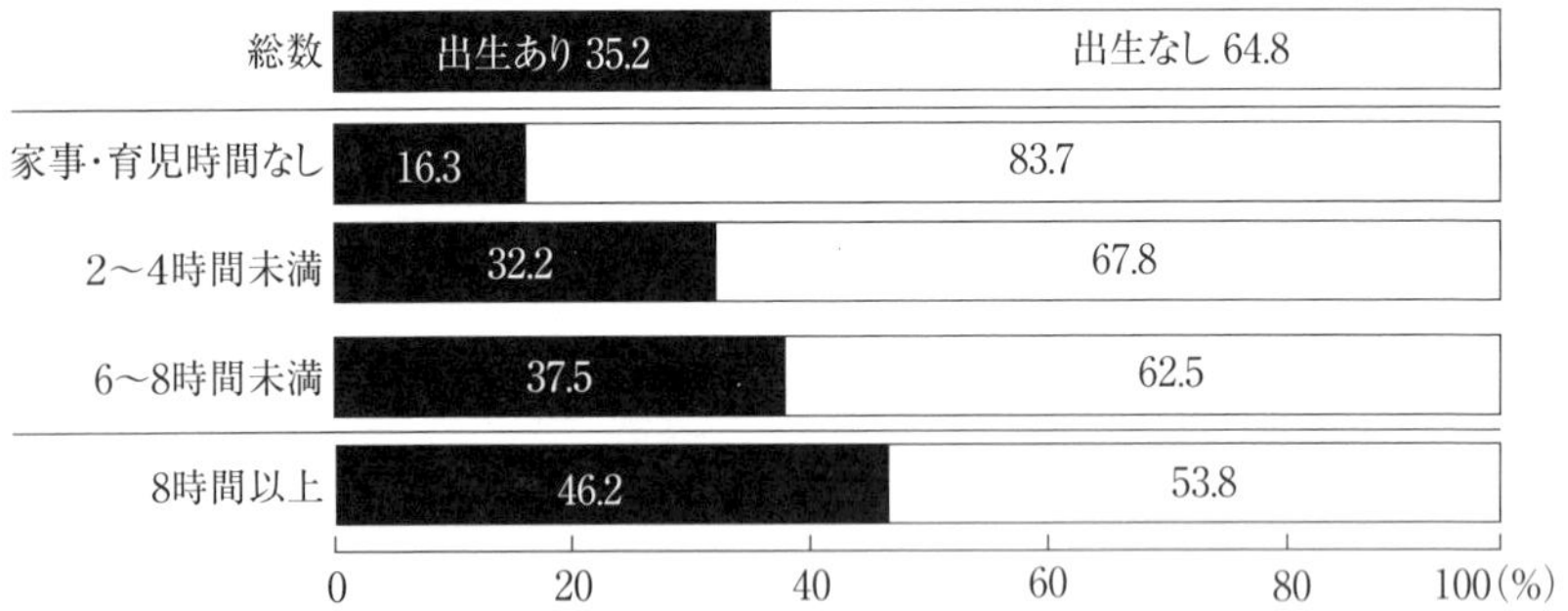

出典　厚生労働省「第6回21世紀成年者縦断調査」2009年

注）集計対象は，①または②に該当する同居夫婦

①第1回から第6回まで双方から回答を得られている夫婦

②第1回に独身で第5回までの間に結婚し，結婚後第6回まで双方から回答を得られている夫婦

図5-6　夫の休日の家事・育児時間別にみた５年間の第２子以降の出生の有無

その結果、もう一人産もうという気持ちを強められるでしょう。

人類の育児は、ほかの動物に比類なく長期にわたり、しかも多様なことを教える必要があります。この育児を成功させるには、父親が単に精子の提供者で終わらず育児に参加するよう進化したものです（小原　1998、山極　1994）。日本の男性が「父親になる」けれども、「父親をする」から降りている現状は、「長期にして多様な育児の成功戦略として進化した父親の育児」という人類の子育ての原則にもとることです。母親の育児不安が強まり、産むのをためらうのは当然です。父親の育児家事時間と出生率は正相関している事実（図5-7）を直視すべきでしょう。

現在進められている少子化対策には、この視点が欠落しています。前述のデータは何と厚生労働省が行った調査です。ここに歴然と示されている父親不在の少子化への悪影響を、政府はきちんとみているのでしょうか！　今行われている少子化対策は、母親が仕事と育児を両立しやすくすることに主眼がおかれ、父親・男性の育児を保証する対策は皆無です。これでは効果は上がらず、少子化は止まりません。男性の育休取得や育児時間の保証など、男性の家事育児の推進策、つまり男性の生き方・働き方の改造こそ「少子化」を解消する切り札です。

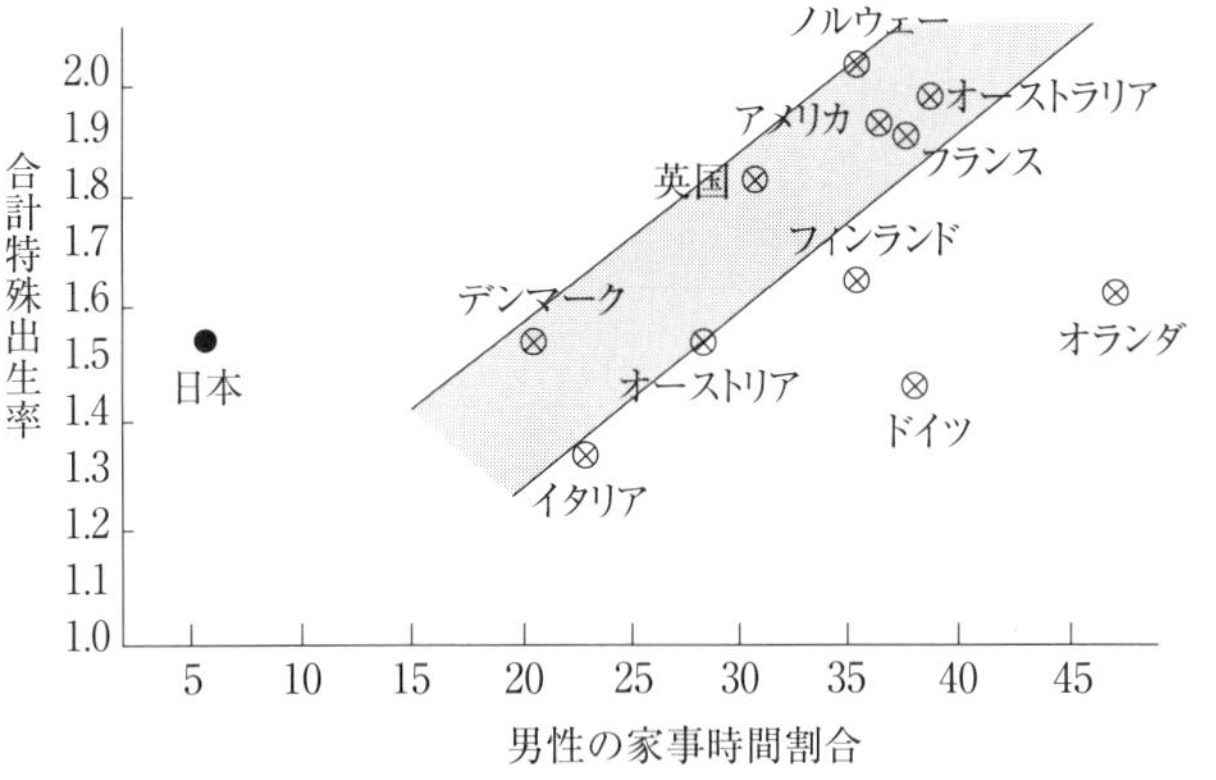

出典　総務省「社会生活基本調査」1996年，国連開発計画「人間開発報告書」1995年

図5-7　父親の育児参加と合計特殊出生率の関係

2 少子化への安易な対策――「少なく生んで豊かな生活」と喧伝したツケ

ところで、今日の少子化の源は政府にあるのです。明治以来、日本は富国強兵のために「産めよ、殖せよ」を喧伝し多子の母親の顕彰など、積極的な多産奨励策をとっていました。それが戦後、荒廃した国土と疲弊した産業と乏しい食料事情、他方、外地からの帰国による人口増が予想され、それまでの「産めよ増やせよ」ではだめだと、少子化対策が出てきました。そのスローガンは「子ども二人で豊かな生活」「少なく産んでよく育てる」でした。この少子推進キャンペーンが効を奏して少子化が進んだのです。今日の少子化の源泉はここにあります。

それが、今や「もっと産んで」と、やっきになっての少子化対策です。それは、労働力は減る、年金制度が破綻する、税収減になる、介護をはじめとする社会保障の諸制度がいき詰まるなどを憂慮してです。つまり子どもを経済的価値の視点からとらえ、そのために女性に子どもを産んでもらわねばと策を練っているのです。これは子どもにも女性にもなんと失礼な視点ではないでしょうか。人はやすやすとそれに乗るほど「従順」ではないでしょう。子どもを産むか否かは個人、とりわけ女性の生き方にかかわることですから。

3 女性の活用策とは女性は「仕事も家庭も」――「男は仕事」はそのままで

少子化対策と同時に、政府は「女性の活用」も推進しています。曰く「女性が働きやすい職場」「柔軟な働き方」「女性が輝く社会」などなど、聞こえはいいのですが、「働きやすい」とか「柔軟に」は、女性は職業も家事もすることを前提としています。妻がフルタイム職でも、その夫の家事育児は無職の妻の夫と大差ありません。つまり家事育児は女性が担うことが前提の「女性の活用」ですから、これにはほとんど効果は疑問です。効果をあげるには、男性が家事育児を女性と同様に担う生き方を推進する男性対象の施策こそ必要であり、そうしてはじめて実効性があるでしょう。

最近、しきりにワークライフバランスといわれています。〈男は仕事・女は家庭〉の状態では男はワークのみ女はライフのみで、それぞれアンバランスな状況です。これまで述べてきた少子化の要因——女性が無職で育児をし、父親が育児不在であることは、いずれもこのワークライフアンバランスにほかなりません。男性と女性、夫と妻双方の生活、生き方の是正が必須です。

4 晩婚化による少子化の促進——結婚の価値の低下

少子化は夫婦の問題であると同時に、結婚事情の異変とりわけ晩婚化が無視できない要因です。「クリスマスケーキ」という言葉があったように、以前はほとんどの人が適齢期に結婚したものでした。そこで、欧米の人口学者から「(日本人は)結婚好きな国民」と揶揄されたものでした。それがそうでなくなり、結婚年齢はどんどん上昇して晩婚化が進む一方、近い将来には生涯未婚者が増加すると予測されています。

なぜこのような異変が起こっているのでしょうか。それは、結婚の価値が低下したからです。別な表現をすれば、結婚よりも魅力的な生き方、結婚とは別なより生き甲斐や充実感が得られる生活が開けたからです。長らく女性は自力で生きることができない状況におかれ、結婚し「嫁」となることは、女性の生存にとって必須の手段でした。そして跡継ぎを産むことで、その家での地位を確かなものにしたのです。男性にとっても、家電も外食産業もない時代に家事一切を取り仕切ってくれる妻は、生存上で重宝な存在でした。さらに家を継ぐ子を得ることで、一家の長としての座を揺るぎないものにしたのです。

このように、結婚は男女いずれにも生存を保証する高い価値をもっていたのですが、労働が肉体労働から機械化情報化（コンピューター化）した（このことを労働力の女性化といいます）結果、女性も嫁とならずとも自力で稼いで生活できるようになりました。また、高学歴化も進み、女性の知識や技能の向上、さらに生き甲斐や充実感を変化させました。高学歴化にともない、女性は日常的家庭的活動より社会的職業的活動での満足感が強まり、生き甲斐や子どもへの感情も変化してきています（若松・柏木　１９９４、永久・柏木　２００２）。

こうして社会の変化と連動した女性の心理的変化は、結婚して「嫁」「母」として生きる魅力を後退させます。結婚・出産・育児は職業や社会的活動と比較検討され、後者が選ばれる、それが晩婚化さらに非婚へつながります。そして欧米では結婚せずに子をもつケースが増加しているのに、日本では婚外子は差別されることから未婚化は即少子化につながるのです。

5　性別分業は改善できるのか

1　性別分業における結婚の意味――非婚・少子化の遠因

女性の社会的活動や職業への指向は強まり、女性は学卒後にほとんど就職します。しかし、生涯働きつづける女性は今も多数派ではありません。とりわけ高学歴女性は欧米諸国では職業継続するのに対して、日本では結婚・出産で退職する希有な国です。女性は、「母の手で」子育てするのが今もよしとされ「仕事も家庭も」と期待されている、それが職業継続を困難にしているのです。

他方の男性は、結婚で仕事を辞めるかどうかなどまったく問題にならず、それどころか結婚後は仕事にいっそう励むことになり、女性とは大ちがいです。

「男性は仕事」と「女性は家庭」は相互に補強しあう関係、つまり性別分業方式です。これは女性に職業や社会的活動の機会がなかった時代、そして子どもが次々と生まれ、職業労働も家事育児労働も機械化情報化以前のきわめて過酷な状況では、それなりの効用がありました。産休や育休では間にあわず、家事・育児を専業でするのがベストだったのです。戦後の復興期の「企業戦士と家庭を守る主婦」はその典型でした。夫の働きと稼ぎがいいことで妻は幸せとされ、家事育児に励み、一家は安泰だったのです。

2　結婚と対立する女性の生き方——性別分業はワークライフバランスを

しかし、社会の変化は女性の知力や関心を社会的職業的活動へ指向させ、長命化と相まって女性は妻、母としてではなく個人として生きる必要性を認識するようになりました。そうした女性にとって、結婚は自分の生き方と対立し、出産・育児はさらに高い壁になります。この壁を乗り越えられるか否かを検討すると、結婚は躊躇され　一人で生きる——仕事を続け自立して社会的職業的活動を自分の道と見定める女性は少なくありません。非婚は、「結婚できない」ではなく、「一人で生きる」という一つの積極的な選択肢になりました。

結婚しても子産みを諦める女性も少なくありません。家事の上にさらに育児も自分だけにかかってくると予測すれば、自分の仕事や社会的活動を継続するには子産みは諦めざるを得なくなります。研究と仕事を選び、子どもはやめた、と明言している高名な研究者がいます。今日以上に学会や大学での女性の地位が低かった時代、一歩でもひけば自分の活動の場を失うことは目に見えていたのです。何と悲壮な生き方でしょう。雇用均等だの女性の活用などといいながらも、「仕事人間」の男性の働き方が変わらないかぎり女性の進出や活躍は難しく、晩婚化や非婚化は進み、結婚しても子なしカップルが増え少子化は止まらないでしょう。

最近の新聞に、夫が洗濯物を干し子が手伝っている写真が出され「感心！」といった記事がありました。とんでもないことです。家事育児は女性だけの仕事ではありません。いずれも人間が生きていくうえで必須の労働であり、男性女性を問わず担うべき労働です。お手伝い程度ですむことではありません。子どもも応分の家事分担をすることが大人になる道程であり、子どもの自尊につながります。

少子化と長命化によって、長年、日本の慣行であった〈ケアの女性化〉は破綻しました。その解決にはケアを両性が担うことが必須です。か弱いもの・幼いもの・衰えたものに対する愛情／関心と手を貸す心と力（養護性といいます）は、女性だけのものではありません。性と血縁を超えて人間だけがもっているものです。その養護性を育み活用する機会が、これまでの性別分業の生活では男性には不要とされ、その教育が男性に欠落してきたのです。

6　つくられた少子化の影響――親の教育的営為

1　親の「よかれ」は「やさしい暴力」「愛という名の支配」

最後に、少子化にともなって生じている親の側の問題を考えたいと思います。その第一は、少子に対する親の過剰な関心と介入です。日本には、「できるだけのことをしてやる」のが親の愛情だというイデオロギーがあります。親がいつまでも子の世話をするパラサイトも、その「愛情」のあらわれとみなされます。しかし「できるだけのことをしてやる」ことが妥当なのは、子どもが大勢いて親はそれほど富裕ではない状況のときでした。大勢の子に親が「できるだけ」のことをしてやったとしても、それは到底過剰にはなり得なかったからです。

それが今、問題化しています。昔に比べて相対的に余裕ができた親の経済的資源と心理的関与が、少子に集中的に降り注がれることになったのです。しかも親は自分が「よかれ」と思うことを、子どもの心や特徴を考慮せずに、「親ならではの愛情」として子に押しつける風潮がみられます。たくさんの塾や習い事のたぐい、さらに進学や専攻、就職先まで親の「よかれ」が作用しています。この「よかれ」を親のほうでは子への愛情と思っていますが、子にとっては「やさしい暴力」「愛という名の支配」にほかなりません（斎藤１９９２）。

少子化を年金や労働力など経済的視点から問題視する政府、親もそれと呼応した方向で、「いい学校」「いい就職」と子の経済的価値を高めようとしている、それが「よかれ」の暴力となって子に降り注がれているのです。戦後、目標とされた「少なく産んでよく育てる」少子良育戦略がもたらした負の遺産です。

2　子は自ら育つ――それが自尊の根になる

子どもは育てられる必要があり、教育を受ける権利があります。しかし同時に、子どもは自ら育つものです。アメとムチで芸を仕込まれる動物とはちがいます。私はどう生きたいか、どのような自分をめざして生きるかを軸にして、自ら励み試行錯誤しつつ学んでいく、それが人間ならではの発達です。経済的視点に偏した親の「よかれ」の暴力は、子どもがみずから育つことを阻み、子どもの自尊を低下させるものです。

過剰で見当ちがいな「よかれ」の子育てがある一方、育児放棄や虐待も少なくありません。それどころか増加しています。親の意に沿わない子ども、「できちゃった」子などは育児放棄や虐待の危険にさらされています。子どもというものは絶対の価値をもつものではなく相対的なもの、そこで親にとって「よい」子どもと「不都合な」子どもがあり、それによって親の子への処遇はちがってくるのです。数年前、熊本に設置された赤ちゃんポストには百人余の赤ちゃんが預けられたそうですが、そのうち三割ほどの赤ちゃんは何らかの障害をもった子どもだったと報じられています。今や、子どもは誕生前に「つくる」か否かが検討され決定され、誕生後も選別されるのです。

3　長期化し過剰化した親子の関係――その典型、パラサイト

少子化がもたらした問題の第二は、親子の関係の長期化です。多子だった時代、子は学を終え職に就くと、次々家を離れていったものでした。自立と離家は不可分の関係にありました。それが少子になった今、教育を終え職に就いた後も家に留まり続ける子は少なくありません。親の家で、あたりまえのように自室を使い食事や家事などの世話を受け続けながら、それらの費用をろくに入れず親の庇護を受け続けているパラサイト（山田　１９９９、宮本　２００４）はその極みです。

人間の子は未熟な状態で誕生するものですから、子育ては絶対に必要です。したがって、子の自立によって親の養育は完了するはずのものです。ところが、それが延々と続いているのです。その結果は、子の親からの自立不全、そして親（とりわけ母親）の子からの自立不全です。子と親は相互に癒着しもたれ合ってい

る状態です。そこには母親の夫との関係不全も背景にあります。子どもの誕生を契機に、夫は仕事、妻は家事・育児と、性別分業の生活になってしまった結果です。子どもの世話や子との和気あいあいの関係は、会話もままならない夫との生活を補完する意味もあるのです。

欧米では、子どもが「親の家に住み続ける」ことは「よくない」という考えが強く（牧野ほか 2010）、成人子と親は双方の自立を重視します。その欧米でも最近、親元で暮らすケースが現れてきました。しかし、これは日本のパラサイトとは大きくちがっています。そこでは、親と子は対等の独立した大人として経済も家事も分担する、そしてプライバシーには立ち入らないのです。これは、「できるだけのことをしてやる」と子に過剰な関心と世話を延々とつづけ、双方が自立不全に陥る日本とは大きなちがいです。これは多子の時代にはありえなかった、少子化が可能にした負の結果の一つです。

4 親子間の資源の流れの再編へ――「親孝行」の終焉

幼少の子を親が育てるのは当然であり不可欠です。この間、親の経済や心身のエネルギーなど親の資源は子に投資されます。しかし、この親から子への投資は子の自立によって終了する、それ以降は親と子はそれぞれ自立して生活するのが筋です。子の自立が子育ての目標なのですから。

この親から子への資源投資が延々と続いているのが、パラサイトです。しかしこのような関係が永遠には続かないことは自明です。親は老い、親の経済的資源も心身のエネルギー資源も減退します。やがて介護が必要になり、パラサイトしてきた子が介護することになるでしょう。結果的に、自分の結婚は後回しにされ、パラサイトが「介護独身」となる、そうした非婚の増加が予想されています。

ところで、「老いた親の扶養は子どもの責務」という親孝行の考えは、約十五年前から急激に支持されなくなっています（図5－8）。

一方、親世代では「子どもの世話にはなりたくない」と考えるものが急増しています。親の老後を扶養するという「親孝行」は儒教の影響を受けた日本で長らく美徳として定着してきましたが、急激な少子化と長命によって子による親の扶養は破綻しつつあります。少ない子で長い介護を支えることは、不可能になったのです。図にみられる意見の変化は「親孝行」の終焉を示唆しています（深谷1995）。

しかしこの意見が現実になるには、親子関係の再編が必要です。延々と子に投資し続けること（パラサイト）では不可能です。子の自立は即親の子（育て）からの自立、それ以降は親は子への投資を打ち切り親子がそれぞれ独立した生活を営む方向に変化することが必要でしょう。打ち切った子への資源投資を、親は自分たちの長い老後生活に備えた資源蓄積に転換することが求められます。これは、親子関係が非情になることではありません。親と子が情愛の交流をもちながら、それぞれ独立した経済的単位という関係でつながる欧米のパターンへの移行です。

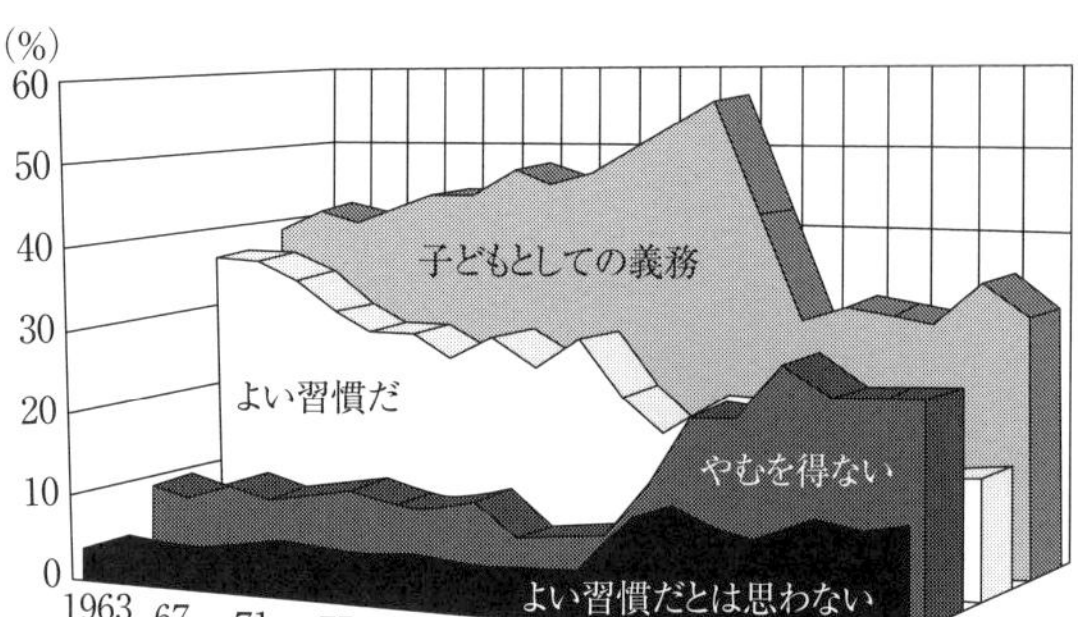

図5-8　老親の扶養についての意見
（毎日新聞社人口問題調査会，2000）

少子化と高齢化は日本が世界一であり、そして人類史上初の事態です。この「少子にして長命」という状況は、これまで日本であたりまえとされてきた「ケアは女性がするもの」も「子による親の扶養＝親孝行」をも揺るがせているのです。長命を文字どおり長寿とするためには、賢明な方策を創出することが必須です。日本人の知恵が試されている緊急の課題です。

引用・参考文献

阿藤誠・早瀬保子（編） 2002 ジェンダーと人口問題 大明堂
ボイバン、J 2011 人はなぜ子どもを作ろうとするのか――妊娠に至るまでの意思決定に関する国際的意識調査 カーディフ妊娠研究グループ
深谷昌志 1995 親孝行の終焉 黎明書房
舩橋惠子 2006 育児のジェンダー・ポリティックス 勁草書房
本田和子 2007 子どもが忌避される時代 新曜社
稲葉昭英 2005 家族と少子化 社会学評論 **56** 38-54頁
柏木惠子 2001 子どもという価値――少子化時代の女性の心理 中公新書
柏木惠子 2008 子どもが育つ条件――家族心理学から考える 岩波新書
柏木惠子 2011a 親と子の愛情と戦略――家族・親子を考える新しい心理学 講談社現代新書
柏木惠子 2011b 父親になる、父親をする――家族心理学の視点から 岩波ブックレット
柏木惠子 2013 おとなが育つ条件――発達心理学から考える 岩波新書
柏木惠子・永久ひさ子 1999 女性における子どもの価値――今なぜ子を産むか 教育心理学研究 **47** 170-179頁
柏木惠子・若松素子 1994 「親となる」ことによる人格発達――生涯発達的視点から親を研究する試み 発達心理学研究 **5** 72-83頁
毎日新聞社人口問題調査会 2000 日本の人口――戦後50年の軌跡 全国家族計画調査第1回〜第25回調査結果報告書
牧野カツコ・渡辺秀樹・舩橋惠子・中野洋恵（編著） 2010 国際比較にみる世界の家族と子育て ミネルヴァ書房
目黒依子・矢澤澄子（編） 2000 少子化時代のジェンダーと母親意識 新曜社
宮本みち子 2004 ポスト青年期と親子戦略――大人になる意味と形の変容 勁草書房
永久ひさ子・柏木惠子 2000 母親の個人化と子どもの価値――女性の高学歴化・有職化の視点から 家族心理学研究 **14** 139-150頁

永久ひさ子・柏木惠子　2002　成人期女性における資源配分と生活感情――高学歴化は成人期女性の人格発達をどう変えるか　文京学院大学研究紀要　4　35－48頁
根ケ山光一・柏木惠子（編著）　ヒトの子育ての進化と文化――アロマザリングの役割を考える　有斐閣
ニューマン、KS／萩原久美子・桑島　薫（訳）　2013　親元暮らしという戦略――アコーデオン・ファミリーの時代　岩波書店
小原嘉明　1998　父親の進化――仕組んだ女と仕組まれた男　講談社
斎藤　学　1992　子どもの愛し方がわからない親たち　講談社
世界銀行資料　1984
若松素子・柏木惠子　1994　「親となること」による発達――職業と学歴はどう関係しているか　発達研究　**10**　83－98頁
山田昌弘　1999　パラサイトシングルの時代　筑摩書房
山極寿一　1994　家族の起源――父性の登場　東京大学出版会

第6章 親としての発達

神谷哲司

はじめに

人間の子どもの成長・発達を考える際には、「子育て」という側面、すなわち、子どもの養育やしつけを行う養育者の存在が欠かせません。心理学でも古くから、そうした子どもの養育者としての親に着目し、親（とくに母親）の養育態度や行動が子どもの成長や発達に及ぼす影響を明らかにしようとしてきました。しかし、そこで明らかになったのは、母親と子どものやりとりを通じ、子どもの成長や発達に応じて、母親も子どもに対する態度や行動を変化させているということでした。さらに、近年では、忘れられていた父親を加えた父－母－子という家族成員相互のやりとりや、家族の外側からの影響も含めて、子どものみならず、母親、父親も日常的に直接、間接的に影響を受ける人たちとのやりとりを通じて発達していくものであると考えられるようになりました。それは、成人期において「親になること」という発達的な視点をもたらしたのです。

本章では、こうした「親」に関する諸研究を紐解きながら、親としての発達とはどのようなものであるかを概観しつつ、現代日本の「親」と「子育て」を考えたいと思います。

1　親になること、親であることで、なにがどのように変化するのか

1　親になることによる発達

日々の子どもとの生活の中で、親たちは、自分自身がさまざまな面で変化したと認識しているようです。たとえば、親になる前に比べて、柔軟になった、自分を抑えることができるようになった、運命や信仰・伝統を受け入れるようになった、視野が広がった、生きがいや存在感が増した、自己が強くなったといった側面です。これらの変化は父親よりも母親のほうが強く認識しており、また、視野の広がりや自己抑制などでは、仕事をしている母親よりも専業主婦の母親のほうが高くなっています。このことは、子どもにかかわる時間や子育てに主体的にかかわっているかどうかが、親としての人格発達にかかわっているのだといえるでしょう（柏木・若松　1994）。また、視野の広がりや柔軟さ、生きがい・存在感といったポジティヴな面だけではなく、過去と未来への展望や自由の喪失といった側面での変化もあるようです（高橋・高橋　2009）。この研究によると、親としての役割を肯定的にとらえているほど、「視野の広がり」などのポジティヴな親発達意識が高いのですが、他方自分を「親として不適格である」と思ってしまうような否定的な親役割意識をもっているほど、自由の喪失が強いことがわかっています。子育てを通じて肯定的なものだけではなく、否定的な側面もあわせて、親としての発達に影響を与えているのです。さらに、父母ともに、夫婦関係に満足しているほど、ポジティヴな親発達意識が高いことも明らかにされていて、父－母－子という家

族成員同士の日常的なかかわり合いのなかで、親は肯定的、否定的な感情双方をもちながら変化していくことがわかっています。

2　親になってから、なにがどのように変化するのか

親になったことによる人格的変化は、最初の子どもが生まれて三、四か月後には意識されているようです（佐々木　2006）。しかし一方で、親になってからの自己概念（自分自身をどのように考えるかという認識）は、妊娠期から親となった二年後、三年後でも、父母ともに、活動性、情緒不安定、養護性、神経質、未成熟といった側面では大きな変化は見られておらず、「怒りっぽい」、「感情的になりやすい」といった母親の怒り・イライラに関する自己概念のみ親になった後のほうが高くなっていました（小野寺　2003）。つまり、変化そのものの認識は子どもとの生活のかなり早期に高まるようですが、自分がどのような人間であるかといった認識については、子どもの誕生後数年ではそれほど大きく変化しないといえるでしょう。

では、親としての変化の意識は年々蓄積し、増加していくものなのでしょうか。親発達の肯定的／否定的な両側面に着目して、〇歳から二十一歳までの第一子をもつ父母の親発達意識の変化が調べられています（加藤ほか　2015）。肯定的な側面として、「家族意識」（「家族のことを考えるようになった」など）、「人格意識」（「角が取れて丸くなった」など）、否定的な面として、時間的拘束感や行動の狭さを示す「制約感」（「時間的余裕がなくなった」など）と、「子どもが大きくなっていくことに、なんとなく寂しさを感じることがある」や「子どもに対してどうすればよかったか、今ならわかると思うことがある」といった「寂寥感・後悔」に着目しています。家族意識や人格意識、寂寥感・後悔といった側面については、子どもの年齢によって明確な違いは見られず、顕著な違いが見られたのは、父親の制約感だけでした。同時に、母親

は、親としての発達の否定的側面を父親よりも高く認識してしました（図6‐1）。これらのことは、親としての発達意識が子どもの成長・発達にともなって蓄積し、増加していくものではなく、そのときどきの子どもとの生活の中で醸成されるものであること、とくに、母親は、どの時期においても、子育ての両価性（アンビヴァレント）を感じているのだといえます。

3　二歳までにつくられる母親のアンビヴァレントな育児意識

子どもをかわいいと思う一方、子育てを辛いものと感じるような、ポジティヴな面とネガティヴな面を同時に感じることをアンビヴァレント（両価的）といい、子育て感情の特徴とされています。現代日本においては、いまだに「子育ては母親の仕事」という伝統的な性別役割分業観が根強く、また、それを維持するような社会システムが強固ななかで、母親の子育て負担が大きくなっており、そのなかでイライラ・苛立ちを覚え、時間的、行動的制約感を感じているのでしょう。とくに、「現代日本」としたのは、たとえば、インドの母親を対象とした子育てに関するインタヴューでは、「子どもがかわいくないなんて考えられない」、「子育てがつらいってどういうこと?」といった声が聞かれており、子育てのための環境や風土が熟成されている場所の子育てでは、子育てに関する不安やストレスそのものが実感としてとらえられていないからです（新谷　2009）。

アンビヴァレントな育児感情は、子どもが二歳までにかたちづくられるようです。育児肯定感は、子どもが〇歳の時から二歳まで低下するものの、概ね一貫して高いのですが、逆に、「育児のために自分は我慢ばかりしている」といった育児生活のストレスは、〇歳から二歳にかけて上昇し、二歳がピークとなっています（加藤・津田　2001）（図6‐2）。子どもが〇歳のころは、授乳や排泄、生活リズムなどの世話を中心とした子育てであったのが、一歳から二歳にかけて、子どもに自我が芽生えて第一次反抗期に突入することによって、母親と子どもとの間に衝突が起こるのです。そうした子どもとの衝突は、母親自身に「子どものことがわからない」と思わせ、同時に母親はイライラや不安を募らせてしまいます。このように、第一子の誕生後二年間ほどの間に、かわいいだけでない子どもに対するアンビヴァレントな感情が形成されるようです。

4 子どもの第一次反抗期と母親のアンビヴァレントな育児意識

一方で、子どもと母親の葛藤は、徐々に母親自身にさまざまな影響をもたらします。まず、子どもとの葛

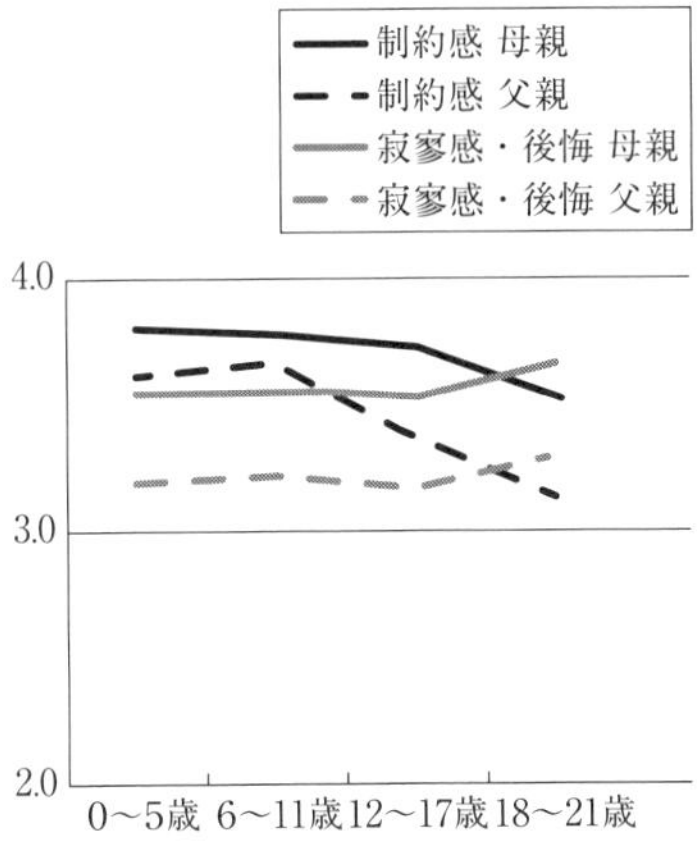

図6-1　第一子年齢別の親になっての変化（制約感，寂寥感・後悔）
（加藤ほか，2015）

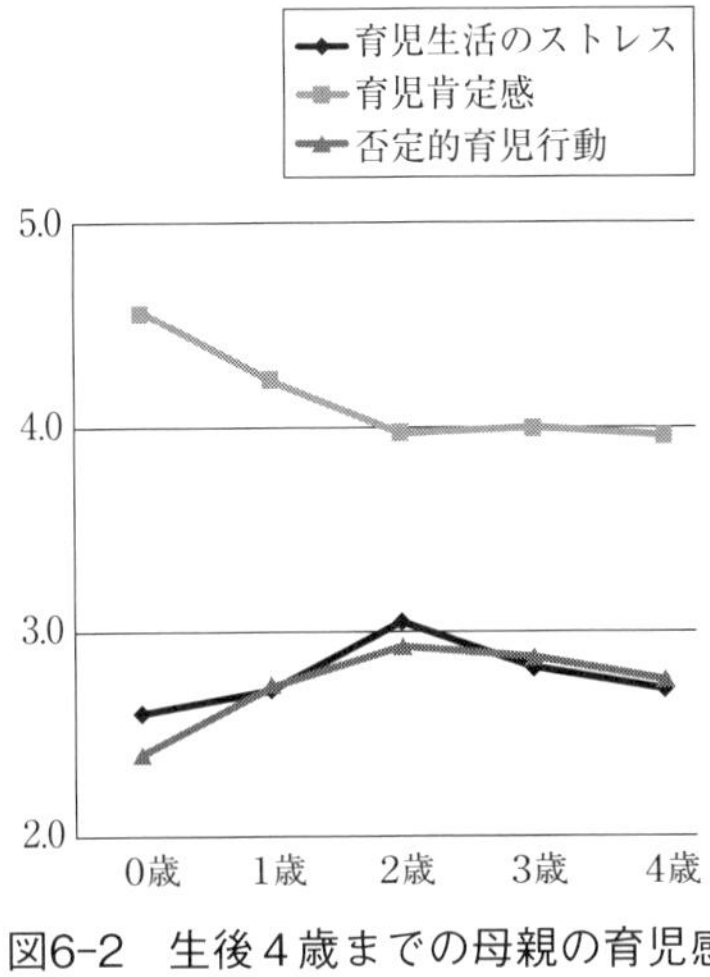

図6-2　生後4歳までの母親の育児感情の変化（加藤・津田，2001）

藤の日々の中で、母親は、子どもの行動のパターンを理解するようになり、人格をもったひとりの主体として受けとめ始めるようになります。また、それと並行して、子どもを世話・保護する対象から、親から影響を受ける主体としても認識するようになり、自らを社会化のエージェント（執行人）として自覚するようにもなります（菅野ほか　２００９）。しかし、（個人差は大きいですが）反抗期に突入した子どもは、そうした母親の変化では対応できないほど、急速に自我を伸ばし、自己主張をするようになるのです。

第一次反抗期を迎え、激しくなる子どもの反抗や自己主張に対して、社会化のエージェントとして母親はしつけを行おうとします。しかし、子育てをする主体としての母親は、「子どもに対し、親としてどのように振る舞うか」といったことについての信念や価値観（親役割観）をもっており、それは、パターン化された自分の子どもの姿だけでなく、夫やママ友とのやりとりやほかの子どもの観察、さらには、マスメディアから流されるさまざまな情報、自分が子どもの頃の被養育体験といったものから形成されています（神谷・菊池　２００４）。そうした母親の「常識」は、ときとして目の前の子どもの姿と合致せず、時として母親を苦しめることにもつながります。たとえば、「ほかの子は元気に遊んでいるのに、どうしてわが子はいつまでも私にまとわりついてくるんだろう」、「なぜ、うちの子だけ落ち着きがなくソワソワしているのだろう」など、「こうであるだろう（あってほしい）姿」と、本当はかわいいはずのわが子の姿はそれほど簡単には一致してくれないのです。

なかでも、意図的に反抗する子どもをなだめなければならなかったり、簡単に寝かしつけられなかったり、食事などの日常的な世話に時間をとられたりするときには、子育てをいやなものと感じるかもしれません。母子間のやりとりがかみあわないと母親はストレスをためてイライラします。その一方で、不快な思いをしたことをきっかけに、自分のかかわり方をふり返って内省したり、子どもの発達に気づいたりするようにもなります。「どうしてこの子はいうことをきかないのだろう。かかわり方をどう変えたらいいのかな」

などと、「親視点」の振る舞いを子どもの姿を反映させた「子ども視点」へと変容させていくのです。たとえば、子どもの反応にあう振る舞いを試行錯誤する、子どもへの期待を現実にそうように修正する、感情をコントロールする努力をする、といったことを行うようになります（菅野　２００１、坂上　２００３）。

さらに、幼少期だけでなく子どもが成人期初期にいたるまで、母親は、夫をはじめ身近な人からの協力を得ながら、子ども本位のかかわりと自分本位のかかわりが交錯するなかで失敗や反省を重ね、子どもとともに成長していると感じているのです（大島　２０１３）。

これら親としての発達のプロセスは、子ども自身の発達によっても変化するものであり、親と子の相互作用の中で進んでいくものです。そこでは、単純に、子どもの世話とか子どもとの心理的交流のためのスキルを身につけるといったことだけが、親としての発達を意味するのではないでしょう。「親としてこうありたい」、「このような親子でいたい」といった親自身の欲求や動機と、現実の子どもの姿とのせめぎあいの中で、自分の中で渦巻く強いネガティヴな感情の処理が求められ、また、その処理を経験することでさらに、子どもへのかかわりを振り返り内省しながら、子どもとのかかわりで試行錯誤が行われていく中で親としてのスキルも習熟していくのです（氏家　１９９９）。そうしたプロセスを経て、人格的な発達意識も生じていくのではないかと考えられます。そして、恐らくは、こうした振り返りの前提となるのが、子どもをかわいいいと思える肯定的な感情であると思います。この肯定的感情がなければ、アンビヴァレントにならず、振り返りにもつながらず、ただネガティヴな感情だけが喚起されることになり、児童虐待やネグレクトへと展開してしまいかねないように思われるのです。

2　「父親」と「母親」はなにが違うのか？

親としての発達意識は、父親よりも母親のほうが変化したという認識が肯定的な面も否定的な面もともに高く、アンビヴァレントであることが示されていました。こうした父母の違いについてはどのように考えればよいのでしょうか。次に、母親と父親という、性の異なる二人の親について考えてみたいと思います。

1　乳児の泣き声をどのように知覚するのか

乳児の泣き声は、それを聞くものをざわつかせ、養育行動や虐待行為をも導きだすような、非常に強い動因ですが、同時に、その激しさや耳につく程度など、個人差も大きいです。そうした、聞く者を駆り立てる程度（火急性）に違いのあるさまざまな泣き声を聞いたとき、私たちはどのように感じるのでしょうか。

そうした火急性の異なる二種類の乳児の泣き声を聞かせ、一般学生、助産学科学生、母親、経産婦、初妊婦の五グループにそれぞれどう感じるかについて評定してもらった実験では、助産学科の学生よりも、初妊婦や母親のほうが泣き声を聞き分けていることがわかりました。助産学科の学生は医療現場での実習などで比較的乳児にかかわる機会が多い一方、初妊婦はまだ実際に乳児とかかわる頻度は高くないことから、泣き声の聞き分けは、乳児とかかわる頻度によるのではなく妊娠にともなう生理的・心理学的な変化によるものであると考えられています（足立ほか　１９８５）。

このような結果を見ると、やはり、母になることの素晴らしさや不思議さを感じずにはいられません。でも、こうした変化は、母親だけに起こるものなのでしょうか。そこで、男子大学生、結婚して子どものいない男性、父親といった男性を対象に、ほぼ同様の手続きで乳児の泣き声を聞かせました。その結果、父親たちは学生よりも泣き声をネガティヴなものとはとらえておらず、同じ父親でも、子育てにかかわっている父親ほどその傾向が見られました。さらに、なぜ泣いていると思うか?を尋ねたところ、父親だけでなく、妻が初めての妊娠をしている夫たちにおいても、火急性に応じた原因の類推をしており、母親と同様、父親においても初めての妊娠期に、乳児の泣き声に対する準備性を有していることがわかりました（神谷　2002）。

2　生物学的な性差か、日常的なかかわりの差か

泣き声にかかわらず、実際の子どもとのかかわりと父母差についてみた研究から、一般に、母親のほうが赤ちゃんに微笑みかけたり、声かけを頻繁に行ったりしますが、父親はそれほど声をかけることなく、むしろ身体的な遊びやかかわりが多いことが知られています。しかし、日本では、子どもの養育を主に担っているのは、ほとんどの場合は母親です。つまり、母親と父親を対象とした研究で、父母で違いが見られている知見については、それが生物学的な性差に起因するものであるのか、それとも、日常的に主たる養育者として子どもにかかわっていることによって決まるものであるのかどうかは、明白に分けられるものではありません。

その切り分けを試みた研究を紹介しましょう。フィールド（Field, 1978）は、日常的に子どもとかかわることの多い父親（一次的世話役）とそうではない二次的世話役の父親に分け、母親も含めて、四か月の赤ちゃんとのかかわり方を観察しました。その結果、一次的世話役の父親は、母親のように微笑みかけや声かけ

の頻度が高く、高い声で語りかけることが明らかになっています。つまり、私たちが「母親のような」子どもへのかかわり方としてとらえている、頻度の高い声掛けや高い声、微笑といった行動は、女性だから、母親だからではなく、赤ちゃんとのかかわりの中で、身についていくものであると考えられるのです。

しかしながら、日本では、「イクメン」の登場によって多少の変化はみられるものの、父母の違いと養育水準は、主たる母親と二次的な父親という図式でほぼ固定化されてしまっており、両者を分けて考えることはあまりなされていないようです。とくに、日本では「三歳までは母の手で」といった三歳児神話に見られるように「母性」を礼賛する傾向が根強く、父母の行動に違いがみられるとそのまま生物学的な違いに由来するものだととらえられ、そのことで「父親と母親の役割は異なる」といった考え方に帰着してしまっているように思われます。

子どもに対する父親と母親の役割は異なると考える人々の多くは、生物学的には、女性が子どもを産むこと、また、そのように身体が発育することから、男女で子育てに対する機能が異なるのだという主張をされているように見受けられます。たとえば、女性は子どもを産み、哺乳動物として赤ちゃんに母乳を与えます。その姿は、実に神々しく、父親の入る隙も与えられないものであるともいわれます。ある父親は「妻と対等に育児をする夫であろうとすればするほど、ぼく（あるいは雄）は、（母乳が出ないことについて）おのれの無力を身に染みて感じる。」と述べ、母乳信仰そのものが、父親の育児参加の最大の難関であると指摘しているほどです（西・伊藤　１９９２）。また、心理学研究において父親が着目された際にも、最初は、赤ちゃんを抱くのは何のためか、抱いて何をしているのか、といったことについて母親と父親とを比較することに焦点が置かれ、母親は世話が主で、父親は遊びが主であるといった違いが見出されていました（柏木　２０１１）。しかし、本当に生物学的な性差によって親の役割は異なっているのでしょうか？　そのことを考えるために、母乳と性ホルモンについて考えてみたいと思います。

3　母乳と性ホルモンについて考える

母乳を作り出し、赤ちゃんに飲ませるために働くのが、プロラクチンやオキシトシンという性ホルモンです。とくに、オキシトシンは母親が赤ちゃんの匂いを嗅いだり触れたり、また、赤ちゃんのことを考えたりするなどした際に分泌され、乳汁を出す働きをすること、さらには、オキシトシンの分泌で母親自身も穏やかな気持ちになりストレスが軽減されることがわかっています（日本ラクテーションコンサルタント協会、２０１２）。こうしたことから、オキシトシンは母性ホルモンや愛情ホルモンとも呼ばれています。

しかし、男性もオキシトシンをもっています。「母性ホルモン」とか「女性ホルモン」といった表現をするため、男性ホルモンは男性だけにしか、女性ホルモンは女性だけにしか存在しないと思いがちですが、実際には男性の体にも女性の体にも、「男性ホルモン」と「女性ホルモン」の両方が存在しているのです（カプラン＆カプラン／森永訳　２０１０）。

さらに、出産後に母親の血液中のオキシトシンは増加しますが、父親も母親と同様に、子どもの誕生後六か月間のうちに増加します。また、その量は母親が多ければ父親も多いというように、夫婦で同じ程度であること、さらには、オキシトシンの分泌量が多い父母ほど、頻繁に赤ちゃんにかかわっていることもわかっています（Gordon et al. 2010）。これらの結果から、オキシトシンという母性ホルモンを持っているから母親のほうが子育てに向いていると結論づけることはできず、男性も女性も赤ちゃんにかかわることでオキシトシンが分泌されるようになっている可能性も指摘できるでしょう。

4 「お腹を痛めて産んだ子」は特別か?

さらに、母性を考える場合、妊娠・出産という実体験がその神秘性を高めているふしがあります。「お腹を痛めて産んだ」という表現もあるように、自分の胎内で過ごしたものに対する特別な思いとともに、血のつながりを重視する意識も関連しているのでしょう。しかし、血のつながりがないと親としての養育はできないとか親として発達できないのかというと、まったくそうではありません。

特別養子縁組によって、育ての親となった父母（育て親群）と実子を育てている親（実子群）とを比較した研究では（富田・古澤　２００３）、両群ともに子どもや子育てが自分にとって大切なものであり夫婦や家族の絆を深めるものととらえ、夫婦関係も良好であること、さらに、肯定的・受容的な子育て態度も両者で違いは見られないことが明らかになっています。一部、否定的・拒否的な態度に関して、実子群の母親がほかの群よりも高いなど、両群間の違いも見られています。この違いは、実子群の母親は、子育ての役割を一手に担っておりストレスを抱えやすい現実があること、育て親群では、夫婦でじっくりと話し合ったうえで、夫婦ともに準備が十分にできてから子どもを迎え入れていることといった背景の違いに起因するものであると考えられます。

既述のように、親としての発達には男性と女性でそれほど根本的な違いはなく、男性にできないことは妊娠・出産と授乳くらいではないかと考えられます。母乳育児が推奨されるにせよ、生後一か月時点での母乳育児は五〇％程度（芳賀ほか　２０１３）ですから、父親がかかわる余地は十分あります。さらに、養子縁組の事例を見ると、血のつながりがなければ親として発達しないわけではないようです。これまでにも、多くの心理学研究が、女性が女性であるというだけで必ずしも親として優れているわけではなく、子どもに対する振る舞い方の性による違いは、社会的な習慣によるものであることを支持しており、血のつながった親のほうが良い子育てをするという証拠を見い出せてはいません（シャファー／無藤・佐藤訳 2001）。にもかかわらず、なぜ日本では「母親」は神聖視、特別視され、子育ては母親の役割であると認識されているのでしょうか。そして、なぜ、母親は子育てに「ストレス」を抱えるのでしょうか。

3 親とはだれか、そして、これからの日本社会で「親になること」をどう考えるか

1 誰が子育てをしてきたのか

そもそも、「親」とは誰のことを指すのでしょう？ 歴史的に、子育てをしてきたのは誰かということを考えてみますと、そもそも「子育ては母親がするものだ」という考え方はそれほど古いものでないことが指摘されています。小嶋（2001a）によると、明治から大正にかけて、日本が国際的に競争していくための国力増強として、家庭の教育力を涵養するために、「教育者としての母親」が政治的なキャンペーンとして提示されたそうです。その後、第二次大戦後の高度経済成長期に、「男は仕事、女は家庭」という性別役割分業が定着することによって、いわゆる「母性神話」が成立したのです。

戦後日本の家族の変遷をみると、一世帯あたりの人数は戦後すぐには六人世帯以上が最も多く、拡大家族と地域社会の中で子育てが多様な人々によって行われていたこと、しかし、高度経済成長期の後半から、四

人世帯が最も多くなり、都市部に人口が集中するなかで、地域に知り合いもいないなかでの「母親だけによる孤独な子育て」が行われるようになっていたことがわかっています（神谷　2011）。とくに着目すべきは、1975年に既婚女性の労働力率が戦後最低の四五％まで低下し、家庭育児＝専業母親とする規範つまり性別分業というジェンダー規範が、この時期に成立したこと（宮坂　2000）、同時に、この時期にはすでに、母親の「育児ノイローゼ」や「母子心中」が社会問題化していたことです（木村　1995）。つまり、日本では古来より、地域コミュニティの中で、子どもたちは実にさまざまな大人や年長者たちとの触れ合いや同世代や下の世代との交流という多様な人間関係の中で、それぞれがともに育ちあっていたのです。しかし、高度経済成長によって経済構造が変化することで、とくに都市部では、家族は縮小し近隣とのつきあいが希薄化して、子育ての担い手としての役割は母親だけに集中するようになったのです。そうした状況のなかで、母親一人だけで子育てをできるはずはなく、母子心中や育児ノイローゼといった問題にまで追い詰められていったのだと考えられます。さらに、ここで指摘しておきたいことは、高度経済成長期に「母親の子育て」を推し進めたのは、明治期と同様、高度経済成長を支えるための「働く父と家庭を守る母」というシステムを構築するために、国策として進められたという点です（本書29頁参照）。

このようにみてきますと、母親が一人だけで子育てをするという状況は歴史的にみても極めて稀なことであり、また、それほど容易でもないことがわかります。また、高度経済成長の前までは、拡大家族や地域社会の中で、さまざまな人とのかかわりによって子どもが育まれていたことは、あらためて現代の子育てや教育を考える点で重要であると思われます。なぜなら、現代でも、母性礼賛が謳われる一方で、児童虐待や育児不安、育児ストレスといった問題は解消されていないからです。

2　「母性・父性」から「養育性」、「育児性」へ

かつての農村社会では、仮親、乳づけ親、名づけ親など、子どもの成長を見守る存在が複数いたこと、商家や工業生産の場にも、「親方」と呼ばれる、使用人や徒弟に対して、資源や技能習得の機会を提供し、保護や心理的安心感の提供を行う人々が存在していました。このことをふまえ、親という言葉を「ある人々がほかの人々に対して、ある資源や保護、学習の機会などを提供しその人々の発達を保障あるいは促進するように行動する場合、それを親性と呼び、そのような行動をする人々を親と呼ぶ」と定義する見方もあります（氏家　1999）。これは、親という存在は血のつながりがあることや女性という生物学的な性によって規定されるものではなく、子どもとのかかわりの中で規定されるものであり、子育てを社会的、文化的な営みであるとする考え方です。同様に、発達心理学では従来、「母性」「父性」と称されてきた親であることの心性について、近年では、親性、さらに養育性や育児性という表現がなされるようになってきています。

小嶋（2001b）は、養育性（nurturance）を「相手（生きとし生けるもの）の健全な発達を促進するために用いられる共感性と技能」と定義し、それが生涯発達の過程でどのように現れてくるか、また、それに結びつく経験はどんなものかをまとめています（表6-1）。この視点は、私たちの親としての発達が、他者とのかかわりの中で、相互に影響を与え合いながら育まれていく養育性の一つの側面であることを示すものであるといえるでしょう。

しかし、飛行機の機内で泣く赤ちゃんに耐え切れず、「赤ちゃんを飛行機に乗せるな」と騒いで物議をかもした漫画家や、出社時の地下鉄車内で「子どもがうるさいので降りてくれませんか。みんなこれから働くんですよ」と親子連れに意見したOLなどのニュースが耳に入ってきます。少子化の進行する現代社会にお

いては、子どもを許容し受け入れる文化は廃れてきており、わが子以外の子どもに対して養育性を発揮することがきわめて少なくなっている風潮も見逃せません。高度経済成長以降の母性信仰を背景として、近頃流行りの自己責任論が前面に押し出されることによって、「子育ては親（だけ）がするもの」とされているようです。実際、日本では、乳幼児の特別養子縁組や里親の受け入れは極めて少なく、社会的養護を必要とする子どもたちのほとんどが乳児院や児童養護施設で暮らしています。これは養子として家庭で育てられる他国とは大きな違いです。また、熊本市の慈恵病院で子どもの命を救うために設置された「こうのとりのゆりかご」が一般には「赤ちゃんポスト」と称されているのも、「責任をとれない親の身勝手」という認識がベースとなっているように思われます。しかし、そうした「子育ては親がするもの」という観念そのものが、子育てしにくい社会をつくり出し、少子化を押し進め、さらには幼少期からの養育性を育む機会をも減少させ、虐待などの不適切なかかわりの増加につながっているのではないでしょうか。このように考えると、親の発達という視点そのものも、子育てを親の責任に閉じ込める認識の一助となっているのかもしれません。

表6-1　養育性の現れと，それに結びつくと考えられる経験（小嶋，2001b）

乳児期	養育者に直接世話・相手してもらう経験
	養育者が他の対象の世話・相手をするのを観察
幼児期	→養護的相互作用の再現，養護的役割の内面化
	人，生き物の世話・相手をする経験
児童期	疲れたり，元気を失った相手への共感
青年期	頼られ信頼される経験とそれが自分にもたらすものへの気づき
	幼いものへの関心・プラスの構えと，養護的役割の予期
子育て期	養護的構えと子どもへの敏感性・応答性の発揮
	わが子の可愛さ→一般化された養護性
	自分の成長への気づき
中年期以降	周囲の年老いた人びとへのほのぼのとした感情といたわり
老年期	幼子との経験の共有，動植物との交流による慰めと元気，若者の美しさを認めた自己受容，老親への共感

おわりに

親としての発達は、いつまで続くのでしょう。子どもの自立を以ってひとつの区切りを迎えるとは思われますが、一方では、子どもとの関係が続いていくかぎり、親は親として変化・発達していくと考えられます。高齢化が進行するなか、高齢になった親と子どもはどのような関係を結んでいるのでしょうか。高齢者介護について見てみると、子育てというケアが「母性」信仰によって女性の役割とされてきたと同様に、従来、妻や娘や嫁といった女性によるケアが慣例となっていました。しかし、近年では、この「ケアの女性化」の破綻と介護期間の延長により、女性による「親孝行」の美徳ではまかり通らなくなってきているとの指摘があります（柏木　２０１４）。事実、七五歳以上の高齢者が介護施設を利用したい理由として、女性の七〇・七%、男性の五八・五%が「家族に迷惑をかけたくないから」をあげています。そうした高齢者は、在宅介護になってしまう自分自身を家族に負担をかける存在と認識し、家族との関係が悪化することを憂慮しているのです。そして、家族と対等の関係を結ぶ手段として、また、自分が世話になるという心の負担から開放される場所として、施設での生活を肯定的に選択しているようです（松岡　２００８）。こうした、子との関係性を考慮するということも、広い意味での親としての発達ととらえられるのかもしれません。また、高齢者介護では、ケア役割が家族以外のサービスに位置づけられ始めているように、幼少児の子育てについても、２０１５年春から始まった子ども・子育て支援新制度における保育サービスによってあらたな展開が見られるようになるのかもしれません。それは、親の子育て責任の放棄につながるものではなく、「地域みんなで子育てを」という地域コミュニティの再興の中での「親としての発達」を保証するものでなければなりません。そのためにも今、子育てと介護という課題を抱えた少子高齢化社会である日本について、そしてこれからの日本社会における「親になること」について、母性還元論でない、広範で根源的な議論が必要だと考えられます。

文献

足立智昭・村井憲男・岡田斉・仁平義明　１９８５　母親の乳児の泣き声の知覚に関する研究　教育心理学研究　**33**　146-151頁

カプラン、ＰＪ＆カプラン、ＪＢ／森永康子（訳）　２０１０　認知や行動に性差はあるのか　北大路書房　Caplan, P.J., & Caplan, J.B. 2009 *Thinking critically about research on sex and gender(3rd, Ed.)*. Pearson Education, Inc.

Field, T. 1978 Interaction behaviors of primary versus secondary care-taker fathers. *Developmental Psychology*, **14**, 183–184.

Gordon, I., Zagoory-Sharon, O., Leckman, J.F., Feldman, R. 2010 Oxytocin and the development of parenting in humans. *Biological Psychiatry*, **68**, 377–382.

芳賀亜紀子・徳武千足・近藤里栄・中村紗矢香・鈴木敦子・大平雅美・市川元基・金井誠・坂口けさみ・島田三恵子　２０１３　産後一ヵ月時の母乳育児の確立と基礎的・産科学的要因および母乳育児ケアとの関連性　母性衛生　**54**(1)　101-109頁

神谷哲司　２００２　乳児の泣き声に対する父親の認知　発達心理学研究　**13**　284-294頁

神谷哲司　２０１１　「育児力」は誰のものか？　學士會会報　No.889　81-86頁

神谷哲司・菊池武剋　２００４　育児期家族への移行にともなう夫婦の親役割観の変化　家族心理学研究　**18**(1)　29-42頁

柏木惠子　２０１１　父親になる、父親をする　岩波ブックレット　811

柏木惠子　２０１４　夫婦間のコミュニケーションとケアの授受　柏木惠子・平木典子（編著）日本の夫婦　金子書房　19-38頁

柏木惠子・若松素子　１９９４　「親となる」ことによる人格発達——生涯発達的視点から親を研究する試み　発達心理学研究　**5**　72-83頁

加藤道代・黒澤泰・神谷哲司　２０１５　子育て期の親発達意識の検討――乳児期から自立期までの第一子をもつ父親・母親を対象として　日本発達心理学会第26回大会発表論文集　344頁
加藤道代・津田千鶴　２００１　育児初期の母親における養育意識・行動の縦断的変化　小児保健研究　**60**　780－786頁
木村　栄　１９９５　閉ざされた母性　井上輝子・上野千鶴子・江原由美子（編）日本のフェミニズム５「母性」　岩波書店　191－214頁
小嶋秀夫　２００１a　母親と父親についての文化的役割観の歴史　根ケ山光一（編著）母性と父性の人間科学　コロナ社　65－84頁
小嶋秀夫　２００１b　心の育ちと文化　有斐閣
松岡広子　２００８　晩年同居の経験をもつ高齢女性の老親としての役割意識と施設生活の受け入れ　老年看護学　**13**(1)　65－72頁
宮坂靖子　２０００　親イメージの変遷と親子関係のゆくえ　藤崎宏子（編）親と子　交錯するライフコース　ミネルヴァ書房　19－41頁
日本ラクテーションコンサルタント協会　２０１２　母乳育児支援スタンダード　医学書院
西成彦・伊藤比呂美　１９９２　パパはごきげんななめ　集英社文庫
大島聖美　２０１３　中年期母親の子育て体験による成長の構造――成功と失敗の主観的語りから　発達心理学研究　**24**　22－32頁
小野寺敦子　２００３　親になることによる自己概念の変化　発達心理学研究　**14**　180－190頁
坂上裕子　２００３　歩行開始期における母子の共発達――子どもの反抗・自己主張への母親の適応過程の検討　発達心理学研究　**14**　257－271頁
佐々木くみ子　２００６　親の人格的発達に影響を及ぼす諸要因――妊娠期から乳児期にかけて　母性衛生　**46**(4)　580－587頁
シャファー、ＨＲ／無藤隆・佐藤恵理子（訳）２００１　子どもの養育に心理学がいえること　新曜社　Schaffer, H.R. 1998 *Making decisions about children (2nd Ed.)*. Blackwell.

新谷あゆみ　２００９　子育て不安の要因に関する事例的検討――日印の母親の比較から　鳥取大学地域学部平成20年度卒業論文（未公刊）

菅野幸恵　２００１　母親が子どもをイヤになるとき――育児における不安感情とそれに対する説明づけ　発達心理学研究　**12**　12-23頁

菅野幸恵・岡本依子・青木弥生・石川あゆち・亀井美弥子・川田学・東海林麗香・高橋千枝・八木下（川田）暁子　２００９　母親は子どもへの不快感情をどのように説明するか――第１子誕生後２年間の縦断的研究から　発達心理学研究　**20**　74-85頁

高橋道子・高橋真美　２００９　親になることによる発達とそれに関わる要因　東京学芸大学紀要（総合教育科学系）　60　209-218頁

富田庸子・古澤頼雄　２００３　Open Adoption 家族における育て親の態度――子ども・子育て観と夫婦関係　中京大学心理学研究科・心理学部紀要　**3**(2)　37-51頁

氏家達夫　１９９９　親になること、親であること――〝親〟概念の再検討　東洋・柏木恵子（編）社会と家族の心理学　ミネルヴァ書房　137-162頁

第7章　成人した子どもと親

藤崎宏子

はじめに

「親子関係」というと、まず多くの人が思い浮かべるのは、乳幼児期から青年期までの子どもと親の関係ではないでしょうか。社会学や心理学の親子関係に関する研究も、もっぱらそうしたステージにある親子に中心的な関心をおいてきました。「青年期」を二〇歳代前半ぐらいまでとみなすならば、親は四〇、五〇歳代ぐらいで、そこに至るまでの親子関係の歴史は二〇年あまりです。しかし、「離婚」というかたちで終止符を打つことができる夫婦関係に対し、親と子の関係は、原則としていずれかの死まで継続します。とりわけ長寿化した現代日本では、互いに「親である」「子である」期間はゆうに半世紀以上にも及び、子どもが成人になって以降の期間のほうが、むしろ長期にわたるのです。

五〇、六〇年に及ぶ親子関係の歴史を、大まかに子どもが「成人する以前」と「成人して以降」に分けてみると、それぞれ次のような特徴をあげることができます。子どもが成人する以前の親子関係の変化は劇的なものがあります。ただしその変化は、もっぱら子どもの成長発達に規定され、親は子どもの変化に自らを適応させ支援していくという性格が強いでしょう。そして親役割という側面を除けば、三〇〜五〇歳代の生活は相対的には変化が乏しいものです。一方、子どもは成人して以降、就職、結婚、出産・子育てなどのライフイベントを経験する人が多く、親もまた職業生活からの引退や高齢期への移行など、大きな発達的変化を経験します。さらに、長寿化時代の今日では、この親世代には高齢な親が健在でいる場合も多く、かれらは親であるとともに子どもでもあるという立場にあります。このため、より長期にわたる子どもが成人して以降の親子関係は、いっそう複雑な様相を帯びることになるのです。

本章では、子どもが成人して以降の親子関係に焦点をあて、まず「ライフコース論」という考え方にもとづき親子関係を考える際のポイントについて概説します。そして、この期の親子関係を、さらに「ポスト青年期」「子世代の家族形成」「親の高齢化」の三つの局面に分け、それぞれの特徴について考えていきます。そして最後に、変化しつつあるこの期の親子関係に求められる関係マネジメント力について提案したいと思います。

1　ライフコースの視点からみた親子関係

ライフコースとは、人間が一生をかけて歩む道筋の総体を意味します。それは家族、教育、職業などいく筋もの小道が相互に絡み合い、まっすぐで平坦な行程ではありません。ジールとエルダーは、ライフコースとは、「個人が時間の経過の中で演じる社会的に定義された出来事や役割の配列」(Giele & Elder, 1998／正岡・藤見訳　２００３)であると述べています。心理学領域でいえば、「生涯発達」の概念に近いといえますが、ライフステージの「移行」のメルクマールを役割の変化や経験するイベントに求めている点は、社会学的な関心が強い概念定義だといえるでしょう。

かつて発達心理学では、乳幼児期から青年期に至るまでの人生前半期の発達に関心を集中させてきました。しかし一九五〇年代から六〇年代にかけて、長寿化や近代化の影の部分から生じた社会問題の深刻化などの影響のもとで、人間の一生を継続的な発達の過程としてとらえようという問題関心が高まっていきます。そして一九六〇年代後半には、発達心理学に加えて、人間の一生の過程の解明に独自の研究史をもつ歴史人口学、社会史、社会学、文化人類学などの学問的関心が合流するところに、ライフコース論が誕生しました。

ライフコース論にもとづいて親子関係をみる視点には、次の三つの特徴があります。一つには、ライフコース論の中心的関心は「個人」の生涯にわたる発達ですが、そこでいう「個人」はさまざまな対人関係の網の目のなかにおかれており、その重要な一つの関係として「親との関係」あるいは「子どもとの関係」を位置づけることができます。このこととも関連して二つ目に、同一の親子関係でも親と子のいずれの視点からみるかによって、親子関係の様相は異なります。そして当然のことながら、親子関係は「親」と「子」の日常的なかかわりを通して互いに影響しあい、日々変容していくものだという見方をすることも大切です。三つ目として、これまでに述べてきたように、ライフコースは個人の一生にわたる時間の流れ、すなわち「個人の時間（個人史）」を追うことによってとらえられますが、その「個人の時間」の背景にある経済、政治、文化などの「社会の時間（歴史）」の影響に十分に配慮することに重きをおいています。さらに、「個人の時間」と「社会の時間」のあいだにある中間的な時間次元の影響にも目配りする必要があります。ここでは親子関係に中心的な関心をおいているため、中間的な時間次元として「家族の時間（歴史）」をおいて考えていきます。要するに、「時間」とは単なる客観的な時の刻みという以上の意味をもって、個人のライフコースにさまざまな形で反映され、また個々人が主体的に選択しつつ生きるものでもあるのです。

2　ポスト青年期の出現と親の当惑

1　親元にとどまる若者たち

日本の一九九〇年代は、当時の流行語ともなった「一・五七ショック」とともに幕開けしました。マスメディアはいっせいに、「女性が一生のあいだに、子どもを一人半しか産まなくなった」とセンセーショナルに報じ、子育てを家族責任のもとに繋ぎとめようとしてきた政界・財界も、ようやく本腰を入れてこの問題に取り組み始めました。「育児休業法」の制定（一九九一年）や、エンゼルプランの策定（一九九四年）などはその成果だといえるでしょう。

ただし、一九九〇年代初頭の人口学者などによる将来予測は、今日に比べて楽観的なものでした。少子化の最大の原因を晩婚化現象に求め、結婚時期を延期している若者たちがいずれ結婚をするようになれば、出生率の回復はある程度望めるだろうと考えていたのです。そして、日本では結婚と出産をセットで考える規範が根強くあるため、若者たちに対する結婚支援策なども政策論議の俎上にのぼることとなりました。

このような現象に着目した日本の代表的研究として、家族社会学者の宮本みち子・岩上真珠らによる「ヤングアダルト」の研究があげられます。バブル景気の真っただ中の一九九一年に開始されたその共同研究は、お金と時間に恵まれたリッチな若者たちの生活が親元同居と親による食事づくりや洗濯などの日常的サービスにより支えられていることを看破しました（宮本ほか　１９９７）。その後、この共同研究のメンバーであった山田昌弘が、そうした若者たちを「パラサイト・シングル」と呼んだことで、若者の晩婚化現象の背後にある親密な親子関係にいっそう注目が集まるようになります。山田（１９９９）によれば、パラサイト・シングルとは、「学卒後もなお、親と同居し、基礎的生活条件を親に依存している未婚者」を指します。「パラサイト」の意は「寄生」ですが、その寄生先はかれらの親たちに外ならないのです。

ただし山田はこの著書において、若者たちの親への「寄生」は、かれらの自立を妨げる社会・経済環境の影響が大きいとも述べています。すなわち高度経済成長の終焉以降、若者の雇用状況は全般的に悪化し、企業も従来の企業福祉を維持できなくなったにもかかわらず、若者の「自立」への期待水準が上がっているという現実があります。一方で、相対的に豊かな親世代は、数少ない子どもを長期にわたり依存させておく「意思」と、それを可能にする経済的余裕という「能力」を保っているのです。ただし、このような条件が親と子の両世代に備わっている時代が永遠に続くものではありません。とりわけ親の高齢化とともに介護の必要性が生じるなど、親子の蜜月時代が暗転するリスクがあることも指摘されています（山田　１９９９）。

実際、その後日本では、若者の結婚行動の遅れや親への依存の長期化に集中していた社会的関心は、次第に青年期から成人期への移行全般の困難へと広がっていきます。これまで青年期から成人期への移行の契機とみなされてきた、学卒―就職―経済的自立―（離家）という一連のプロセスにおける不調と、結婚行動や親との関係性の変化が密接に結びついていることが次第に認識されるようになっていきました。そして、「ヤングアダルト」や「パラサイト・シングル」に注目した研究者たちも、日本の新しい貧困のなかで注目されるようになった「若者の貧困」に関心を向けていきます。一九九〇年代から二〇〇〇年代初頭においてはなお、若者たちのセーフティネットとして機能していた親や出身家族によっても救いきれず、地域社会でも繋がりを形成できずに孤立していく若者層が広がっていきました。宮本（２０１２）はそうした若者たちの実態を「無縁化」という言葉で表現し、社会的包摂の理念に立った支援策の整備が急務であることを主張しています。

2　世界的に広がる移行期の困難

同種の問題は、図7-1に示したように、1980年代から若年失業率の急上昇に悩んでいたヨーロッパ諸国でいち早く認知されていました。イギリスの社会学者、ジョーンズとウォーレスは、その著書『若者はなぜ大人になれないのか』(Jones & Wallace, 1992／宮本監訳　1996)において、1980年代初めから、ドイツやフランスの社会学者が「十代を超えて延びている親への依存の時期」に注目し、これを「脱青春期」(後に「ポスト青年期」の訳語に統一される)と名づけたことを紹介しています。

二十一世紀に入ると、欧米先進諸国における少子高齢化のさらなる進展や経済のグローバル化のもたらす打撃はいっそう深刻なものとなり、「自立できない若者たち」、あるいは「ポスト青年期」の問題への認識が世界的な広がりをみせるようになります。自立の精神を重んじる米国でも、スワォルツらが、若者たちを

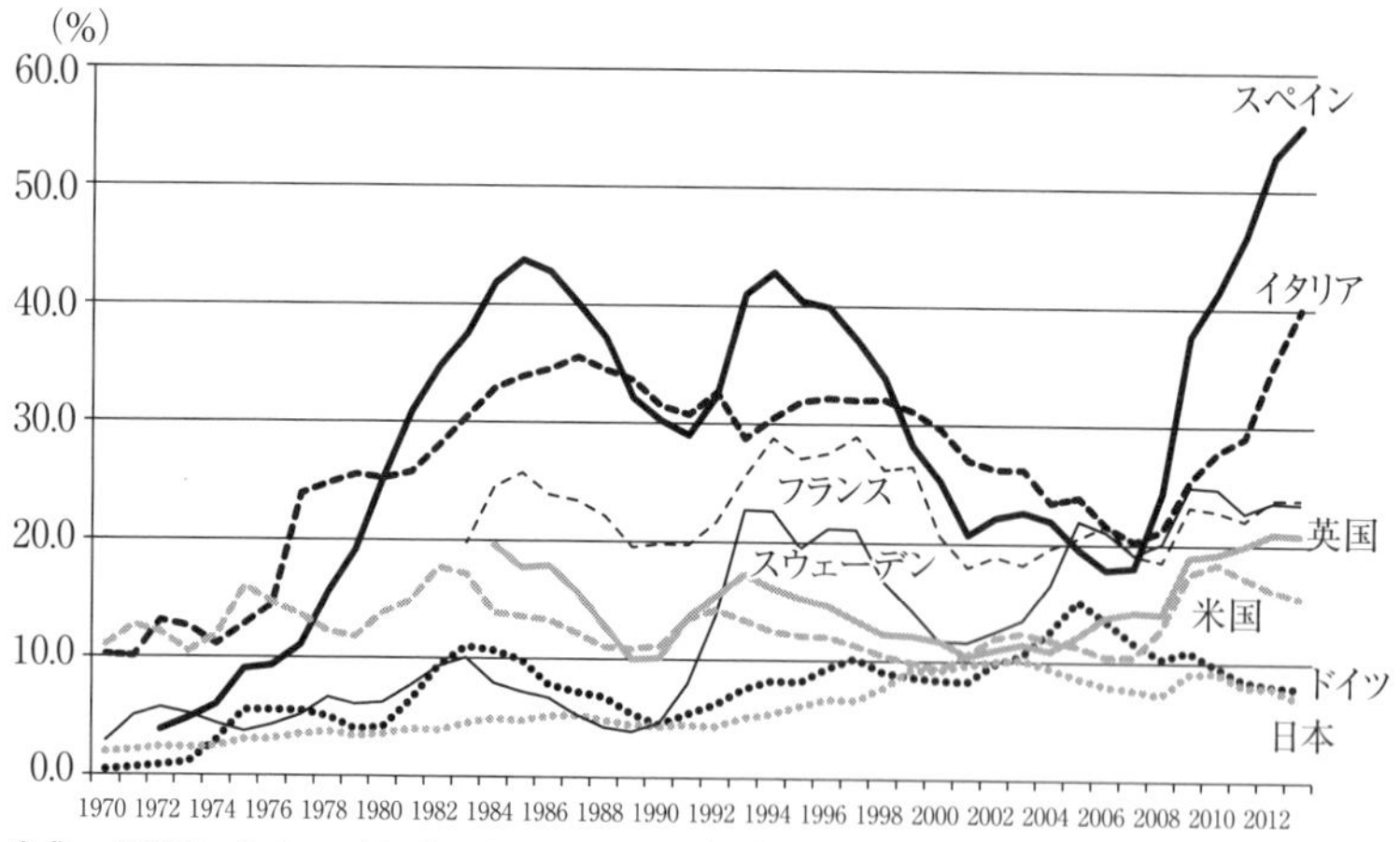

出典　OECD　Labour Market Statistics 2015年4月4日に取得したデータをもとに筆者作成
注）若年失業率：15～24歳の若者の失業率

図7-1　主要国の若年失業率（1970-2013年）

対象とした長期パネル調査データを用いてこの現象を分析しました。その結果、親世代による支援が若者の目標達成のための「足場」や転落を防止する「セーフティネット」として機能し、それによって若者たちの自立が促進されることが明らかになりました（Swartz et al. 2011）。かつては否定的に評価されていた若者の親への依存が、肯定的な意味づけを与えられるようになったところに、米国社会の劇的な構造変動を読み取ることができます。

さらに近年では、米国、イタリア、スウェーデン、デンマーク、スペイン、日本の若者とその親世代へのインタビューを素材とした、ニューマンの著書『親元暮らしという戦略』が話題になりました。そこでは、若者個人に対する社会保障制度が高度に発達しているスウェーデン、デンマークを除き、職業的不安定や貧しさゆえに親元暮らしから抜け出せない若者像が、子どもと親双方の視点から描かれています。本書の副題のキーワードである「アコーディオン・ファミリー」とは、「アコーディオンのように、親の家はその蛇腹を拡げて戻ってきた子どもを受け入れ、子どもが家を出ていくと今度はぎゅっと縮む。（……中略……）家族はアコーディオンのように何度も伸び縮みを繰り返さなければならない」という現状を表しています（Newman, 2012／荻原・桑島訳　２０１３）。各国の歴史や文化により、その内実や評価はさまざまでも、この種の現象が世界的な拡がりを示すようになったのです。

かつて山田（１９９９）は、その著書において、日本のパラサイト・シングル現象について取材に来た各国の外国人記者にその実態を話すと、一様に「信じられない」という表情を浮かべて帰っていくというエピソードを紹介しています。それから二十年足らずのあいだに「親元暮らし」は国際的な広がりをもつ現象になりました。近年では、欧米諸国のみならず、経済発展著しい東アジア諸国でも同様の現象が関心を呼んでいます。たとえば韓国では「カンガルー族」、中国では「啃老族《こうろう》」（親を食いつぶすという意）という語でそうした若者たちを呼び、問題視しているようです。

スワォルツらがいうように、若者たちの親への依存期間が長期化しても、その依存期間を経て最終的に若者の自立が達成されれば、問題はまだ大きくないのかもしれません。しかし近年では、中年期にある親世代もまた経済変動の打撃を受け、格差や二極化問題と無縁ではなくなりました。さらに、親世代は老親の扶養・介護の問題に直面している場合も少なくありません。「サンドイッチ世代」（Couper, 1989　大久保・杉山　２０００）と呼ばれる現代の中年世代は、経済面・サービス面ともに、なかなか自立しない（できない）子どもたちへの支援と、長寿化した親世代への支援の両方の要請の板挟みとなり、いずれを優先すべきかという葛藤に直面しています。親の脛がやせ細ってしまえば、子どもたちはそれをかじるどころか、親子とも倒れという事態にも陥りかねないのです。

3　子世代の家族形成と親子の距離感

1　孤立核家族・修正拡大家族と中期親子関係

青年期から成人期への移行は、就職や離家などの一連のライフイベントを経て達成されていく長期的な「プロセス」であるとしても、とりわけ子どもの「結婚」は、今日でもその「移行」を決定づけるとともに、親子関係のあり方が大きく転換する契機でもあります。前項でみたように、結婚の時期も結婚するか否かも定かではない今日でも、いや、そのような時代だからこそ、子どもの結婚は親にとって特別な意味をもつライフイベントとみなされているのです。いわゆる「婚活」は、当の子ども自身のみならず、親同士のお見合い会が企画されるなど、親によっても真剣に取り組まれる活動となってきました。

では、子ども世代が結婚することにより、親子関係にはどのような変化が生じるのでしょうか。親子関係が半世紀以上継続する時代になっても、人びとの親子関係への関心は、その開始期と終焉期、すなわち子どもが幼い時期と親が高齢になった時期に集中しており、親子関係を「保護と依存の関係として把握する」（正岡　１９９３）ことに終始していました。そして、「親も子どもたちも共に成熟したおとなとして互いに社会的な相互作用を交換することを期待される」、いわば真ん中の時期（中期親子関係）については、長らく関心を向けられることはありませんでした（正岡　１９９３）。この指摘は今から二十年あまり前のものですが、今日の日本でもなおあてはまる傾向であるように思われます。

ここで米国の研究動向に目を向けてみましょう。一九五〇年代にパーソンズらが唱えた「孤立核家族」論とは、結婚後の子ども家族が親などの親族からの干渉を受けることなく独立的な生活単位となる傾向の強まりを指したものです（Parsons & Bales, 1956／橋爪ほか訳　1970-71）。しかし、この議論の「孤立」という語が一部では誤解を受け、結婚した子ども家族とその親世代の関係が疎遠になることだと受けとめられ、反論されることになります。そしてその後、結婚して別世帯を構えた子ども家族が親とのあいだで継続的に相互支援や情報交換などを行っていることを見出した研究が次々に発表されました。その代表的な論者リトウォクは、産業社会における地理的移動や階層移動が離れて暮らす親と子の直接的で頻繁な面会を困難としている反面、電話や鉄道網・高速道路などの発達により地理的距離を超えて相互に交流することが可能になっていると論じました（Litwak & Szelenyi, 1969）。リトウォクが概念化した「修正拡大家族」とは、離れて暮らす親家族と子ども家族などが、その地理的距離を超えて相互に重要な援助源となっていることに注目したものです。

パーソンズとリトウォクの見解は、中期親子関係に対照的な評価を与えているようにみえますが、強調点や観点の違いに過ぎないのかもしれません。いずれにしても、第二次世界大戦後の急速な産業化、大規模な人口移動、生活水準の向上といった社会変動のなかでも、中期親子関係は環境の変化に適応しながら、互いに重要な援助源となってきたのです。今日では、交通機関のさらなる発達や高速化に加えて、インターネットが親と子の地理的「距離」を一瞬で飛び越えることを可能にしています。

2 ネットワークとしての親と子

産業化・近代化の進む社会でその様相を変えていく家族・親族関係への関心は、その後社会的ネットワーク論と合流し、友人や隣人、同僚なども含む多様な関係性の広がりのなかで把握されるようになっていきます。そのような関心から行われた日本の研究でも、子どもの結婚後、別世帯を構えた子ども（家族）と親・義親（家族）との間で金品やサービスのやりとり、情緒的な交流が活発に行われていることが見出されています。ここでは、それらの知見のうち、二つの特徴について紹介しましょう。

一つ目の特徴は「親族関係における双系化」、すなわち、夫方と妻方の親族との相互支援や交流が同程度になる傾向です。家制度のもとでは父系的な家継承と親族関係のあり方が一般的でしたから、「双系化」は新しい傾向といえます。少子化によりきょうだい数が減少しており、たとえば各家族の子ども数を二人と想定すると、男子が一人もいない確率は二五％になります。そのために、父系的な家を維持することの困難さが増し、おのずと「個人との関係の近さ・遠さを重視する親族関係の作りかた」をするようになって「双系化」の傾向が強くなってきたのです（落合 1997）。加えて、家の系譜性へのこだわりが弱くなるとともに、「男は仕事・女は家庭」という性別役割分業規範がなお根強い日本では、親族づきあいも妻に委ねられることが多く、結果的に妻自身の実家や親族との結びつきがおのずと強まっていきました。

図7-2は、既婚女性が本人の親及び夫の親とのあいだで、過去一年間にどのような援助の授受をしたかを、同別居別に調べたものです。調査対象の女性の年齢は「二九歳以下」から「七五歳以上」まで幅広く分布しているので、ここで問題にしているステージの傾向が必ずしも明確に反映されていないかもしれませんが、まずは親から受けた援助の一例として「①孫（調査対象者の女性の子ども）の世話」についてみてみましょう。すると、「同居」「別居」いずれの場合も、妻の父・母の援助のほうが夫方父・母からの援助より多くなっています。また、本人から親への援助の一例として「②（親が）病気の時の世話」をみると、ここでもまた同別居にかかわりなく、夫方父・母に対するよりも妻の父・母への援助のほうがより多くなされています。このような結果から、子ども世代からみた親との援助関係は父系的なものとはいえず、「双系化」、さらには妻方への偏りが生じていることが確認できます。夫方の親を立てて自身の実家との交流は極力控えるといった「嫁」規範は、もはや影響力を失っているようです。

二つ目の特徴は、「子ども家族に対する親世代の支援の長期化」です。これは、前項で論じたポスト青年期の出現と長期化、そして親世代の長寿化・社会保障制度の成熟化の二つの方向から促進されたといえます。図7-3は、前ページと同じ調査において、二〇〜

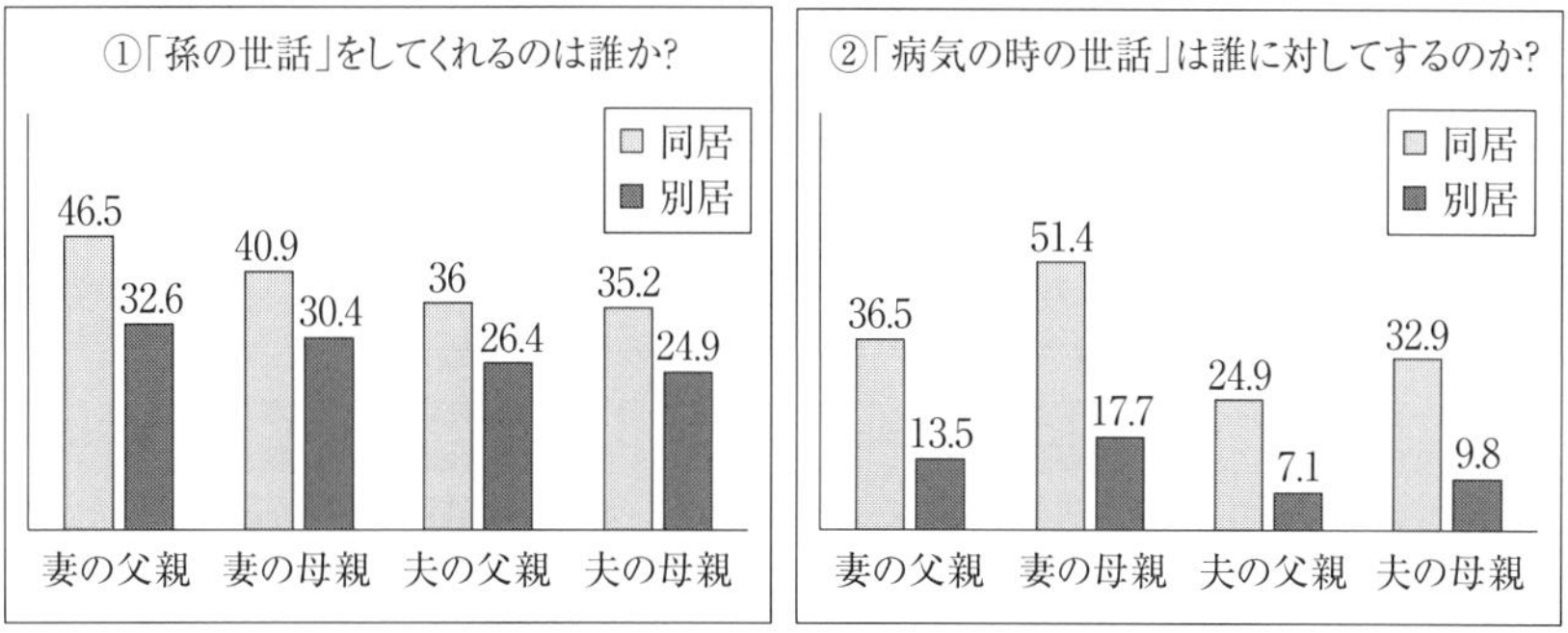

図7-2 既婚女性の父母・義父母との援助の授受
（国立社会保障・人口問題研究所「第5回全国家庭動向調査（2013年）」のデータをもとに筆者作成）

四〇歳代の別居既婚子がいる既婚女性に、子どもとのあいだで過去一年間に授受した金品の額をたずねた結果を、子どもの性別・年齢別に示したものです。本人が子どもや孫のために使った金額は、子どもの年齢が高くなるにしたがって減少傾向にあるとはいえ、四〇歳代になった別居既婚子にも一定額の金品を送り続ける様子がみてとれます。一方、別居既婚子から受け取った金品の額は、子どもの年齢が上がるにしたがって、別言すれば、親が高齢になるほど「なし」の割合が増え、金品提供があったとしても、子どもの全カテゴリーを通じてせいぜい「六万円未満」にとどまっています。

　これらの結果から、子どもが結婚した後も親は長期にわたり支援をし続ける傾向を確認することができます。さらに、共働きが一般化しつつある子ども家族の子育て期には、図7-2でみたように、親は「孫育て」の重要な援助源ともなるのです（北村　２００８）。近年の「祖母力」「イクジイ」などの流行語も、そうした背景のもとで生まれました。図7-2の、妻方父がもっとも積極的に「孫育て」にかかわっている様子からは、かれらはみずからの子育て期に家庭を顧みるいとまもなかったからこそ、孫とのかかわりに新鮮な喜びを感じるのではないかと推測されます。

　ただし、親も子も共に「成熟したおとな」として対等に相互作用することを期待されるこのステージも、「格差」の問題は無視できません。子ども家族がより安定的で豊かな生活を指向して新生活をスタートさせること

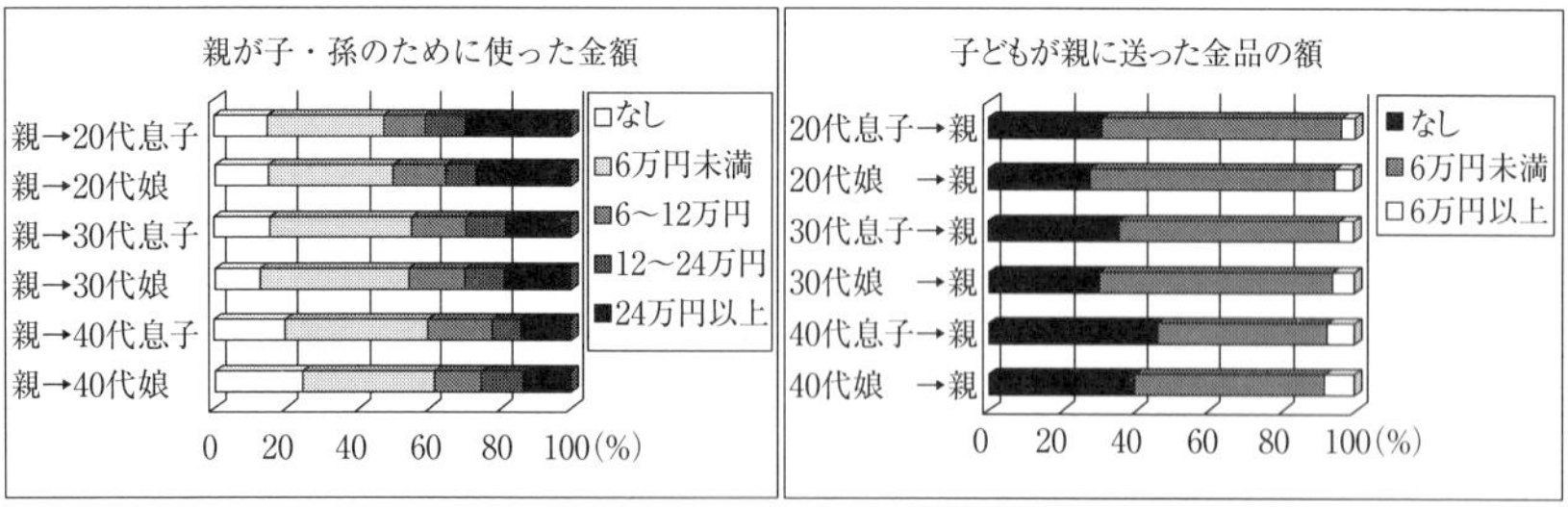

図7-3　親と別居既婚子との金品の授受
（国立社会保障・人口問題研究所「第５回全国家庭動向調査（2013年）」のデータをもとに筆者作成）

を、余力のある親夫婦が支援するという家族像もたしかに存在する一方で、親も子も単独では暮らせないがゆえに相互に頼り合い、補い合うという家族もあります。このような格差が世代を通じて継承・増幅される傾向も見逃すことはできません。

4　高齢期の親と子どもの対応

1　「家」規範の衰退と後期親子関係

ここまでは、（ポスト）青年期及び子世代の家族形成以降について、親から子への支援が長期に及ぶようになった近年の動向について述べてきました。しかし、「親→子」という援助の流れがいつまでも続くわけではありません。親世代が本格的な老いの途を歩むようになると、「子→親」という方向の援助が量的に勝るようになります。このような親と子の役割や勢力の転換は、一般に「役割逆転」と呼ばれています。すべての親子で役割逆転が生じるわけではありませんが、長寿化は「子→親」への援助の必要性を大きくしています。

歴史を振り返ると、明治期の日本では、天皇制国家の下支えとして、親孝行は重要な徳目の一つとされました。また農業などの家業に従事する人が多くを占める時代にあっては、世代を超えた「家」の継承が、親にとっても子にとっても必須の生存戦略でした。地域により相続慣行の差異はみられるとはいえ、長男が後継ぎと目される場合が多く、長男は親から土地・屋敷・財産のすべてを継承することの見返りに、親の扶養や介護の責任を一身に引き受けていたのです。このような方式は封建的な性格をもっているとはいえ、後継ぎにとっても親にとっても、ギブ・アンド・テイクが成り立つ合理的な仕組みでもありました。

しかし、戦後1947年に現行民法が制定され、「家」制度は否定されて民主主義の時代にふさわしい「近代的な」家族のあり方が指向されるようになります。とりわけ高齢期の親と成人子との関係にインパクトを与えたのは、家督相続から均分相続へという相続制度と、親族間の扶養義務規定の変更でした。相続については、後継ぎが親の全財産を継承する家督相続は法の下の平等という理念に反するとみなされ、出生順位や性別にかかわりなく、すべての子どもは親の財産を平等に継承する権利があるとされたのです。このことは次男・三男や女子には福音でしたが、家督相続のような親の扶養・介護責任とのギブ・アンド・テイクは成り立たなくなりました。また現行民法の扶養義務規定は、夫と妻、親と未成年子は「生活保持義務」、すなわちパンの最後の一切れまで分け合って食べることが期待される関係であるのに対して、老親と成人子は「生活扶助義務」、すなわち義務者である成人子が自らの生活を確保し、その余力の範囲内で扶養すればよい関係だとみなされました（山脇　1997、藤崎　2000）。これら民法条項の改正は、まずは老親扶養規範をゆるがすことを通して間接的に、そして高度経済成長期における自営労働から雇用労働への転換、人口の流動化による家族の居住形態やライフスタイルの変化を通して直接的に、後期親子関係に影響を与えました。このような背景のもと、高齢者のあいだに、誰が老後の面倒をみてくれるのかという生活不安が高まっていきました。

1961年までに成立した「国民皆保険・皆年金」体制は、制度の成熟とともに高齢者の経済的不安を軽減することに寄与しました。退職後に勤労収入が途絶えても、年金により基本的な生活費が賄える状況は、親子の「保護と依存の関係」（正岡　1993）に大きな変化をもたらしました。しかしその後、日本人の平均寿命はさらに延びて世界トップの水準となり、1990年代以降顕著となる少子化の動向とも相まって人口構成が大きく転換していきます。このことは家族構成や家族意識の変化とも連動しながら、高齢者たちの「介護不安」を煽る要因となっていきました。つまり、今日の老親と成人子の関係に大きく影響するのは、「お金」よりもむしろ「ケア（介護）」をめぐる問題だといえるでしょう。

2 「介護」というあらたな課題

図7-4は、在宅の要介護高齢者を主に介護する人の属性を示したものです。同居家族が三分の二弱を占め、そのなかで配偶者が二六・二%、子どもが二一・八%、子どもの配偶者が十一・二%となっています。介護をする同居家族の性別内訳では、女性が七割弱、男性が三割強という状況です。介護者の年齢は男女ともに約七割が六〇歳以上になっています。介護保険制度がスタートして十五年あまりを経た今日でも、ホームヘルパーなどの「事業者」が主な介護者になる事例は少数にとどまっており、同別居を問わず家族・親族が在宅介護の中心的な支え手である現状が示されています。

今日の家族介護をめぐる問題として、以下の三点があげ

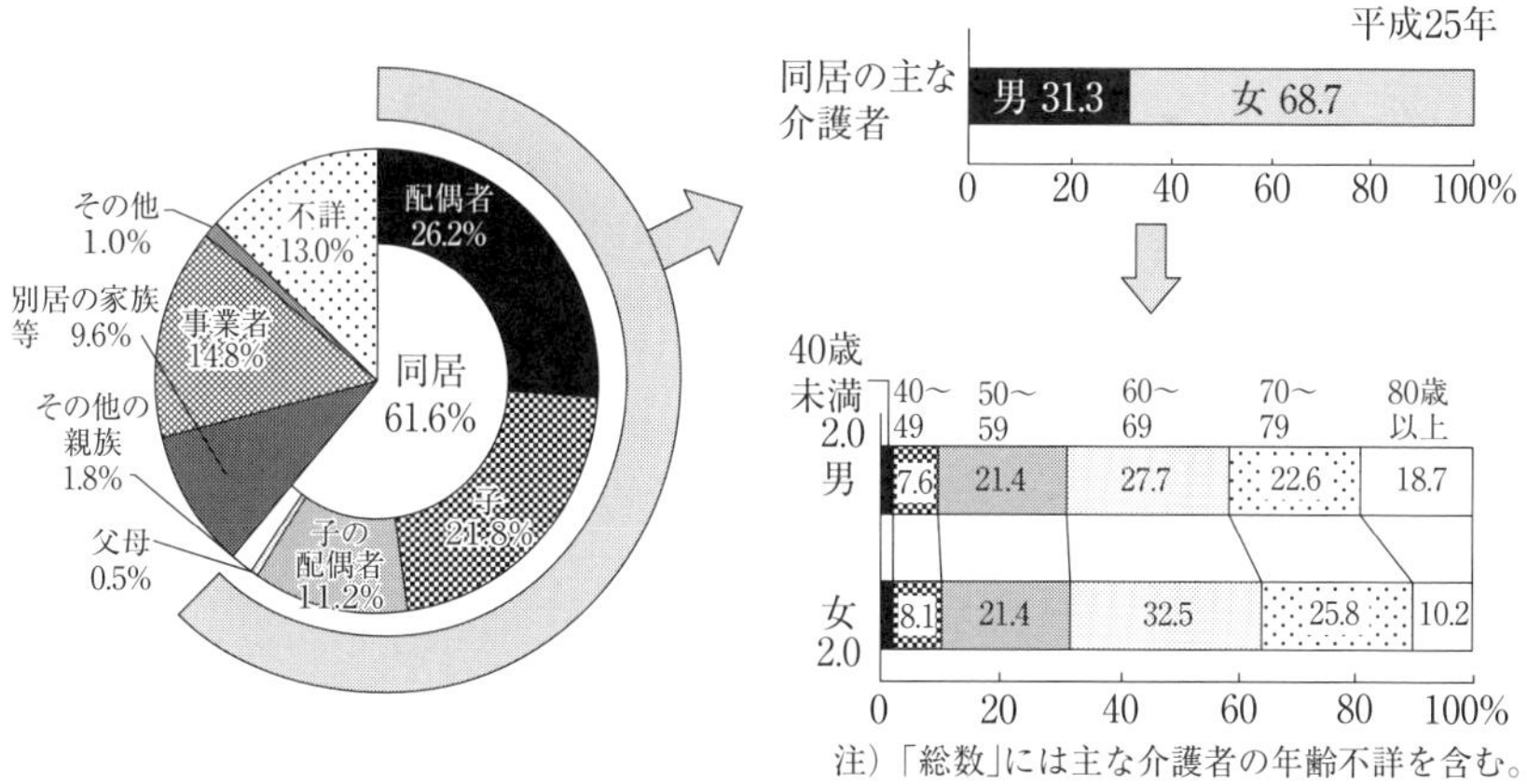

注）「総数」には主な介護者の年齢不詳を含む。

図7-4 要介護者からみた主な介護者の属性
（厚生労働省「国民生活基礎調査（2013年）」のデータをもとに筆者作成）

られます。

第一に、誰が中心になって介護を担うのかに関する規範が曖昧になっています。前述の通り、「家」制度の時代であれば、後継ぎである長男が老親の扶養・介護の責任を一身に担い、長男の妻（嫁）が日常の世話をするというのが定番でした。それはそれで大変だったとしても、親亡き後は家督相続によりその代償は埋め合わされます。しかし今日では、「家」や後継ぎという観念も希薄化したため、介護の中心的な責任者は各家族・親族メンバーの諸事情や意識、親との関係性の良否などの諸条件によって左右されたり、メンバー間の力関係などにより決定されることも少なくありません（春日井　２０１４）。

第二に、このことの一つの帰結として、家族介護の担い手が多様化する傾向がみられます。介護は子育てと同様に女性中心というジェンダーバイアスがあるといわれてきました。それはそのとおりですが、近年では男性介護者が急速に増え、先にみたとおり三割を占めるまでに至っています。また、シングル介護、老老介護、認認介護、多重介護、ヤングケアラーなどの標語が次々に編み出されている現状は、家族介護者の多様化を示唆しています。もちろんこのような傾向は、個々の家族事情や家族メンバーの考え方に応じた決定ができるという点で、肯定的に受けとめてもいい側面をもっています。とはいえ、先にあげたシングル介護などの標語の多くは、もともと生活基盤が弱い人、あるいは介護役割を引き受けることにより生活基盤が掘り崩されざるを得ない人を指している場合が多いことにも留意しなければなりません。中年のシングル男性が老親の介護を担うことで仕事を辞めざるを得なくなり、厳しい経済条件のもとで慣れない介護を担い、地域や親族からも孤立していくという問題がその典型例だといえるでしょう。高齢者虐待の約四割以上は息子によるものだという調査結果からも、そうした問題性を読み取ることができます。

第三に、「介護の社会化」を標榜してスタートした介護保険制度は、脆弱な家族介護を下支えする制度として一定の機能を果たしてきました。しかし、介護保険制度により提供されるサービスは質量ともになお十分とはいえず、加速化する少子高齢化のもとで財源の確保が厳しくなっています。このため、幾度となく繰り返される制度改正により、とりわけ要支援などの軽度者や同居家族がいる場合の生活援助サービスなどが厳しく制限されるようになりました。また、介護サービスの利用に社会保険の仕組みを取り入れたことにより、かつてに比べてサービス利用にともなうスティグマが軽減されたとはいえ、なお恥の意識が完全に払拭されたわけではありません。実際、今日でもなお後を絶たない介護殺人や介護心中などの悲惨な事件の当事者のなかには、介護保険などの外部サービスを一切利用していなかった、知らなかったなどという人が少なくないのです。

家族介護のあり方も、サービス利用についても、各個人の自己決定が強調され、選択肢が多様化している時代にあって、その条件を正の方向に活かせる人びとも一方ではいます。しかし他方で、一般的ルールがないがゆえに、家族のなかでも理不尽に責任を押し付けられ、外部サービスについても無知なまま一人で介護を続け、それでも困窮しているのは自己責任だとみなされるなど、負のスパイラルに陥っていかざるを得ない人びとがいることにも目を向ける必要があるでしょう。

5　求められる親子の関係マネジメント力と社会的支援

本章では、子どもが成人して以降の親子関係に焦点をあて、これを「ポスト青年期」、「子世代の家族形成」、「親の高齢化」の三つの局面に分けて、それぞれの特徴について論じてきました。少子高齢化という人口学的変化、経済のグローバル化による若年労働市場の狭まり、世代間関係を律してきた規範の曖昧化などの条件の変化にともない、この期の親と子の関係は大きく変容するとともに多様化してきました。また五十

～六十年にも及ぶかつてない長期にわたる親と子の関係は、双方の立場や役割、心情にいく度もの転換や調整を必要とするようになりました。最後に、変化しつつあるこの期の親子関係に求められる「関係マネジメント力」と社会的支援について提案したいと思います。

第一に、本章でみてきたように、子どもが成人して以降の親子関係は長期に及び、その間に親と子それぞれが心身の健康状態、経済状況、社会的な立場性などあらゆる側面で大きな発達的変化を経験します。それゆえ、子どもの成人期以前にも増して、親と子が異なる生活世界を生きるという性格が強まります。それでもなお、親と子が「共に成熟したおとなとして」よい関係を保っていくためには、相手の立場や心情を理解し、その差異を認め尊重し合うという姿勢が求められるでしょう。「親子なのだからわかって当然」という思い込みは、関係性の調整を困難とします。重要なのは親子のあいだにある「他者性」への気づきであり、そのような意識を前提とした親子双方に求められる力を、ここでは「関係マネジメント力」と呼んでおきたいと思います。

しかし、第二に考えなければならないのは、本章でもたびたび触れたように、現代における少子高齢化や経済のグローバル化の進行のもとで、親と子のそれぞれの生活環境が厳しさを増していることです。それは人びとに一様な影響をもたらすのではなく、いわゆる「格差問題」として出現し、世代を超えて継承・増幅されています。豊かな層はますます豊かに、貧しい層はますます貧しくなり、とりわけ後者の層が拡がりつつあるところに今日の深刻な問題が潜んでいます。「ポスト青年期」と呼ばれる、子どもでもないおとなでもない期間が出現して長期化し、親元同居から抜け出したくても抜け出せない若者たちが増加する傾向は、「甘え」などの心理的特性の問題ではなく、子育て家庭への教育費支援の不十分さなどの社会政策の不備に起因する部分が大きいのです。また長寿化する親世代がいずれ直面する介護問題についても、介護保険制度が質量ともに高い水準になれば、介護の支え手として子どもに期待しなくてもニーズが満たされます。そうした制度的な支えが完備されることにより、親も子も「ともに成熟したおとなとして」の関係を維持し続けることが可能になるでしょう。

ここまでの提案は、親と子、義親と子という、いわばミクロな親子関係を前提としたものでした。しかし、人びとのライフスタイルも家族のあり方もますます多様化しつつある今日、すべての人びとが結婚や子育てを経験するわけではなく、したがってすべての人びとのライフコースに中期親子関係、後期親子関係が組み込まれているというわけではないのです。そこで第三に、マクロな親子関係、つまり全体社会や地域社会のなかの親世代、子世代にあたる多くの人びとのあいだに血縁を超えた連帯的な関係を積極的につくりだしていく努力も必要ではないでしょうか。実際、定年後の元職業人が若者の職業的自立を支援する、若者が単身高齢者の多く住む団地の管理人的な役割を担う、地域の高齢者が若い共働き家族の子育てを支援するといったさまざまなとりくみが各地から報告されるようになりました。まさに「遠くの親戚より近くの他人」という発想で、異なる世代の人びとが協調的な関係をもとうとする努力のなかに、世代間の利害対立を抑制し、緩やかな連帯が創り出されていく可能性が潜んでいるのです。

第一点目に述べた「関係マネジメント力」とは、親と子という限定的な関係性のみに有効な力ではないということに多くの人が気づくようになれば、けっして明るいとはいえない二十一世紀も希望をもてるものに変わっていくのではないでしょうか。

引用・参考文献

Couper, D.P. 1989 *Aging and our families: Leader's guide to caregiver programs*. Human Sciences Press.
藤崎宏子（編）２０００　親と子—交錯するライフコース　ミネルヴァ書房

藤崎宏子・平岡公一・三輪建二（編）２００８　ミドル期の危機と発達――人生の最終章までのウェルビーイング　金子書房
Giele, J.Z. & Elder, G.H. 1998 *Methods of life course research: Qualitative and quantitative approaches*. Sage Publications. 正岡寛司・藤見純子（訳）２００３　ライフコース研究の方法――質的ならびに量的アプローチ　明石書店
岩上真珠（編著）２０１０〈若者と親〉の社会学――未婚期の自立を考える　青弓社
Jones, G. & Wallace, C. 1992 *Yourth,family and citizenship*. Open University Press. 宮本みち子（監訳）１９９６　若者はなぜ大人になれないのか――家族・国家・シティズンシップ　新評論
春日井紀子　２０１４［新版］介護ライフスタイルの社会学　世界思想社
北村安樹子　２００８　子育て世代のワーク・ライフ・バランスと〝祖父母力〟ライフデザイン・レポート2008.5-6　16－27.
Litwak, E. & Szelenyi, I. 1969 Primary group structures and their functions: Kin,neighbors,and friends. *American Sociological Review*, **34** : 4, 465-481.
正岡寛司　１９９３　ライフコースにおける親子関係の発達的変化　森岡清美（監修）石原邦雄ほか（共編）家族社会学の展開　培風館　65－79頁
宮本みち子　２００４　ポスト青年期と親子戦略――大人になる意味と形の変容　勁草書房
宮本みち子　２０１２　若者が無縁化する――仕事・福祉・コミュニティをつなぐ　筑摩書房
宮本みち子・岩上真珠・山田昌弘（著）１９９７　未婚化社会の親子関係――お金と愛情にみる家族のゆくえ　有斐閣
Newman, K.S. 2012 *The accordion family: Boomerang kids,anxious parents and the private toll of global competition*. Beacon Press. 荻原久美子・桑島　薫（訳）２０１３　親元暮らしという戦略――アコーディオン・ファミリーの時代　岩波書店
大久保孝治・杉山圭子　２０００　サンドイッチ世代の困難　藤崎宏子（編）親と子――交錯するライフコース　ミネルヴァ書房　211－233頁
落合恵美子　１９９７　21世紀家族へ［新版］有斐閣
Parsons, T., Bales, R.F.&Others 1956 *Family: Socialization and interaction process*. RKP. 橋爪貞雄ほか（訳）１９７０－７１　核家族と子どもの社会化　上・下　黎明書房

Swartz, T.T., Kim, M., Uno, M., Mortimer, J. & O'Brien, K.B. 2011 Safty nets and scaffolds: Parsonal support in the transition to adulthood. *Journal of Marriage and Family*, **73**, 414-429.
山田昌弘　１９９９　パラサイト・シングルの時代　筑摩書房
山脇貞司　１９９７　高齢者介護と扶養法理　石川恒夫ほか（編）　高齢者介護と家族　信山堂

第Ⅱ部

挫折した親と困惑する子どもの現実と援助

第8章 内に向かう子どもと親

不登校、ひきこもりの事例

野末武義

はじめに

子どもの数が減っているにもかかわらず不登校の子どもの数はいっこうに減らず、またひきこもりについても、社会問題の一つとして注目されるようになっています。こうした問題は、子どもが年齢相応に社会に出て行けない問題であると同時に、家族から出て行くことの難しさ、親から離れることの難しさ、そして、親が子どもから離れることの難しさを表している問題です。

本章では、不登校をはじめとして、思春期・青年期の子どもと親との関係の問題にかかわる事例をとりあげ、親子関係についての理解と援助のあり方について考えてみましょう。ここでは三つの事例から考えますが、いずれもＩＰ（identified patient：患者と見なされた者の意味）である子どもは、面接には来ておらず、両親や母親個人に対して、家族療法の視点からアプローチしたものです。また、事例の本質を曲げない程度に、情報は修正していることをお断りしておきます。

1　問題に向きあった家族の事例

事例1　中学二年生男子（不登校）の両親合同面接

〈家族構成〉

ＩＰはＡ男（中学二年生男子）。一人っ子です。母親は四十二歳専業主婦。父親は四十三歳で大企業に勤めるサラリーマン。両親合同面接の事例です。

〈問題の経過〉

Ａ男は中学である運動部に所属しており、二年生の夏休みの練習中に顧問（四十代男性）から厳しく叱られ、二学期になって部活を辞めたいと言い出し、不登校になりました。成績は中の上で、少数ではあるものの仲のよい友だちは何人かおり、それまではとくに問題はありませんでした。

母親がスクールカウンセラーに相談したところ、部活の顧問は確かに厳しいものの体罰をしたわけではなく、またクラスでいじめの問題もなさそうだとのことで、Ａ男と両親とで家族療法に行くことを勧められました。母親はＡ男にも来所を促しましたが、「別に僕は相談することはないから」と拒否し、両親のみでの来談となりました。

〈面接経過〉

結婚当初から父親は非常に多忙で、Ａ男が誕生してからも休日に一緒に遊ぶ時間はほとんどありませんでした。また、A男は幼い頃から泣き虫で、サッカー、スイミング、野球をさせてもすぐにやめてしまい、母親は「男らしくない子に育つのではないかと不安だった」そうです。そして、「今までうちはまるで母子家庭のようだった」と涙を流しながら、父親に怒りをぶつけました。そのような母親に対してセラピストが、これまでの苦労とさみしさをねぎらうようなセッションが三回ほど続きました。

父親は、セッションの中で母親から責められるたびに、沈痛な面持ちで「母子家庭と言われても仕方ありません」「A男に対して、もう少し父親らしいことをしてあげるべきでした」「今のA男に何か言ってやらなくちゃいけないと思うんですが、何を言ってやったらいいのかわからなくて。本当にだめな父親ですね」と自責的な発言が続きました。セラピストは、そうした父親の自責感を受けとめつつも、「でも、父親として家族のためを思うからこそ、大変な仕事をがんばってこられたということもあるのではないですか？」と伝え、これまでの父親の仕事について具体的に聴きました。そして、母親がそれまでは知らなかった父親の仕事の大変さやストレスが明らかになり、父親に対する母親の怒りはトーンダウンしました。

さらに、第五セッションでジェノグラム（図8-1）を作成しました。ジェノグラムとは、三世代以上の家族構成や人間関係を図示した一種の家系図作成法です。ジェノグラムによって、問題や症状が家族という文脈の中でどのようにして生じてきたか、家族がどのように変わっていくとよいかのヒントが得られます。この事例では、父親と母親それぞれの生い立ちについて聴いていくと、父親が物心つく前に実父は病死しており、それ以来母子家庭で育ったことが明らかになりました。そこでセラピストは、「父親という身近なモデルがないなかで、自分が父親としてA男君とかかわり育てることは、決して容易ではないと思います。それに今は思春期ですから、戸惑うのはむしろ当然でしょう。でも、その戸惑いのなかに、父親としてのA男君への愛情を感じます」と肯定的な意味づけをしました。

一方、母親の実父は婿養子であり、いつも家では実母や祖母が実権を握っていて、実父はそれに服従していたこと、その実父のことは基本的には好きだったものの、一方で受け身的で服従的な実父に対する失望感と怒りが、いまだに母親の心に強く残っていることが明らかになりました。

ある日、A男が自室でゲームをしているときに父親が入ってきて、とくに会話をするわけでもなく三〇分間一緒にゲームをするという変化が起きました。それに対して母親は、「ゲームなんて一緒にやったって、学校に行けるようにはならない」「ちゃんと話し合わないとダメ」と批判し、父親は「何を話したらいいのかわからなかったので、とにかくその場で一緒にやれることをやろうと思ったら、ゲームくらいしか思い浮かばなかった」と沈んでいました。セラピストは、「お母さんのおっしゃるように、確かに一緒にゲームをやることがすぐに学校に行くことと結びつくわけではありません。でも、思春期の男の子と父親ですから、娘と母親のように話をするというのは、一般的にはかなり少ないと思います。だから、たとえゲームであっても、とにかく一緒にやれることをその場でやったということは、とても大事なことだと思いますし、A男君のことを思う父親としての気持ちが伝わってきました。それに、A男君はその場でお父さんと一緒にいることを拒否したわけではありません。A男君と会話をするのは、もう少し先でも良いと思います」と高く評価すると、父親は涙を浮かべました。また、母親には「A男君は、部活の顧問のようないわゆる強い男性とは相性が悪いのかもしれません。それは、A男君が男らしい男

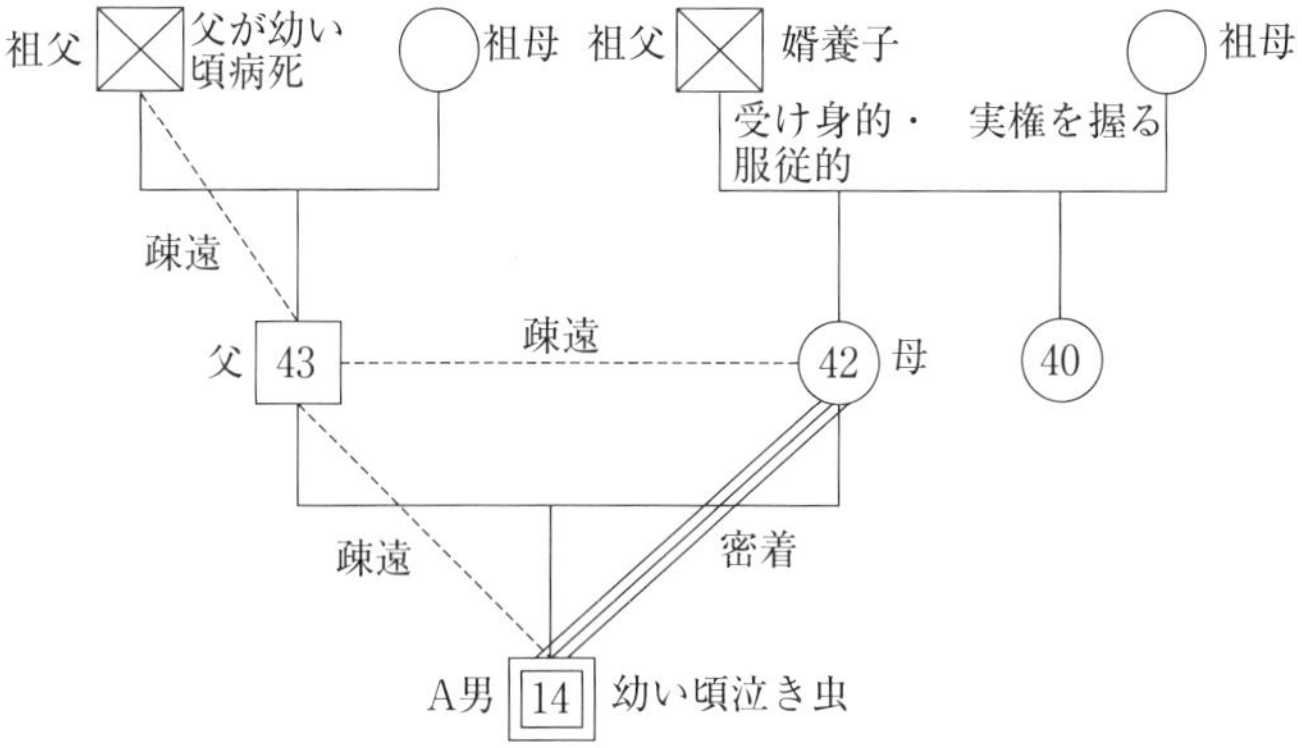

図8-1　事例1のジェノグラム

の子ではないからなのかもしれませんが、でも、すごく心の優しい男の子だということでもあると思います」と伝えると、「確かに母子家庭のようではあったけれど、その分、A男はいつも私のことを気遣ってくれていたと思います」と語り、「男らしさにこだわっていたのは、私自身の問題ですね」と苦笑しました。

その後、父親とA男は学校のことやアニメのことなどを話しながら一緒にゲームをする時間が増え、そこでの会話について夫婦で話し合うことも増えました。そして、「強い男の子にならないとダメ」という母親のA男に対するとらえ方も変化していきました。最終的には、A男が中学三年生に進級するのと同時に、学校に復帰することができました。

事例２　過食症の女子大学生をもつ母親の個人面接

〈家族構成〉

ＩＰは女子大に通う二年生のB子二十歳。一人っ子です。クライエントである母親は五十歳専業主婦。父親は五十五歳公務員。

〈問題の経過〉

B子が過食症で大学の学生相談室に入学当時から通っていることが判明し、母親はB子から「学生相談室には来ないでほしい」と言われたにもかかわらず、心配のあまり学生相談室を訪ねました。しかし、B子の担当カウンセラーから、「B子さんは自立しようとしているので、ここではお母さんのカウンセリングはできません。もしお母さんが心配なら、どこかほかの機関でカウンセリングを受けてください」と言われ家族療法の専門機関を訪れました。そこで二週間に一度の個人面接を行いました。

〈面接経過〉

初めの半年間、母親はB子の過食をどのようにしたらやめさせられるのか、自分に対して拒否的な態度をとるB子にどのようにかかわったらよいのかということについて、頻繁にアドバイスを求めてきました。セラピストとしては、その不安を共感的に受けとめることを心がけましたが、母親は一時的に冷静さを取り戻すものの、すぐにまた別の不安なことを持ち出してきて、自分とB子の関係について内省することはできませんでした。一方で、B子は学生相談室にせっせと通い、過食症状は徐々に軽減してきている様子でした。

B子は大学三年生の夏休みを前にして、自宅近くの駅前の喫茶店でウエイトレスのアルバイトをしたいと言いましたが、母親は「そんな水商売はやめなさい」と強く反対し、B子と口論になりました。結局、B子はアルバイトを諦め、その後部屋に閉じこもりがちになり過食症状は悪化しました。母親は、「お小遣いは十分にあげているから、アルバイトする必要性はないのに」と、B子の自立的な欲求は理解できない様子でした。そして、B子が中学時代に、初日の出を見るために友だちと海に行きたいと言ったところ、「途中で事故にでも遭ったらどうするの。やめなさい」ととめたというエピソードが語られました。その当時父親は、「そんなに心配することじゃないし、中学生ならそれくらいのことはあたりまえだ。行かせてやればいいのに」と言ったようですが、母親は父親の助言を無視し、B子には行かないように言い聞かせ、結局B子は断念したようです。

B子のこうした年齢相応の自立的な欲求に対して、なぜ母親がそこまで強い不安を抱き反対するのかを理解するために、ジェノグラムを作成し（図8‐2）、そのなかでとくに母親自身の思春期から青年期にかけての親との関係を尋ねました。母親は、ある地方のいわゆる名家の出身で、幼い頃から「○○さんの家のお嬢さん」と呼ばれ、地域の誰からもその存在を知られていました。そのため、幼い頃から親には「○○家の名を汚さないように」と言われ、自分でも「良い子にしていなくてはいけない」と思っていました。そして、親に対して反抗はおろか自己主張もした記憶がなく、高校や大学への進学、就職は親の意見にそのまま従ってきました。

そうした自分自身の子ども時代をふり返り、親に愛されていたという実感はあったものの、友だちと同じようには遊べないさみしさを感じていたことを思い出し、いつの間にかB子に自分と同じように窮屈な思いをさせていたことに気づきました。B子が高校生になった頃から、学校の友だちのことを楽しく話すとなぜかいらいらしていたこと、アイドルの話を聞かされるとバカにしたくなっていたこと、娘を羨ましく思う気持ちがあったことなどが語られました。

それから少しずつB子に対して押しつけがましいことは言わないように、意識的に努力するようになりました。また、大学時代の同窓会に出席し、同じ年頃の娘をもつ同級生たちが、アルバイトやボーイフレンドとの交際についてまったく干渉していないことを知って驚き、「私は過保護なのかもしれない」と思い始めました。そして、徐々に子離れの寂しさが語られるようになりました。また、それまでの夫との葛藤についても内省が進み、「夫もがんこな人だけれど、私も実は相当がんこだったみたいですね」と語り、夫の話にも耳を傾けるようになりました。その後、B子は大学四年生になって第二希望の会社から内定をもらい、過食症状も治まって学生相談室でのカウンセリングは終結。母親の個人面接は、娘が社会人となった年のゴールデンウィーク明けまで継続しました。

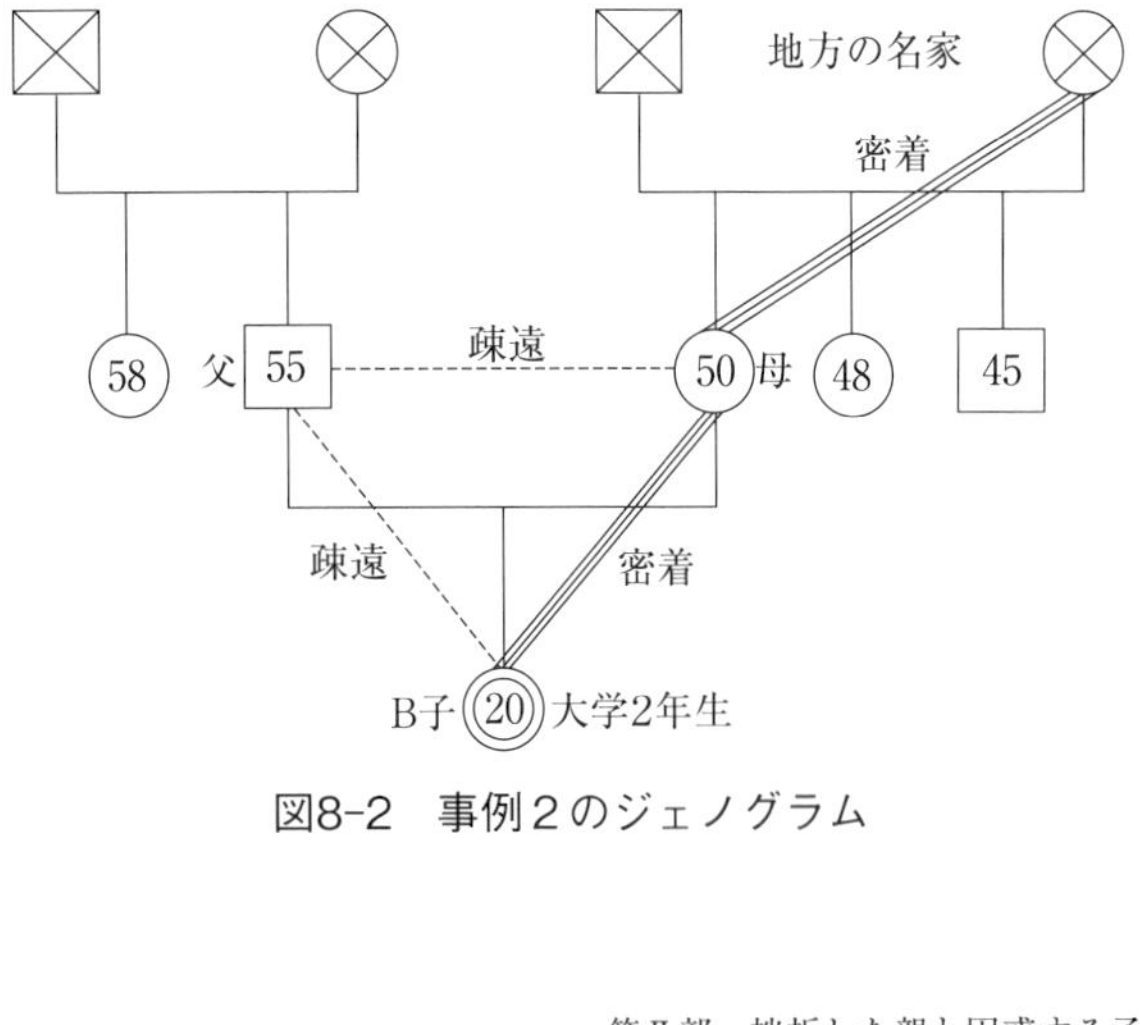

図8-2　事例2のジェノグラム

事例3　高校生の娘の不登校と門限破り――母親の個人面接と両親合同面接

〈家族構成〉

ＩＰは高校一年生の長女Ｃ子。中学一年生の弟がいます。母親は四十七歳、週三回パートタイム。父親は四十五歳で大企業に勤めるサラリーマン。

〈問題の経過〉

Ｃ子は、夏休みの塾の帰りに帰宅が深夜になることが何回かあり、母親と激しい口論が繰り返されていました。そして、二学期に入って登校を渋るようになり、十月の体育祭を欠席して以降はまったく学校に行かなくなりました。母親はスクールカウンセラーに何度か相談しましたが、そのスクールカウンセラーが筆者の講演を聴いたことがあったことから、家族療法を勧められ来談しました。基本的に二週間に一度の母親面接を行い、三、四か月に一度単身赴任先から父親が帰っているときに合わせて、両親合同面接を行いました。

〈面接経過〉

Ｃ子は元々成績優秀で、中学時代は生徒会の役員も務めました。しかし、高校受験の際に第一志望の高校には合格できず、第二志望の高校に通うことになりました。初めての挫折体験で落ち込んだようですが、母親は「大学受験で挽回すればいいから、今からしっかり勉強しなさい」と励まし、高校入学直後から進学塾に入れて勉強させせました。しかし、一学期の成績は思わしくなく、Ｃ子はすっかりやる気をなくし、塾に行くのを拒むようになったため、母親が夏休みから家庭教師をつけました。ところが、すぐに家庭教師が来ることも拒むようになり、夏休みに知り合った大学生とつきあうようになりました。

夏休み以降、時に帰宅時間をめぐって母親とC子は口論になりましたが、平日の深夜にC子から「車で向かえに来て」と言われると、母親は高速道路を約三〇キロ走って迎えに行くことが何度かありました。C子は、時に母親に反抗的な態度をとるものの、一学期に学校であったいやなことを愚痴ることもしばしばありました。また、「お母さんは、どうせ私よりも弟のほうがかわいいんでしょう」「弟には自由にさせているのに、私には勉強のことばっかり」と不満を訴えました。そうしたC子の態度に対して、母親は幼児と接するかのごとく甘えを受け入れたり、そうかと思えば、時にはC子の発言を無視したり、「甘えるな」と辛らつな言葉を浴びせたりするなど、態度は一貫せず極端に揺れていました。

また、母親はほぼ毎晩スカイプで父親に愚痴をこぼし、時には会議中の父親を呼び出し、C子にどのように対応したらよいかを尋ねていました。母親は、父親が自分のつらさをわかってくれない、気持ちを共感的に受けとめてくれないと繰り返し不満を言い、父親は父親で、「娘の愚痴を聞いてくれというのはわかるし努力して聞いているつもりだけれど、会議中に呼び出されるのは困る。それに、自分が仕事上のストレスについて話しても、妻は『そんな部下は辞めさせれば？』の一言だけで、妻も共感性が足りない」と不満を言うこともありました。ただし、それが深刻な夫婦間葛藤には発展していませんでした。

C子は、二学期の終わりから高校三年生の新しいボーイフレンドができ、その彼から登校することを勧められたこともあって、三学期からは遅刻はするもののほぼ毎日登校しました。また、母親に対して、これまで感じていた不満を言うようになりました。とくに三歳下の弟に対して甘すぎること、弟には勉強しろと言わないことに対する不満は強く、泣きながら怒りをぶつけることも何度かありました。そうしたC子のさみしさや怒りに対して、母親は優しく受容しようと意識して努力しても長続きせず、「でも、結局あなたが甘えているのよ」とC子を批判するということが繰り返されていました。

一進一退を繰り返す母親とC子の関係を理解するために、面接開始半年後にジェノグラムを作成しました

（図8‐3）。母親の実父は元商社マンで、実母は専業主婦、母親の三歳下には弟がいました。実父は多忙のため家族と過ごす時間は少なかったのですが、母親としては実父からかわいがられたという記憶はありました。しかし、「母は自分よりも弟をかわいがっていた」「自分は母から愛されなかった」という思いがぬぐい去れないと言います。そして、実母の生い立ちについて尋ねると、生まれて間もなく母を病気で亡くし、その後は親戚を転々とたらいまわしにされたことがわかりました。「あなたのお母さんは、母親というものを知らずにとても苦労して育ったんですね。そういうお母さんが母としてあなたを育てるのは、かなり大変なことだったんじゃないですか?」と伝えると、はじめは「でも、昔はそういう人はたくさんいたと思います。私の母が特別不幸だったわけではないと思います」と抵抗を示しました。しかし、その後のセッションで、実母が母親のことを心配して手紙をくれたものの、返事が書けないでいるということが明らかになりました。「お母さんの愛情を受け入れることに抵抗があるんですね」と言うと、「この歳になって母親に対して素直になれないなんて、私が子どもなんですかね」と苦笑しました。

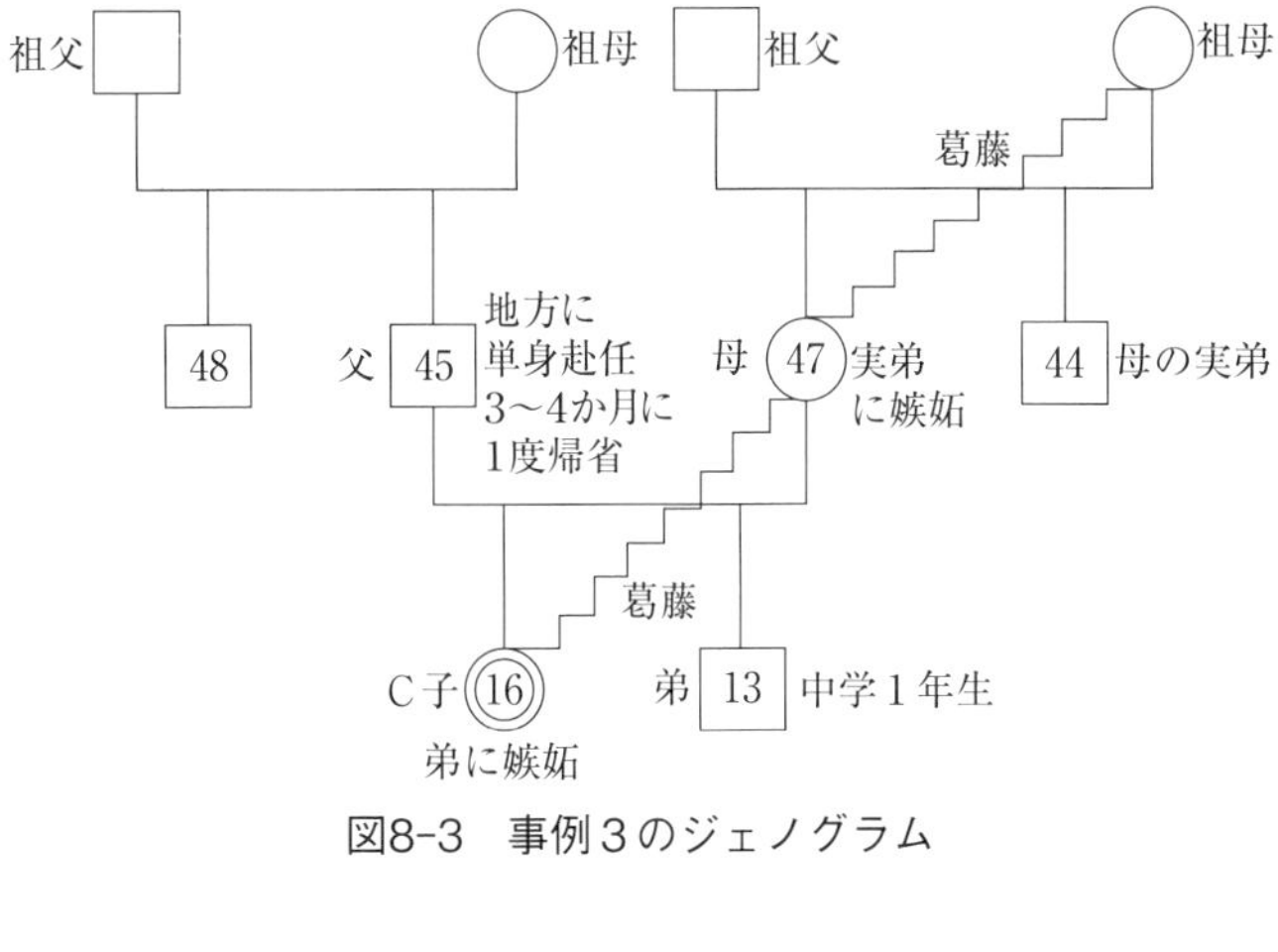

図8-3　事例3のジェノグラム

一方、父親は会社の中で管理職の立場でしたが、元々人間関係は苦手で、ストレスがあっても誰にも相談しないで自分でため込む性分でした。そして、一年前に単身赴任するようになってから軽度の不眠症となり、心療内科に通院していました。三、四か月に一度父親も参加する両親合同面接では、C子の反抗的な言動や母親の不安にも耳を傾けましたが、父親の仕事の話についても詳しく聴きました。それは、孤立しがちな父親を心理的にサポートし、母親や娘に対して父親としてかかわることを促進するという意味はもちろんのこと、母親に父親の仕事の大変さを理解してもらい、夫婦がお互いに支え合う関係に変化することをねらったものでした。

最終的に、C子は何とか短大への進学を決め、また父親は会社に頼み込んで単身赴任生活を終えることができ、家族四人での生活が再スタートしました。短大進学後も、C子と母親は門限をめぐって何度か衝突しましたが、母親は以前ほどしつこく問い詰めることはなくなり、また父親が二人のけんかを仲裁するなどもできるようになり、面接は終結しました。

2　家族療法による援助の視点

不登校などの内に向かう問題を抱えた思春期・青年期の子どもとその親の事例を三つとりあげました。ここでは、思春期・青年期の子どもをもつ家族の発達課題、両親の夫婦関係と子どもの問題、両親の源家族との関係の問題、そして、父親をどう理解し援助するかということについて考えてみましょう。

1　子どもの自立的欲求と依存的欲求に柔軟に対応する

まず、家族の発達課題としてみてみると、思春期・青年期の子どもは、まだまだ幼児的な依存性を残しつつも、少しずつ大人になりつつあり自立的な欲求も芽生えてくるため、親はその両方に柔軟に対応する必要があります（中釜　２００８）。事例1と2では、母親と子どもの関係が密着していて、父親とは疎遠な関係です。母親は子どもに対して過保護過干渉な面があり、父親の子育てへの関与が乏しいために、結果的に求心的な力（子どもを家族の中に押しとどめておく力）（Sauber et al. 1993）が強く働き、子どもを家族の外に押し出して自立させる力が不十分でした。

一方、事例3は事例1、2よりも少し複雑で、子どもは不登校という内向的な問題だけでなく、異性との交際と門限破りという外向的で行動的な問題の両方がありました。基本的に密着した母子関係であり、求心的な力が働いていていましたが、時には母親が娘を突き放すという遠心的な力（子どもを家族から押し出す力）（Sauber et al. 1993）も働いていました。つまり、子どもを家族の中にとどめようとする力と家族から外に押し出そうとする力の両方が極端な形で働いており、子どもにとっては、依存的な欲求にも自立的な欲求にも応えてもらえないという葛藤につながっていました。両親夫婦の間も、単身赴任で物理的には距離が離れているとはいえ、頻繁に連絡をとり合うなど密着しているものの、時に母親は父親に対して拒絶的でした。

このような親子関係における依存と自立のバランスの問題は、必ずしも臨床的な問題を抱えた家族にかぎったものではありません。むしろ、思春期・青年期の多くの子どもたちは、友人や恋人との関係の中で支えられながら、親との関係に過度に左右されることなく徐々に自立していきます。しかし、とりあげた3事例のいずれも、友人の情緒的な支えとしての機能は乏しいものでした。青年期における友人関係が希薄化していると言われて久しいですが、こうした現代的な傾向と親子関係の問題を切り離して考えることは、いたずらに親子の関係を問題視し、より病理的にとらえてしまう危険性をはらんでいます。

2　両親の夫婦関係と子どもの臨床的問題

親子における依存と自立のバランスの問題は、両親の夫婦関係と無関係ではありません。両親の夫婦関係に深刻な葛藤や緊張状態が見られるとき、一方の親が子どもを巻き込み、他方の親と対立する2対1の三角関係（Bowen, 1978）が形成され、後に巻き込まれた子どもが臨床的問題を呈する可能性があることはよく知られています。

事例1では、父親はいわゆる企業戦士であり、母親の「今までうちはまるで母子家庭のようだった」という言葉に象徴されるように、母親と息子は密着した関係にあり父親とは疎遠でした。また、父親に対する母親の強い怒りから、潜在的な夫婦間葛藤は非常に強かったと思われます。情緒的な支えを父親から得られなかった母親は、無意識のうちに息子にエネルギーを注いだのでしょう。事例2では、母親は自ら積極的に夫婦関係の不満を述べることはありませんでしたが、時にエピソードとして語られることに登場する父親は、娘に対する対応をめぐって異論を唱える人でした。母親は、娘の問題に対して父親に協力してほしいというよりも、父親にはかかわってほしくない、余計なことは言ってほしくないといった気持ちが強く、夫婦関係から目を背けたいようでした。

一方、事例3は、父親は地方に単身赴任していましたが、ふだんから母親とは頻繁にやりとりをしていました。これは、IPに問題行動が見られるようになる以前からだったようです。また、お互いに相手の言動に対する不満を述べることはありましたが、基本的には子育てに対する協力関係はできており、とくに三角関係の問題が深刻だったわけではありません。

このように、臨床的には子どもの問題と三角関係は非常に密接な関係にあるとされていますし、さまざまな研究から、両親の夫婦関係の問題が子どものメンタルヘルスに否定的影響をもたらすことは知られています。しかし、実際には、事例3のように、両親の夫婦関係に深刻な問題がなくても、子どもは臨床的な問題を呈することがあるし、反対に、両親の夫婦関係に非常に深刻な問題が見られても、何の問題もなくたくましく成長していく子どももいます。

ここで大切なことは、両親の夫婦関係の問題とそれによる子どもを巻き込んだ三角関係が子どもの臨床的問題を引き起こしているのかどうかということよりも、子どもの臨床的問題を解決しようとすることを通して、親は自分たちの夫婦関係をふり返らざるを得なくなったり、協力せざるを得なくなるということです。そして、それまでの関係を修正するチャンスになり得るし、結果的に子どもの臨床的問題を解決するうえでプラスになります。私たちは、出来事を単純に「原因」と「結果」で理解することに慣れてしまっています。そうすると、両親の夫婦関係が「原因」で子どもの問題は「結果」だと理解し、両親の夫婦関係を「犯人」あるいは「悪者」と見なす危険性があります。しかし、誰かを「犯人」や「悪者」と見なして専門家などの第三者がそれを変えようとすると、当事者は心理的に傷ついたり、かえってかたくなに変化を拒むことになりがちです。したがって、そのような「原因」と「結果」で考える一般的な理解は、問題を解決するうえでは必ずしも役に立ちません。それよりも、「両親の夫婦関係の問題が子どもの臨床的問題の原因かどうかはわからない。しかし、両親の関係が改善され協力関係ができると、子どもは自分自身が困っている問題から解放されやすい」と考えたほうが、問題解決には有効です。

3　子育てのなかに見える親自身の育ち

親が子どもを育てるとき、自分は親からどのように育てられたか、子どもの頃にどのような経験をしてきたかに大きく影響を受けます。とりわけ、さまざまな事情で不安や葛藤に満ちた子ども時代を過ごした人のなかには、自分の子どもに対して共感性や配慮を欠いた養育をしてしまう人がおり、家族療法ではこのような問題を破壊的権利付与（Boszormenyi-Nagy & Krasner, 1986）といいます。破壊的権利付与によって、他者の欲求、感情、不安、考え方などに対する感受性や関心や配慮の欠如が見られたり、自分の言動が他者にどのように受けとられるか、どのような影響を及ぼすかについて無自覚という問題が生じます（平木 1997）。そして、親子関係においては子どもに心理的負担を強いることになってしまいます。

事例1の父親は、物心つく前に実父が病死したため母子家庭で育ちました。実体験として父親というものを知らないで育ったA男の父親が、父親として息子にどのようにかかわったら良いか戸惑うのは、至極当然のことでしょう。現実的な問題として仕事が忙しかったということはあるにしても、こうした家族背景から、息子とのかかわりを無意識的に避けざるを得なかったと考えられます。また、母親は実父が婿養子であり、強い実母と弱い実父の関係に不満を抱きながら成長しました。そして、息子には、実父とも父親とも違う「強い男性」になることを期待しましたが、それがかえって息子を追い詰めることになりました。

事例2では、母親は地方の名家出身という、世間的には恵まれた家庭で育ちましたが、実際には孤独で親からの束縛も多く、年齢相応の自己主張をすることが容易ではない子ども時代を過ごしました。そのため、B子が思春期に入って、友だちとのつきあいやアルバイトなどのごくあたりまえの自立的な欲求を表出してきたとき、受け容れるどころか理解することもできませんでした。そして、B子のなかに現代的な自由奔放さを見いだしたとき、バカにしたくなる一方で羨ましさも感じていました。自分が生きてこられなかったのびのびした青年期を過ごそうとするB子を見ることは、自分自身の青年期の親からの自立をめぐる抑圧された願望や親に対する怒りを刺激されたと考えられます。

事例3では、母親には三歳下の弟がおり、実母の愛情を弟にとられたという体験をしています。そもそも母親の実母は、生まれて間もなく母を病気で亡くし、親戚をたらい回しにされるという子ども時代を過ごした人であり、特定の愛着対象との安定した関係を体験していません。それゆえに、母となって娘（母親）を育てることが大変困難だったことは、想像に難くありません。そして、娘である母親は、自分自身が母となってからも実母からの絶対的な愛情を求め続けてきました。そのため、C子に対しては、実母から与えてもらえなかった絶対的な愛情を与えようと受容的にかかわったり、一方で実母のように拒絶的に振る舞ったりと、アンビバレントな対応になりがちでした。

このように、親が子どもとの関係につまずくとき、親自身の源家族における未解決な葛藤や問題が影響していることがあります。そのようなとき、心理療法で子どもの頃の体験をふり返り癒されることが、現在の子どもとの関係を修正することにつながることもあるのです（Garcia Preto, 2011）。

4 親が経験した苦しみを子どもにも体験させてしまう皮肉

破壊的権利付与の問題と同じく、親の源家族との関係で重要なものの一つが「見えない忠誠心」（平木1997）です。事例1では、父親の実父は物心つく前に病死しており、文字通り母子家庭で育ちました。そして、自分自身が父となり子どもをもったにもかかわらず、母親から「まるで母子家庭のようだった」と責められ、結果的にA男には自分と同じようなさみしい思いをさせてしまいました。一方母親は、実父が婿養子で実母や祖母が実権を握る家庭に育ちました。恐らく強い男性を求める気持ちもあったと思われますが、実際に結婚相手として選んだ相手はそうではなく、二人の関係は婿養子の弱い実父と強い母に似たものとなりました。

事例2では、母親は親と「家」の束縛から自由になることができず、「良い子」のまま大人になりました。そして、B子が思春期に入ったとき、自分がかつてされたように娘を束縛し、「良い子」であり続けることを求めました。

事例3では、母親の実母は、娘よりも息子に対してより愛情を注いでいました。そして母親自身も、母となってからは息子に対しては素直に甘えを受け入れられ愛情を示すことができるのですが、娘であるC子に対してはそのように接することはできず、結果的にC子は母親の子ども時代と同じように、「お母さんは私のことよりも弟のほうが大切なんだ」と感じるようになっていました。

いずれの事例においても、親は子ども時代に自分の親との関係でつらくさみしい思いをしており、結果的には自分も親と同じように子どもにつらくさみしい思いをさせてしまいました。見えない忠誠心の問題は、いわゆる世代間伝達と言えるものですが、セラピストは世代間伝達を「断ち切る」という意識でこうした問題に取り組んではいません。「断ち切る」というのは、あたかもその関係が諸悪の根源であるかのような誤解を招きますし、いくらかつては問題のある親子関係だったとしても、その関係を切って捨てることが重要なわけではありません。見えない忠誠心の問題を抱えている人は、親に対する怒りや恨みだけでなく、そうした感情を抱くことに対する無意識的な罪悪感も感じており、関係の修復や理解され受容されることを望んでいます。そのため、断ち切ろうとすることによってその罪悪感を刺激し、受容されることを断念させてしまう可能性があり、むしろ抵抗を引き起こすかもしれません。したがって、過去の親との関係から自分が情緒的に自由になること、あるいはかつての関係や親に対する意味づけが変化することが重要です。このような観点から、セラピストは「あなたは親に苦労させられた」というような、被害感を助長するような発言はしていません。

5　父親がより積極的に子育てに取り組めるようになるには

最後にとりあげたいのは、父親が子どもの問題により積極的に取り組めるようになるためには、父親はどのように理解され援助されるとよいのかという問題です。

3事例のうち、事例2のみセラピストは直接父親とはかかわっていませんが、いずれの事例も、子どもの問題が顕在化する前は、子育てに積極的にかかわっている父親ではありませんでした。とりわけ事例1は、「まるで母子家庭のようだった」という言葉が示すように、ある意味でわが国では決して珍しくない問題を抱えた家族といえるでしょう。家族における父親の心理的不在の問題や、日本の父親がいかに子育てにかかわっていないかという問題は、これまでに数多く指摘されてきました。単純に原因と結果で考えれば、このような父親は、子どもの問題や母親の心理的ストレスの「原因」あるいは「犯人」であり、父親が悪いのだから変わるべきだということになるかもしれません。もちろん、そのようにして周囲から責められて反省し変化する父親もいるかもしれませんが、悪者探しをしない家族療法の立場からは、それとは違うアプローチをします。

父親への効果的な援助を考えるときに、あたりまえのことでありながらも見落とされがちなこととして指摘しておきたいのは、父親（夫）も母親（妻）と同じように、セラピストから理解され受容されていると実感できて初めて、自分の父親としての問題や家族との葛藤に向き合えるようになるということです。父親（夫）を子どもの問題や母親（妻）の苦悩の「原因」あるいは「犯人」と見なして、「父親が変わるべきだ」と変化を迫っても、うまくいく可能性は低いでしょう。家族療法では、家族のありのままをまず受容し信頼関係を築くジョイニングといわれるセラピストの態度が非常に重視されていますが、父親個人へのジョイニングも非常に重要です。つまり、セラピストは父親に対して一人の個人として関心をもち、父親のこれまでのあり方を尊重し、受容的共感的に受けとめることで、父親にとってセラピーの場が安心感と安全感を感じられる空間にならなければいけません。そのためにセラピストは、事例1では、仕事ばかりで家族を顧みなかったという問題について、「父親として家族のためを思うからこそ、大変な仕事をがんばってきた」と肯定的に意味づけし、事例3では、娘の問題行動とは直接関係のない父親の仕事の話を詳しく聴き、労をねぎらっています。そうすることで、父親は不安や警戒心がなくなってセラピストを信頼することができ、子どもの問題により関心をもってかかわろうという気持ちになれるのです。

また、父親が結果的に子どもにうまくかかわれなかったとしても、その根底にある家族を思う肯定的な気持ちに目を向け共有することが大切です（Wexler, 2004）。事例1では、息子にどうかかわってよいかわからず、ただ一緒にゲームをすることしかできなかった父親に対して、「息子さんを思う気持ちが伝わってきた」とセラピストは肯定的に評価しています。私たちはつい、父親の言動の結果にとらわれてしまいがちですが、その根底にある家族に対する思いを受けとめ共有することは、父親を勇気づけることにもなります。さらに、父親が積極的に子育てにかかわれないことの背景に、子どもの頃に自分の父親と十分かかわることができなかったことが影響していることも珍しくありません。そのような場合には、幼い頃からの父親との関係をふりかえり、未解決だった葛藤を乗り越えていくためのサポートが重要（Taffel, 1994）になります。

このように父親が子どもの問題に積極的にかかわれない理由はさまざまですが、いずれの場合も、初めから父親が変わるべきだと変化を迫っても、父親がすぐに同意して変化する可能性は低いでしょう。むしろ、まずは受容的共感的に支えられ理解されることで、父親の防衛的な態度は薄れ、親としての行動は次第によりふさわしいものに変化するでしょう。

引用文献

Boszormenyi-Nagy, I. & Krasner, B.R. 1986 *Between give and take: A clinical guide to contextual therapy.* Brunner/Mazel.

Bowen, M. 1978 *Family therapy in clinical practice.* Jason Aronson.

Garcia Preto, N. 2011 Transforming of the family system during adolescence. In M. McGoldrick, B. Carter & N. Garcia Preto (Eds.) *The expanded family life cycle: Individual, family, and social perspectives. Forth edition.* Allyn & Bacon. pp.232-246.

平木典子　１９９７　文脈療法の理念と技法――ナージ理論の真髄を探る　日本家族心理学会（編）家族心理学年報15　児童虐待――家族臨床の現場から　金子書房　180－201頁

中釜洋子　２００８　若者世代とその家族　中釜洋子・野末武義・布柴靖枝・無藤清子（編著）家族心理学――家族システムの発達と臨床的援助　有斐閣ブックス　113－128頁

Sauber, S.R., L'Abate, L., Weeks, G.R., & Buchanan, W.L. 1993 *The dictionary of family psychology and family Therapy. Second edition.* Sage Publications, Inc.

Taffel, R. 1994 *Why parents disagree: How women and men parent differently and how we can work together.* William Morrow and Company, Inc.

Wexler, D.B. 2004 *When good men behave badly: Change your behavior, change your relationship.* New Harbinger Publications.

第9章　子どもたちの怒りの行動化
非行や逸脱行動

藤田博康

はじめに

非行やいじめなど、子どもたちの粗暴な逸脱行動の背景には、多かれ少なかれ親子関係や家族関係の問題が必ず潜んでいます。さらに、その親子関係や家族関係には、わが国の現代社会のありようがさまざまな形で影を落としています。本章では、子どもたちがどうして攻撃的な行動に走ってしまうのかについて、親子関係の側面を中心に考えてみたいと思います。

1　攻撃的行動がなぜ生じるのか

これまでの研究により、人が攻撃的行動を起こすにいたる心理社会学的モデルがいくつかあげられています。なかでも代表的なものは、J・ダラードとNE・ミラーによる「欲求不満－攻撃仮説」です（Dollard & Miller, 1950）。

私たちは、他者の振る舞いや何らかの環境的条件などによって欲求の充足が阻止されるとフラストレーシヨンを募らせ、不快な生理的緊張や情動的な怒りを高めていきます。その不快な緊張や怒りを解消する手段として、攻撃衝動（攻撃行動）が生起するという考え方が、「欲求不満－攻撃仮説」です。我慢やストレスが限界を超えると、私たちは「キレ」てしまいがちであるというのは一般的な通念だと思いますが、それに近い考え方といえるでしょう。

たとえば、学校で突然「キレ」てしまったり、攻撃的に振る舞ったりする子どもたちには、そこに何らかの我慢の限界や強いフラストレーションが必ず見てとれます。その我慢やフラストレーションは、実は親子関係や家族関係に由来するものがとても多いのです。では、親子関係や家族関係のいったいどんな側面が、子どもたちを追い詰め、怒りの行動化につながってゆくのかを考えてみたいと思います。

2　親子関係とフラストレーション

1　愛着の不十分さと攻撃行動

愛着とは、「危機的な状況や潜在的な危機に備えて、特定の対象との近接を求め維持しようとする傾性（Bowlby, 1969）」とされ、子どもが不安や恐怖などを感じたとき、安心感や癒しを得るために親との情緒的つながりを求めるといった本来的な欲求です。また、この「愛着」と呼ばれる親子の心の絆を通じて、子どもたちは「自分は愛され助けてもらえる価値ある存在であり、他者や外の世界が信頼に値する」という人生や対人関係への基本的な構え、すなわち、良好な「内的ワーキングモデル」を身につけていきます。

したがって、何らかの事情により、この本来的な愛着欲求が満たされない状態が続いた場合、子どもは自分の不安や心細さなどの不快感情がなかなか宥められないばかりか、外の世界が自分を脅かす安心できないものとして感じられてしまうため、内的な緊張やフラストレーションが相当に高まった状況にさらされることになります。「欲求不満―攻撃仮説」にのっとれば、同時に攻撃衝動も高まります。

このような子どもの不安定な状態や攻撃行動が深刻になった症状が愛着障害です。愛着障害の子どもの特徴は、反抗的、挑戦的、衝動的、破壊的、攻撃的、虚言と盗癖、自己破壊的、虐待的といった行動面や、強い怒り、不機嫌、恐れと不安、苛立ち、無力感、抑うつ、共感性や向社会的価値観の欠如、悪や人生の暗部への同一化などの情緒面に特徴づけられます（Levy, 2000）。そのような愛着障害が起こる典型的な親子関係は子どもの虐待です。わが国でも近年、虐待の認知件数が急激に増えています（本書250頁参照）。

近年、児童虐待と非行との強い関連性が指摘されています。たとえば、「少年院在院者に対する被害経験のアンケート調査（法務総合研究所　２００１）」によれば、少年院に在院する少年のうち、家族からの被虐待体験（身体的虐待、性的虐待、不適切な保護態度）を有する少年の割合は約五〇％にものぼるとされます。実は私たちのごく身近なところにも、親からの虐待や暴力を受けた経験のある子どもたちが少なからず存在します。

中学一年生のA男くんは、学校で何か気に障ることがあると、周囲の子どもを威嚇したり、殴りつけたりしていました。担任の女性教師にも目をむいて反抗してくるため、管理職が両親を学校に呼び、A男くんを交えて指導する機会をもちました。ところが父親は、A男くんの学校での振る舞いを耳にしたとたん、いきなり椅子から立ちあがり、A男くんの顔面を拳で殴りつけたのです。A男くんは脅えた表情で頭から服を被り、その後、床の上に丸まってうずくまったままでした。以来、A男くんは、今までにも増して学校での「荒れ」がひどくなり、些細な注意に「キレ」て教師を蹴って怪我を負わせ、学校側が再び「親を呼ぶ」と説諭すると、いきなり大声をあげながら校門を飛び出し、通りすがりの通行人に殴りかかっていきました。

親からの暴力を日常的に受けている子どもは、我慢やフラストレーションを限界まで募らせています。ですから、そこにあらたなストレス刺激が加わると、それが些細なものであったとしても、攻撃的行動の引き金となってしまいます。もちろん、そのような子どもは愛着が不十分でもありますから、そもそも感情的ストレスへの耐性が弱く、怒りや恐怖、不安などの感情を自分で調節したり解消したりする力もあまり育まれていません。加えて、日常的に親の暴力的な言動を目のあたりにしていますので、不快な感情やフラストレーションへの対応の手段は暴力や暴言、他者の権利を侵害するような行動であることを繰り返し観察学習（モデリング）（Bandura, 1971）しています。ですから、A男くんのような行動化が非常に起こりやすいのです。

また、いわゆる親のネグレクトや養育意欲の乏しさが、子どもの攻撃的行動に結びつくケースもあります。

B男くんの実母はシングルマザーでBくんを出産しましたが、じきに子育てが負担になり、乳飲み子のB男くんを一人置き去りにして家を出てしまいました。二日後に運よく発見されたB男くんは一命をとりとめ、今度は祖母がBくんを育てることになりました。しかし、B男くんが七歳の頃、祖母は布団に寝たまま亡くなっており、B男くんは冷たくなって息一つしない祖母とそのまま一週間、共に過ごしたそうです。その後、B男くんは再び実母に引き取られましたが、実母は気分しだいで男性の家に泊まり歩くなど、いわゆるネグレクトの状態が続きました。

B男くんは高校一年生のときに、女友だちに性的関係を迫り、抵抗したその女友だちを殴りつけ乱暴したという非行で逮捕されました。愛着は文字通り、母なるものとのスキンシップや肌と肌のふれあいによって築かれてゆく性質がありますから、愛着に深刻な問題を抱えている人は、性的な問題や行動化を起こしてしまう可能性が比較的高まります。B男くんは少年鑑別所に収容されましたが、担当職員に「夜、電気をつけたままでないと寝れない」と執拗に訴え、それを諌め居室の鍵を閉めて立ち去ろうとした職員を殴りつけ、鍵を奪うという事件も起こしてしまいました。

A男くんのケースにしても、B男くんのケースにしても、深刻な非行や暴力的な逸脱行動が生じるのは、一般的に誤解されているように、本人の我慢や自覚が足りないといったことでは決してなく、逆に、我慢やフラストレーションを溜めすぎている結果であることがほとんどです。子どもたちの行動化は本能的な対処行動でもありますから、強く指導するといった常識的なかかわりでは逆効果になり、ますますフラストレーションを募らせ、かえって攻撃衝動が高まるという悪循環に陥ってしまうことが非常に多いのです。

悪循環という意味では、最近の脳科学は、子どもにかかる重大なストレスや心的外傷体験が、海馬をはじめとする脳の形態的、機能的変化の原因となり、記憶系や衝動抑制系をはじめとする問題を生じさせることがわかってきました。つまり、重大なストレスや被虐待体験が、いわゆる「キレ」やすい脳をつくり、だからこそ、さらに不安定で混乱した逸脱行動や外傷的体験を積み重ねてゆくといった悪循環です。

2 親の不和、離婚などの家族関係の事情

両親の不和や離婚などをはじめとした家族関係の問題も、子どもたちのフラストレーションを高める大きな要因であり、攻撃的な逸脱行動を導いてしまうことが少なくありません。

筆者のある公立学校でのスクールカウンセラーとしての経験では、その主訴にかかわらず全相談ケースの大半の家庭に両親の離婚や不和があり、それが子どもの不適応に少なからず影響していました。そのような子どもたちは例外なく、両親の不和や家族関係がうまくいっていないことに心を痛め、諍いをなんとか改善しようと気を配ったり献身的に振る舞ったりした経験を有しています。また、多くの子どもたちが、離婚後も一人親や別れた親、新しい家族のために、自分の気持ちや感情を抑えて、我慢や気遣いを続けています。

しかし、それらのがんばりが、なかなか気づかれなかったり、報われなかったり、逆に親が子どもに頼りすぎたりしてしまう体験を重ねると、子どもたちは無力感やフラストレーションを募らせ、無性にイライラしたり、「キレ」やすくなったりして、周囲の子どもたちとはもちろん、しばしば教師とも対立的になってゆくケースが少なくないことがわかっています（藤田　２０１１、２０１２）。

中学二年生のＤ子さんは髪を金髪に染め、「怠学」傾向にあり、「きまぐれ」で登校したかと思うと、決まり事やルールをことごとく無視して、周囲の子どもたちに対して暴言を吐くなど、教師らからは「わがまま」な問題生徒と目をつけられていました。そのＤ子さんがある日、突然「私なんか生きていても仕方がない。死んでしまいたい」とスクールカウンセラーのところにやってきたのです。

よくよく話を聞いてみると、Ｄ子さんの父は長年、異性関係を繰り返してきており、Ｄ子さんはそのたびに、懊悩したり取り乱したりする母の愚痴や不安の聴き役になって、母を精神的に支えてきたそうです。一方で、芸能人アイドルやアニメの話などで盛りあがっている周囲の生徒たちが、とても子どもじみて見え、親のことで苦労を重ねているＤ子さんとはまったく話が合わなかったと言います。そんなとき、同じように親が不仲だったり、離婚したりしている仲間とは気持ちが通じ合い、一緒に髪を染めたり、タバコを吸ったりするようになりました。

最近も、父の異性関係が続いていたことがわかり、母が「もう離婚して家を出たい」とD子さんに訴えてきました。D子さんは、母を励ましたり支えたりして、別居や離婚の手続きを始めたのですが、母が途中で弱腰になってしまいました。それに業を煮やしたD子さんが、「だったら勝手にして！」と母に強く言ったところ、母が「うつ」になり病院に入院してしまったそうです。父は父で、D子さんのことを「母の味方をした」と無視し、その後、食事も食費も与えていませんでした。

丸一日何も食べていなかったD子さんが、せめて給食を食べられるかもしれないと学校に来たところ、生徒指導教師から厳しく断罪され、そのままカウンセリングルームにやって来たのです。D子さんは、「自分が家族のことを何とかしなければと思うけれど、何の力にもなれない。私が全然ダメ、私が悪い。お母さんがかわいそう。」と泣きながら話していました。

小学五年生のE男くんが、いきなり友だちを突き飛ばして怪我を負わせたり、ほかの子どもの持ち物や集金を盗んだりするようになってしまいました。それまでは、おとなしく聞き分けの良い子でしたので、先生をはじめ周囲の者はその変わりように驚きました。

よくよく、母親から事情を聞いてみますと、E男くんが小学二年生のときに両親が離婚して以来、母子の二人暮らしで、母は昼の仕事から帰るとE男くんの夕食をこしらえては、休む間もなく次の仕事に出かけてゆく毎日でした。E男くんは、母親から「お母さん、がんばって仕事しなきゃ生きていけないんだから、E男もがんばってね」と言い聞かされ、一人夕食を食べ、一人お風呂に入り、一人布団にもぐりこみ、そして、夜中にふと目を覚ましたとき枕元での母の寝息にほっとしていました。「さみしかったし、怖かったけど、自分がしっかりしてお母さんを守ってあげないと」と、必死で自分の気持ちを抑えていました。

小学五年生になったころから、深夜ふと目を覚ましたとき、隣に母の姿がないことが多くなりました。E男くんは不安で眠れず、いよいよ夜が明ける頃になって母が玄関を開ける音を聞いては寝入っているふりをしていました。「お母さん、どこ行っていたの?」「どうして遅かったの?」と、すぐにでも聞きたかったけれど、「そんなことを聞くと、お母さんがつらくなるだろうし、自分のことを嫌いになっちゃうかもしれない」と、いろいろと気遣っていました。

中学三年生のF男くんの実父母は約二年前に離婚し、経済的にも苦しかった母はある男性と再婚しました。けれども、F男くんとその継父との関係はしっくりいかず、顔を合わせるとお互い陰険な雰囲気になってしまうため、F男くんはなるべく継父と顔を合わせないように自分の部屋に籠り、一人で食事をするようになりました。そして、夜は家を出てゲームセンターで遊興することが増えていきました。

F男くんは高校進学を希望していたのですが、夜遊びが多いことを理由に、継父がそれに強く反対しました。高校に行きたかったF男くんは、何度か両親にその気持ちを伝えてみましたが、そうすればするほど継父の機嫌が悪くなり、母も板挟みになって追い詰められてしまうため、やむなく高校進学をあきらめ、職業訓練校に通うことにしました。自分が高校進学をあきらめれば、家族関係がこれ以上ぎくしゃくしないですむと思ったそうです。

F男くんはちょうどその頃から、「成績の良い生徒ばかりをひいきしている」とあからさまに教師に反抗したり、バス停に並んでいるときに、列の前に割り込んできた男性に文句をつけ、口論の挙げ句、相手を殴るなどの問題行動を起こすようになりました。

以上のどのケースも、両親の不和や離婚の中で、親のことを気遣ったり、親の気持ちを支えたりすることで、あたかも親の親であるかのような役割負担を背負い、フラストレーションを募らせて行動化にいたっています。いずれも、周囲にそれらの事情が見えてこないと、問題行動ばかりが着目され、さらに子どもが追い詰められてしまう可能性が高いケースばかりです。

また、それは必ずしも両親の不和や葛藤にかぎりません。たとえば、わが国に多い三世代が同居する家庭などでは、父母のどちらかが祖父母世代との葛藤的な関係から、自分を不自然に押さえ込みフラストレーションをためており、あたかも子どもがその親に代わって怒りや憤りを攻撃行動で表出していると思われるようなケースもしばしば見受けられます。

3　親の心身の不調などの影響

親の心身の不調や病、親の生きづらさや親自身が抱えるストレスなども、比較的、子どもの攻撃的行動の呼び水となりやすいといえるでしょう。

親がいわゆる精神的な病や、発達障がいなどを有している家庭では、親がよくわからない理屈でいきなり怒り出したり、あれこれ強迫的に干渉したかと思うと、不機嫌になったりふさぎ込んでしまったりなど、子どもへのかかわりが不自然で一貫性のないものになりがちです。そのため、子どもが困惑、混乱したり、不安、怖れ、怒りなどの複雑な想いをためこんでゆき、そのフラストレーションにより、些細なことで「キレ」やすくなってしまうケースがしばしば見られます。

また、親が人生に何らかの生きづらさを感じていたり、劣等感を抱いていたり、不安が強かったりする場合も、その反動として、子どもへの要求や干渉が過度になりがちです。とくに、子どもが思春期以降になると、心理的自立に向けた内発的な変化にともない、攻撃的衝動が強まります。その意味で子どもの家庭内暴力が起こる典型的なケースは、親と子どもの対立が顕著なケースというよりもむしろ、親が自分の不安や劣等感、不全感などから子どもに過保護、過干渉になっているにもかかわらず、親にその気づきがなく、子どものためにやっていると思い込んでいる場合です。「あなたのためにやっている」という「正論」により、理屈では対抗できない子どもが、あたかも真綿で締めつけられているようなフラストレーションを募らせてゆき、しまいには暴力を振るってしまうというからくりです。

その他、親が身体的病気や失業などで、本来家に居ないはずの日中に在宅するといった状況も、不安や焦りを抱いていたり不機嫌だったりする親と、子どもの接触時間が増えることになり、子どものいらだちやフラストレーションを高める可能性があります。

4　子どもの特性や資質に親がうまく対応できない場合

親が子ども本来の特性や能力を適切に把握したり、受けとめたりできず、それを大きく超える期待や目標をもってしまう場合も、子どもの行動化のしやすさにつながります。子どもは自らの資質に合わない努力を迫られる一方で、その成果がなかなか実りませんので、フラストレーションを限界まで高めることになるのです。

G男くんは小さい頃から何をやるにも不器用で物覚えも悪く、字はうまく書けないし読めない、計算も苦手、勉強をやらせてもすぐに飽きてしまうような子どもでした。母親はそんなG男くんを何とかしようと、毎日、つきっきりで勉強につきあい、「そんなことでどうするの！」と叱咤激励し、すぐに気が逸れて落ち着かなくなってしまうG男くんに時に手もあげながら、一定の成績を維持させてきました。また、スイミングやピアノ、学習塾などの習い事にも積極的に通わせており、小学生の頃のG男くんはとても素直で、何か問題を起こすような子どもでは決してなかったと母親は言います。

しかし、中学に入ると、G男くんは徐々に母のかかわりを嫌がるようになり、しまいには勉強をやらせようと部屋に入ってくる母親を押し飛ばしたり、足蹴にしたりするようになり、さらには、素行のよくない友だちとの夜遊びに走るようになってしまいました。両親は、そんなG男くんの問題行動を、初めての反抗期の訪れと悪い友だちの影響と考え、何とか以前のような素直なG男くんに戻そうと、監視を強化したり、交遊仲間に直接説諭したりしました。すると、G男くんの問題行動は逆にエスカレートし、仲間の家に泊まり歩いて学校には行かず、街で喧嘩や恐喝を繰り返すようになってしまいました。

G男くんのケースは、親が発達にばらつきがある子どもの特性に長らく気づかず、それが良かれと子どもに過剰な無理を迫っていたケースです。誰にとっても、自分の資質や能力にそぐわない努力を長らく迫られることは相当なフラストレーションですが、それが高じて粗暴行動に走ってしまうという現象は、いわゆる発達障がいの傾向にある子どもに少なからず起こることです。

また、たとえば、親が子どもの能力にそぐわない高い学歴を志向している場合や、早期教育により無理をして有名進学校に入ってしまい、途中から勉強についていけなくなってしまう場合などもその一例です。そもそも、一人ひとりの能力や学力は子どもによってかなりの違いがありますから、誰もが必死に努力すれば東大に入れるというわけではありません。ときに、有名進学校の生徒が深刻な非行を起こしてしまう事例がありますが、その多くは、学業に関する努力の限界と、本人と親が学歴と人間的価値を同一視してしまっていることによる挫折感や絶望感がその大きな要因です。

3　日本の親子関係と非行・いじめ

「2　親子関係とフラストレーション」では、子どもたちの非行や逸脱行動につながる典型的な親子関係の影響を列挙してみました。ただし、それぞれが独立した要因として、子どもたちの問題行動を生じさせているというよりも、むしろそれらが相互に複雑に絡み合った結果であると考えるのが適切です。さらにそこには、私たちが暮らす現代日本社会のありよう、価値観、人間関係の特質性、経済状態などが影響を及ぼしています。ですから、子どもの行動化を子ども一人ひとりの責任に帰すことはできないのはもちろん、親の育て方やかかわり方に問題があると非難したところで問題の解決や改善にはほとんどつながらないのです。

以下、子どもの問題行動を招いてしまう親子関係の背後にあるわが国の文化社会的背景の特徴について考えてみたいと思います。

1　「場」の論理と相互協調性

日本社会や日本人の対人関係に特徴的なのは、「場」の論理であり、「場」の論理が支配する日本では、人間関係で他者に対する「察しのよさ」が求められると言われます（河合　1997）。それは、西洋の「個」の論理、「個人主義」に比して、「自己の意識や責任は個人の中にあるのではなく、自分にとって大切な場や集団への帰属によって生まれ、集団に対する忠誠心や相互協調性において生じる」という特徴（吉野　1997）でもあります。

その意味で、わが国の子育て観も、「現実の厳しさや自己責任を教える」「子どもが独り立ちできるように育てる」といった西洋の子育て観とは対照的に、「場の空気を読んで、その状況にふさわしい振る舞いをする」「相手や周囲を不快に思わせない」という「甘えの構造（土居　1971）」に根ざしたものだと言われます（湯沢　1990）。つまり、「自分のことは自分で責任を持ちなさい」といった視点が希薄で、親しい間柄への「甘え」に根ざした親子関係のありようであると言えるでしょう。

この「場」の論理や相互協調性によって、自己意識や責任が規定される社会での家族関係や対人関係においては、「自分に不快な感情が起こったとき、その責任は他者にある」という感じ方や、あるいは逆に、「他者が不快な感情を持ったとき、その責任は自分にある」という感じ方を招きやすいのです。不快な感情はたとえその理由が何であったとしても、基本的には個人の心の中で起こることであり、最終的には、個人が自己責任で対処するしかないことです。つまり、一人ひとりが、日々、避けられない不快な感情に、どう反応しどう行動するかを責任をもって選択し、引き受けていかなくてはなりません。にもかかわらず私たちは、「場」の論理の中で、「他人のせいでこんなに嫌な思いをさせられた」と自分の感情への自己責任を軽視してしまいがちです。とくに親は子どもをしつけ、教育する立場にあることから、つい知らず知らずのうちに、自分の機嫌や不快な感情の責任を子どもの振る舞いや態度に負わせたり、暗々裏に子どもを意に沿うようにコントロールすることによって自分の気分を調節しようとしてしまいます。

一方で、子どもにとって家族や親子関係は生存に不可欠なものですから、親の不機嫌や、ときに親の人生の問題の責任さえも自分にあると、けなげにも思い込みがちです。この傾性は、どんな子どもも多かれ少なかれもっているものだと思います。ですから、親がそのことに気づかず、子育てやしつけの名のもとに、子どもに自分の不快感情の責任を負わせてしまう関係が続くと、子どもはどんどんフラストレーションをため込んでいくことになり、最終的には問題行動や症状としてそれを発散させるしかなくなってしまいます。

いうまでもなく、このような親子関係や文化社会的背景のもとでは、子どもが自分の自然で率直な気持ちをつかみ、それを正当なものとして自己肯定したり、それを率直に表出、表現したりすることは難しい状況です。わが国の子どもたちの行動化の問題は、このような関係性の影響を多分に受けていると思います。

家族関係のみならず、いじめが起こるからくりにも、多かれ少なかれ同様の「場」の論理の問題が潜んでいます。いじめが起こるときというのは、加害者側には通常、「欲求不満―攻撃」傾性が作用していますが、加えて、被害者の何らかのしぐさや特徴を「場の空気を乱す」とか、「まわりを苛立たせる」などとみなしたり、あるいはこじつけたりしていることが普通です。これも自分の不快な感情やフラストレーションの責任は相手にある、という論理にほかなりません。ですから、「いじめ」的な現象は、学校場面だけでなく「甘えの構造」が支配する大人の対人関係においても、少なからずあることです。

2　課題達成化社会と学歴至上主義

現代のわが国の課題達成能力の重視や学歴至上主義とも言える画一的な志向性も、子どものフラストレーションを高めている大きな背景です。

かつて、国連の子ども権利委員会（１９９８）は、「高度に競争的な教育制度」が子どもたちに強いストレスを与えているとして、それを改めるよう日本政府に勧告しました。具体的には、「学校や大学への入学のために競争する児童の数が減少しているにもかかわらず、過度の競争に関する苦情が増加し続けていることに懸念をもって留意する」「また、高度に競争的な学校環境が、就学年齢にある児童の間で、いじめ、精神障害、不登校、中途退学、自殺を助長している可能性があることを懸念する」「質の高い教育と児童を中心に考えた能力の育成を組み合わせること、及び極端に競争的な環境による悪影響を回避することを目的とし、学校及び教育制度を見直すことを勧告する」という内容です。この懸念は、目に見える成功や成果、効率の良さがますます求められるようになった昨今のわが国において、むしろ、強くなっているようにさえ思えます。

実際、学歴の高さと課題達成化能力は直結しますし、そのような人たちによって現代社会の重要なシステムが荷われています。そして、現実として学歴と収入がおおむね比例することが多い社会ですから、親たちは自分の子どもが他人よりも少しでも楽に、有利に暮らしてゆけるようにと、より高い学歴を追い求めます。そして、ますます、「学歴＝人間の価値」という社会的に作りあげられた「現実」が強化されてゆき、期待するほど勉強ができないわが子を否定したり、感情的に叱りつけたりする一方で、よい成績をとってさえいれば、わが子をかわいがり、本来、人として大切なことをないがしろにしても多めに見てしまうという子育てがありふれてゆきます。だからとって、親に決して悪気はなく、子どもの幸せを望むがゆえの精一杯の子育てではありますが、これも、親自身の不安や劣等感、不快感や心細さなどの責任を子どもに負わせてしまっている一例でもあるでしょう。

考えても見れば、この学歴社会のしくみでは、勝ち組よりも負け組みのほうが圧倒的に多いわけですから、子どもたちのフラストレーションが高まらないほうが不思議です。そればかりか、周囲から見れば勝ち組に入っているような子どもたちでも、今度はその集団内での激しい競争がありますから、それ以外の価値観に開かれることがなければ、ストレスがたまる一方です。文部科学省（１９９８）の調査によれば「自分がいらいら、むしゃくしゃする頻度は」という質問項目に「日常的によくある」または「ときどきある」と回答している小学生は七八・四％、中学生は八一・一％、高校生は八二・二％にもあがっていました。このように、普通の子がいつ「キレ」ても決しておかしくはない状況だといえるでしょう。

3　格差社会と世代間連鎖

学歴主義や課題達成化能力の重視は、わが国の経済的な豊かさをもたらしましたが、一方で、その恩恵に与れない貧困層の困難をも色濃くしてしまっています。現代は家庭の経済力と学歴が高く相関する時代です。ですから、経済的に豊かで教育力が高く、子どもの高い学力が維持され、その子どもが将来、経済力を有するという好循環家庭と、貧困により親の教育力や子どもの学力が低いままにとどまり続け、子どもが大人になっても低所得や貧困から抜け出せないという悪循環家庭に二極化しつつある社会構造になっていると思います。

さらに問題なのは、いったんそのような悪循環が起こると、それは単に貧困や学力の問題にとどまらず、子どもや家族の精神的不調や心身の病、愛着やケアの乏しさ、虐待や家庭内暴力、非行や逸脱行動などがどんどん絡み合ってしまい、それが世代を超えて繰り返されることが少なくないという現実です。

そんな家庭で育った子どもたちは、物心がつくようになると、家族の苦境や、親のままならない人生を何とか助けよう、支えようとけなげにがんばります。それは、好循環家庭に育った人たちには想像することが難しいことかもしれません。しかし、その子どもたちの気遣いや忠誠心は、誰かにねぎらってもらえるか、報いられたりすることがあまりなく、子どもたちは次第に、無力感や閉塞感、いらだちを募らせ行動化に走っていきます。すなわち、この「豊かな」わが国においても、子どもたちの幸せや将来が、どこに生まれるか、どんな親をもつかなどのめぐり合わせによって決まってしまう可能性があるのです。

真に豊かな社会、成熟した社会とは、子どもたちが自分に責任のない重荷で人生を大きく制限されないような社会であり、教育やしつけの意義はそこにあるはずです。子どもの行動化の問題は、社会の問題、私たちの問題として私たち全員が何らかの形で引き受けてゆくべきことであると思います。

社会を変えてゆくことは簡単なことではありませんが、そんな子どもたちの声にならない声に耳を傾け、行動化の意味を共感的に理解しようとしてくれる大人の存在が、子どもや家族をおおいに助けます。たとえ、家族を取り巻く現実の状況は変わらないとしても、自分の置かれた苦境や、そのなかでがんばる努力のありようが誰かに親身に聴き入れられるだけで、将来への希望や意欲を恢復してゆく子どもは決して少なくありません。

また、私たちは、そんな悪循環のなかにあっても、その境遇や環境を受け入れながら、自分の選択と行動に責任をもち、周囲との関係を大切に、前向きに日々を営んでいる人が確実にいることをも知っている必要があります。私たちは、そんな人たちの忍耐力やリジリエンスや知恵から、人間が生きてゆくうえで何が大切なのかということを、もっともっと学ぶべきだと思います。とくに運やめぐり合わせに恵まれ、高学歴と富を有し、現代社会の重要なシステムを担っている人たち、あるいは将来、荷ってゆく人たちは、今の自分たちの「幸せ」がほかの多くの人たちとの比較によって成り立っていることを努めて自覚し、現代の子どもたちやその家族を取り巻く根深い問題を、我がこととしてぜひ考えてほしいと思います。

文献

Bandura.A. 1971 *Psychological modeling: Conflicting theories*. Chicago: Aldine-Atherton. 原野広太郎・福島脩美（訳）１９７５　モデリングの心理学――観察学習の理論と方法　金子書房

Bowlby.J. 1969 *Attachment and loss: Vol.1. Attachment*. Basic Books. ／黒田実郎ほか（訳）１９９１　母子関係の理論１　愛着行動　岩崎学術出版

Dollard, J. & Miller, N.E. 1950 *Personality and psychotherapy: An analysis in terms of learning, thinking, and culture.* New York: McGraw-Hill. 河合伊六・稲田準子（訳）１９７２ 人格と心理療法――学習・思考・文化の視点 誠信書房
土居健郎 １９７１ 甘えの構造 弘文堂
藤田博康 ２０１１ 親の離婚を経験した子どもたちのレジリエンス 家族心理学会第28回大会論文集 74-75頁
藤田博康 ２０１２ 親の離婚や不和を抱える子どもへの心理援助 家族心理学会第29回大会論文集 96-97頁
法務総合研究所 ２００１ 平成13年法務省研究部報告11-1 児童虐待に関する研究報告
河合隼雄 １９９７ 母性社会日本の病理 講談社文庫
国際連合子どもの権利に関する委員会 １９９８ 第１回報告書審査総括所見
Levy,T.M.(Ed.) 2000 *Handbook of Attachment Interventions.* New York: Academic Press.
文部科学省 １９９８ 平成10年度教育白書
吉野耕作 １９９７ 文化ナショナリズムの社会学――現代日本のアイデンティティの行方 名古屋大学出版会
湯沢雍彦 １９９０ 親子関係の日本的特性――家族関係の社会学 安田生命社会事業団

第10章　なぜ、虐待にいたるのか

髙田　治

はじめに

親子関係、子育ての難しさが浮き彫りになる問題の一つに児童虐待があります。児童相談所の児童虐待に関する相談対応件数は毎年増え続け、二〇一三年度には七万件を超えました（本章250頁参照）。これは「児童虐待の防止等に関する法律」が施行され児童虐待問題に本格的に取り組み始めた二〇〇〇年度の四倍を超えています。

また、児童虐待で死亡した子どもの数は、二〇一二年度は九〇人（うち心中が三九人）です。児童虐待に関しては報道等でとりあげられ、家庭の養育能力の低下、子育て支援の重要性などさまざまな議論がされています。

本章では、児童虐待から見えてくる親子関係、子育てについて考えてみます。

1　児童虐待とは

1　児童虐待の定義

児童虐待は、「児童虐待の防止等に関する法律」によって次のように定義されています。

保護者（親権を行うもの、未成年後見人その他の者で、児童を現に監護するものをいう）がその監護する児童について行う行為で、

一　児童の身体に外傷が生じ、又は生じる恐れのある暴行を加えること。

二　児童にわいせつな行為をすること又は児童をしてわいせつな行為をさせること。

三　児童の心身の正常な発達を妨げるような著しい減食又は長時間の放置、保護者以外の同居人による前二号または次号に掲げる行為と同等の行為の放置その他の保護者としての監護を著しく怠ること。

四　児童に対する著しい暴言又は著しく拒絶的な対応、児童が同居する家庭における配偶者に対する暴力（配偶者〈婚姻の届出をしていないが、事実上婚姻関係と同様の事情にあるものを含む〉の身体に対する不法な攻撃であって生命又は身体に危害を及ぼすもの及びこれに準ずる心身に有害な影響を及ぼす言動をいう。）その他の児童に著しい心理的外傷を与える言動を行うこと。

一が身体的虐待、二が性的虐待、三がネグレクト、四が心理的虐待です。三のなかの、「同居人による」は、親族や内縁の人など保護者ではない同居する者による身体的、性的、心理的な虐待的行為を放っておくことは保護者のネグレクトであるという意味です。また、四の「配偶者に対する暴力」は、ＤＶ（ドメスティック・バイオレンス）を子どもに目撃させることも心理的虐待になるということです。

ここで注目したいのは、この二点は二〇〇四年の法改正によって加えられたものです。このように何を児童虐待とするかは変化します。実際にＤＶの目撃が心理的虐待に加わったことで、虐待相談件数が増え心理

的虐待が虐待種の中で一番多くなっています。また、児童虐待は保護者によるものにかぎられています。一般に親権者が保護者ですから、児童虐待は通常親のみの問題で、祖父母など一緒に子育てをしている人が責任を負うことにはなっていません。

そして、大事なことは、児童虐待かそうでないかを誰が決めるかです。いじめは、被害者がいじめられたと感じればいじめとなります。しかし、児童虐待は、当事者ではなく主に児童相談所などの公的機関が認定するものです。ですから、保護者は虐待と思っていないのに児童相談所が虐待と決めつけたということが起きます。しつけとか教育方針だからといって、子どもに何をしてもいいわけではないということが児童虐待防止の主旨なのですが、保護者の思いに反して虐待を行ったとみなされることで、本来子育てを支援する機関と保護者が対立したり、関係がこじれたりすることがあります。

2　児童虐待が注目されるようになった背景

児童虐待は増え、家庭の養育能力が落ちているといわれます。昨今の児童虐待報道からイメージされるように、子どもの権利が奪われるようになったから歯止めをかけるために法律で規定しなければいけなくなったと考えがちですが、本当にそうでしょうか。人類学者のハーディー（Hrdy, 1999）は、歴史の中では、子捨て、子殺しは珍しくはなかったことを示し、「母性があるのだから子どもを傷つけるなどはあり得ない」というのは神話に過ぎないと述べています。そして、子育ては母親だけでするものではなく、「共同養育は——母親と幼児の生存と生物学的適応性という点からすれば——おしなべて良好か、すくなくとも総合的には他の選択肢に対して好ましいという結果が出ている。」と、子育てには周囲の支援が必要であると述べています。

日本でも、戦後まで貧困などの理由で間引きや子捨てが行われてきました。高度経済成長期を経て生活水準があがり、電化製品の普及などで家事労働が軽減したことで、子育てに力を注ぐ余裕が生まれ、子どもの人権に目を向けられるようになりました。施設や学校であたりまえのように行われていた体罰が禁止され、もはやそれに疑義を唱える人もほとんどいなくなったのも、子どもの人権擁護の意識が社会全体として高くなったからです。滝川（２００８）は、「ほんの三、四十年前と比しても現在の子どもたちはずっと大事に守り育てられ、地域の中でも非常に安全に暮らせるようになっている。子どもたち自身も穏やかに育ち、めったに破壊的・破滅的な逸脱に走らなくなった。」と、子どもが殺された事件の急減（一九八〇年代初頭には三百件近くあったものが現在百件未満）、少年犯罪の減少（少年による殺人がかつての三、四百件から八〇件前後）をあげて、説明しています。

このように、社会が子どもにとっての最善の利益を考えていこうという流れのなかで、児童虐待は注目を集めるようになりました。子育ての質が落ちたから法律で子どもを守らなければならなくなったわけではなく、子育てに求められるレベルが高くなったということです。しかし、この変化は大変速く、親世代がついていけなくても不思議ではありません。社会が目指す人権意識の高い保護者になるには努力が必要です。極端な例で表現すると、言いつけを守らないと殴られて育てられた人が殴らない子育てを求められても、暴力に頼らない言葉によるうまい子どもへのしつけ方がわからないといったことも起きてきます。子育てをする保護者としてはより戸惑う時代になったと思います。

また、子どもの最善の利益をという考え方は、子育てに時間的、経済的な余裕ができたことでできるようになったことですから、さまざまな理由で子育てに余裕のもてない保護者にとってはハードルが高いものになります。子どもの貧困、経済格差が問題となっている現在、生活が苦しい保護者は少なからずいて、社会が求めるレベルまで子育てに手間をかけられず、「ひどい親」という評価を受けてしまうことが起こることも考える必要があります。

3　虐待という言葉の弊害

滝川（2012）は「『虐待』という呼称自体、当事者の子どもやその家族への思慮を著しく欠いたものですね。…（中略）…この現象を『虐待』と命名する私たちの姿勢が、防止どころか、問題の解決をいっそう遠ざけている」（236頁）と述べています。「虐待」という言葉は、酷いことをわざとするというニュアンスが強く、悪い保護者という印象を与えてしまいます。保護者と子どもがそれまで積み重ねてきたよい経験を否定してしまい、保護者や子どものプライドを傷つけてしまいます。さらに、子どもに手をかける余裕がなく虐待とされる行為に至ってしまった親ですら、悪い親で責めを負うべきという印象を強く与えてしまい、子育ての支援が必要な人という捉え方を社会ができにくくなっています。

2　児童虐待問題の実情——児童相談所の二〇一三年四月から五月の調査

実際に、児童相談所がかかわっている児童虐待の実態を見てみましょう。これからあげる統計は、二〇一三年四月と五月の二か月間に児童虐待相談として全国の児童相談所が受理したすべての事例11257件についての調査（桜山ほか　2014）からのものです。保護者本人からの相談は三%、児童本人からは一%で、残りは警察、近隣などからの通告です。図10-1に示したように、受理した事例11257件のなかで虐待と認定されたのは、六六%（7434件）です。このなかには、「虐待の危惧あり」（一三%）が含まれていますので、はっきりと虐待とされた事例はおよそ半数になります。

２００８年の同様の調査では、八二％が虐待（虐待の危惧を含む）と認定されていますので、児童虐待に対する理解が進み、疑わしい事例でも通報が得られるようになっていると考えられます。ただ、通報する前にその家に「大丈夫ですか」と声をかければ保護者の困っている様子がわかって、「虐待」を疑わずにすむ事例もあります。よく言われる地域による支えが機能しなくなっていることもうかがえる結果とも考えられます。虐待があるとすぐに保護しなければならないというわけではありません。一時保護される子どもは一四％、一時保護された後に施設入所、里親委託になっているのは五％です。多くの子どもは家族の下で暮らしています。

虐待に該当した７４３４人の主な虐待種別の内訳は、身体的虐待三二％、ネグレクト二八％、性的虐待二％、心理的虐待三五％です。同居人の虐待を放置した場合（三％）がネグレクトに、ＤＶを目撃させた場合（一七％）が心理的虐待に含まれています。虐待を受けた子どもの年齢では五歳までが三九％で、乳幼児への虐待が多くなっています。

虐待をしたとされた保護者はどのように感じているのでしょう。二〇〇八年度は、虐待を認めない事例が認める事例より多かったのですが、二〇一三年四月、五月の調査で該当した７４３４件では虐待を認める事例のほうが認めない事例より多くなりました（図10－2）。そして、虐待を認め援助を求めている事例が二割あります。昨今報道される極端な事例からイメージされるひどい保護者というよりも、援助を求めるほど困っている保護者というイメージが浮かんできます。

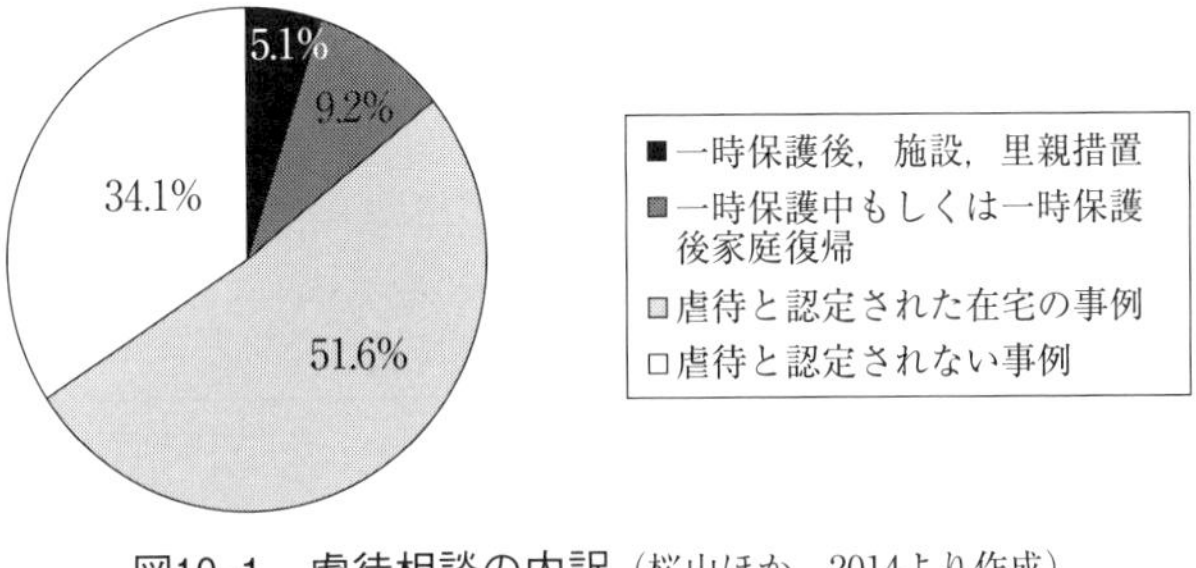

図10-1　虐待相談の内訳（桜山ほか，2014より作成）

虐待をしたとされた家庭７４３４件の状況を調べると、ひとり親家庭が三三％（一般は七％）、三世代のいる家庭は一〇％（一般一八％）、兄弟数の平均が二・六人（一般一・七人）となっています。また、兄弟の一番目が虐待を受けることが多い傾向も見られます（兄弟のいる子どもの中で一番目は四四％、二番目は二九％）。養育に携わる大人が少なかったり、子どもの数が多かったり、子育てに慣れていなかったりすると虐待が起きやすいという当然の傾向がみられます。

図10－３に示したように、三割以上の保護者が何らかの心身の問題を抱え、経済的な問題が二割以上の保護者に見られます。生活保護を受けている家庭は一六％で、子どものいる家庭の受給率一・四％の十倍以上になります。放置など監護を怠った（ネグレクト）とされた保護者の二八％が生活保護を受けていて、貧困との関連が推測されます。さらに、経済的な困難と保護者の心身の問題は重複して起きていることが多いことが報告されています。

虐待の程度が中程度、重度になると、経済的問題や何らかの心身の問題を抱えている率が増えていきます。さまざまな面で生きづらさを抱える保護者が多く、生きづらいほど虐待がひどくなるという傾向がうかがえます。一方、育児の嫌悪感、拒否感情が顕著な保護者は一割未満で、子どもが嫌いだから虐待をしていることはほとんどないことがわかります。

子どもの育てにくさもあります（図10－４）。虐待につながると思われる問題を三六％の子どもがもっています。「精神発達の遅れや知的障害」が八％、発達障害が七％、「問題行動」が一六％に見られます。虐待

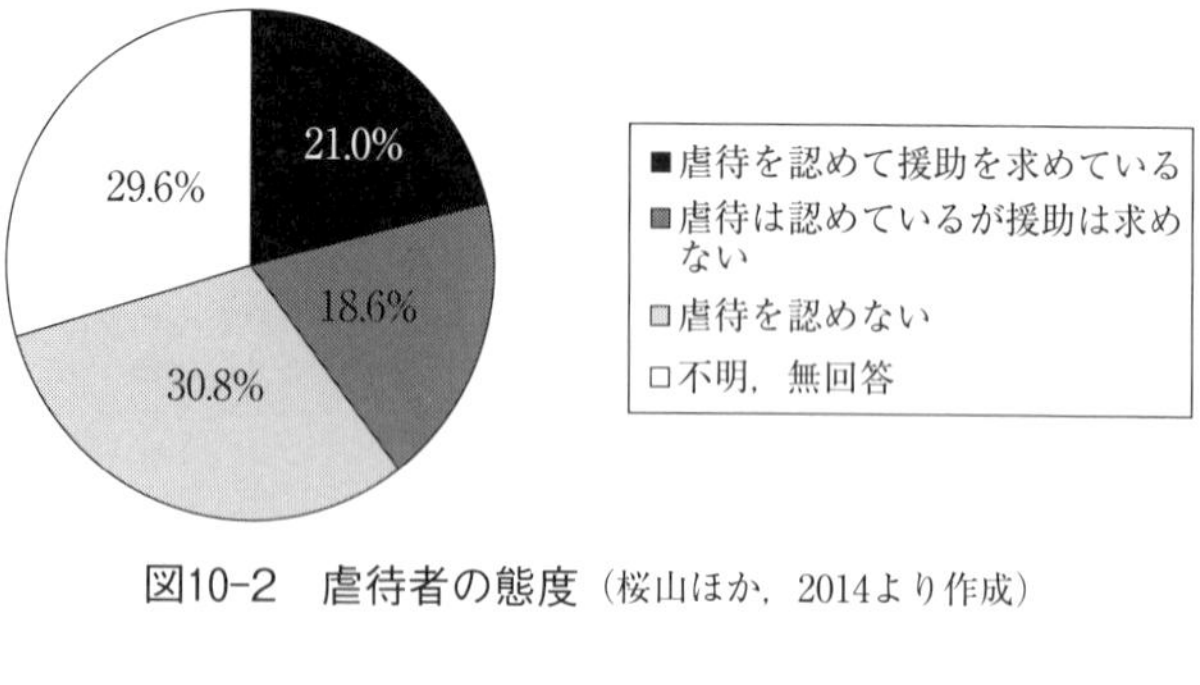

図10-2　虐待者の態度（桜山ほか，2014より作成）

の程度がひどくなると、問題を抱える子どもの割合も高くなり、虐待と子育ての難しさの関連が見て取れます。身体的虐待では虐待につながる問題を五一％が抱えていて、しつけが難しくて手が出てしまったという姿が浮かんできます。

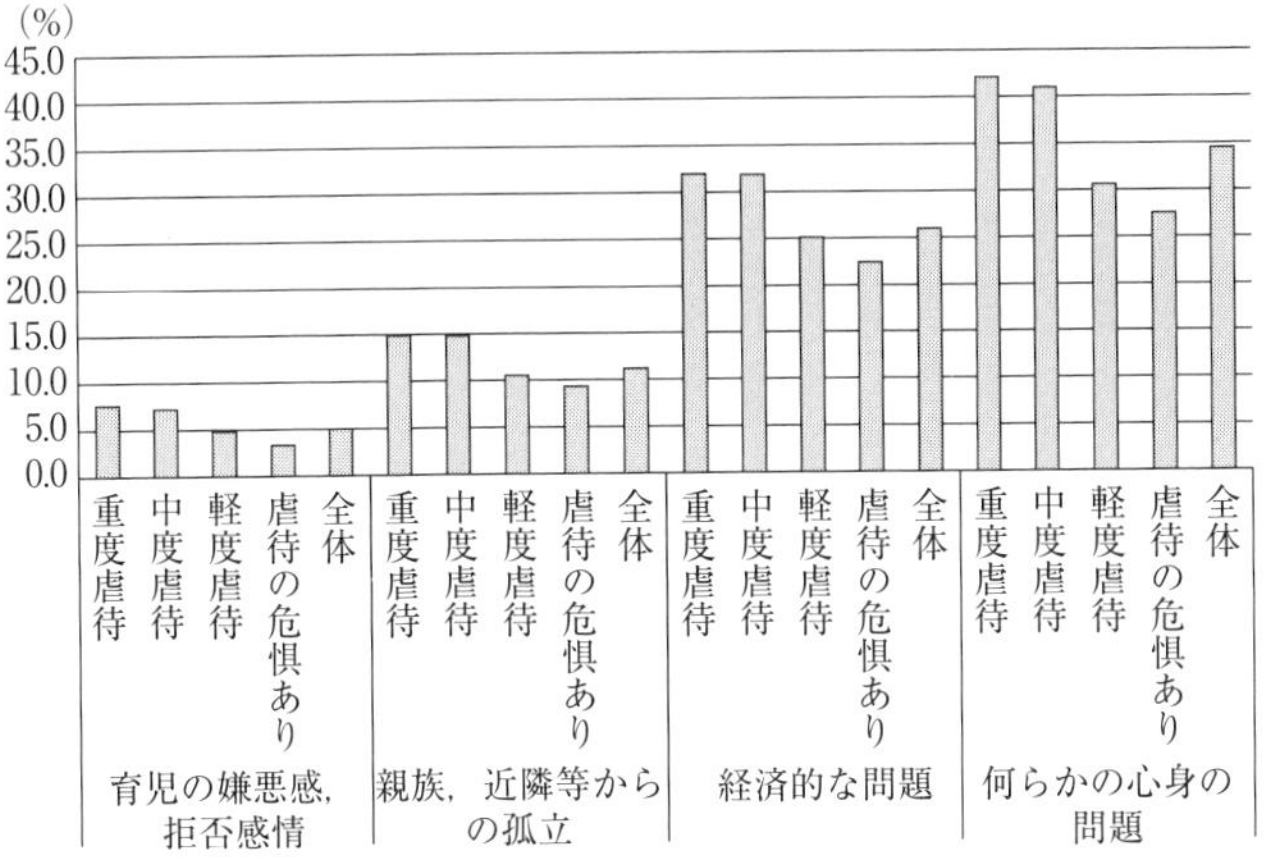

図10-3　虐待者の抱える問題（桜山ほか，2014より作成）

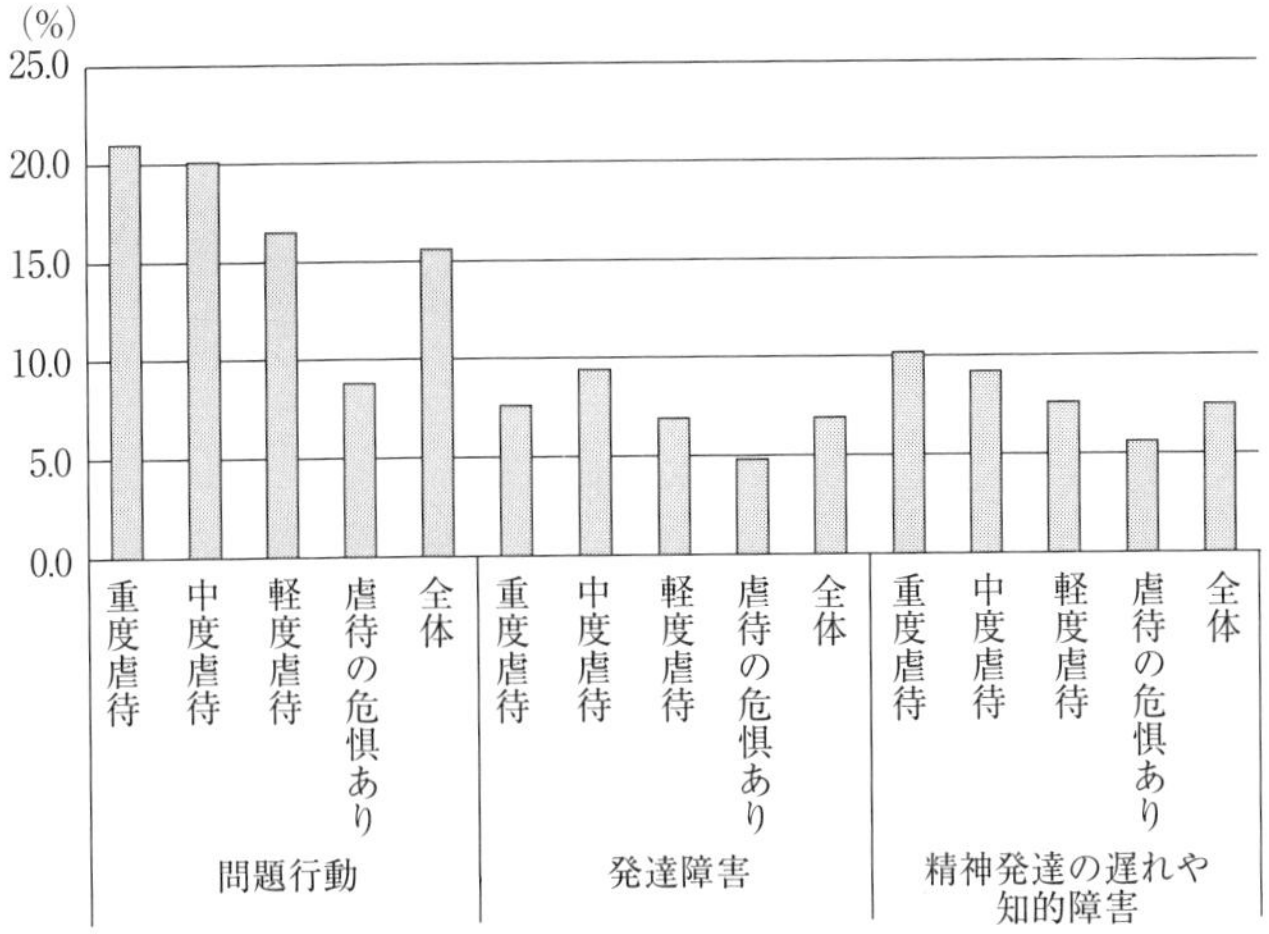

図10-4　子どもの要因（桜山ほか，2014より作成）

3　子どもへの影響と支援

虐待が子どもに与える影響については、多くの書籍が出版され指摘されています。特定の症状が表れるというよりも、身体の成長、脳の発達、知的な発達、対人関係の問題、情緒面の問題など心身の発達の多岐にわたり影響を与えることが知られています。前述の桜山ほかの調査データによると、虐待を受けたことで何らかの問題が表れた子どもは中学生で過半数になります（図10－5）。小学生までは多動や落ち着きのなさが見られますが、中学生になると減って、反社会的問題行動や、不安やパニック、低い自己評価などの心理的な問題が増えてきます。当然ですが、虐待を受けている期間が長いほど何らかの問題が出る率が高くなります（一か月未満で四分の一程度なのが、一か月以上で三割超、一年以上で四割超、三年以上では過半数）。

子どもが虐待を受けたことをどう感じているかを見ると、「不当にひどいことをされた」と感じる率は、年齢が高いほど増えていきますが、小学生までは、「ひどいことをされたと感じていない」、または「悪いことをしたから仕方がないと思っている」子どものほうが多いのです（図10－6）。そして、悪いことをした

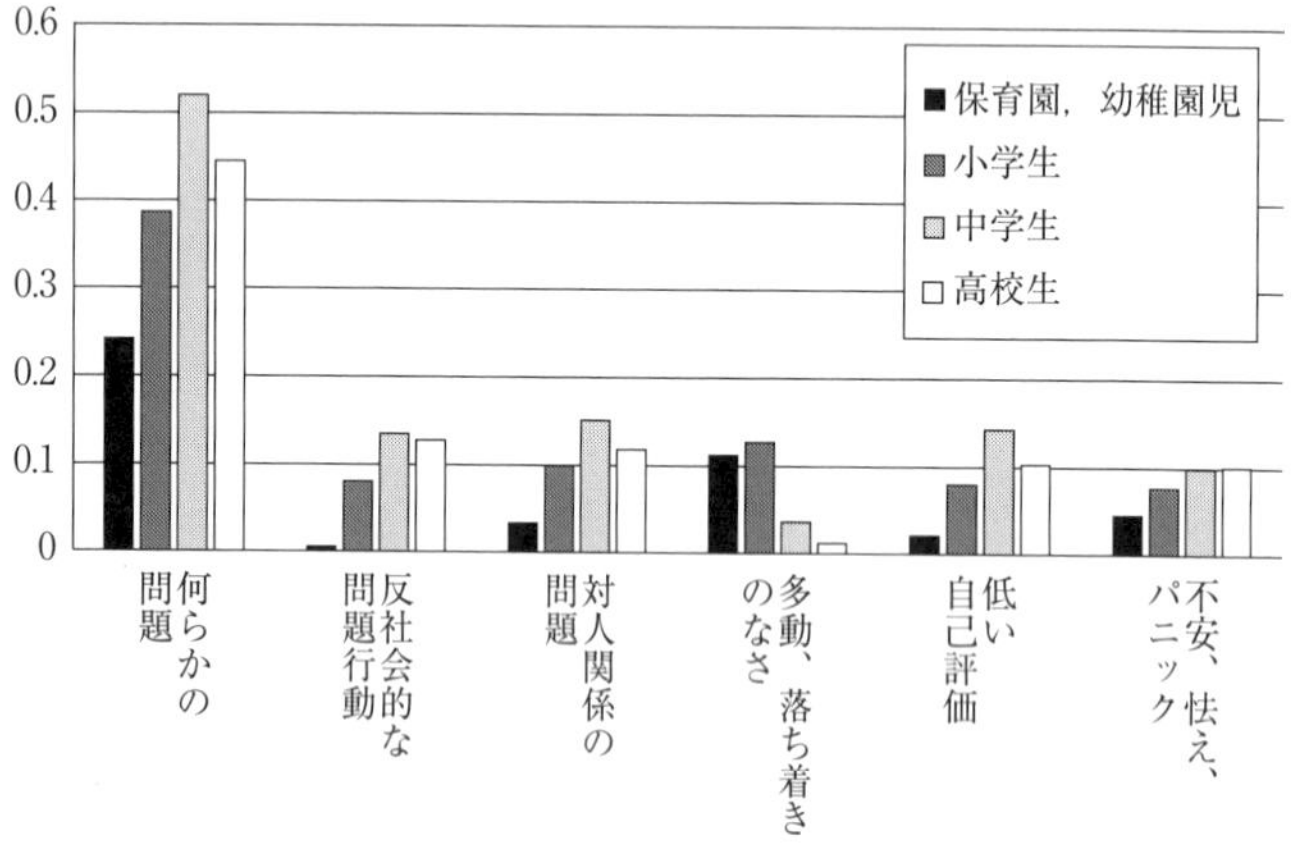

図10-5　子どもの学齢と問題の発現率（桜山ほか，2014より作成）

からと感じている子どもに何らかの問題が表れる割合が高く（七〇％、「不当にひどいことをされたと感じている」は五八％、「感じていない」は三三％）、「低い自己評価」、「反社会的な問題行動」、「対人関係の問題」、「落ち着きのなさ」のすべてが二割以上の子どもに見られます。

これらの結果から、小学生の頃は落ち着きのないことは悪いと思っていても治せず、保護者からの虐待的な対応を受け、さらに落ち着きを失うという悪循環が続いてしまうと推測されます。実際に、「子どもが困らせることをするため、どうしていいかわからなかった」と保護者が訴えることはよくあります。私の経験でも、長い間虐待を受けてきた子どもたちに接していると心をかき乱されることが多く、保護者が被害的になってしまうことは理解できます。子どもが自分が悪いと感じて訴えず、保護者もほかの人に頼れないと、虐待が長引きさらに症状を生むという悪循環が起きます。

児童福祉施設で暮らす子どもたちの様子からは、「どうせ自分の思いは聞いてもらえない」、「将来どうなってもいい」など自分を大切に思えない様子（自己評価の低さと関係します）が大変気がかりです。将来こうなりたいとか自

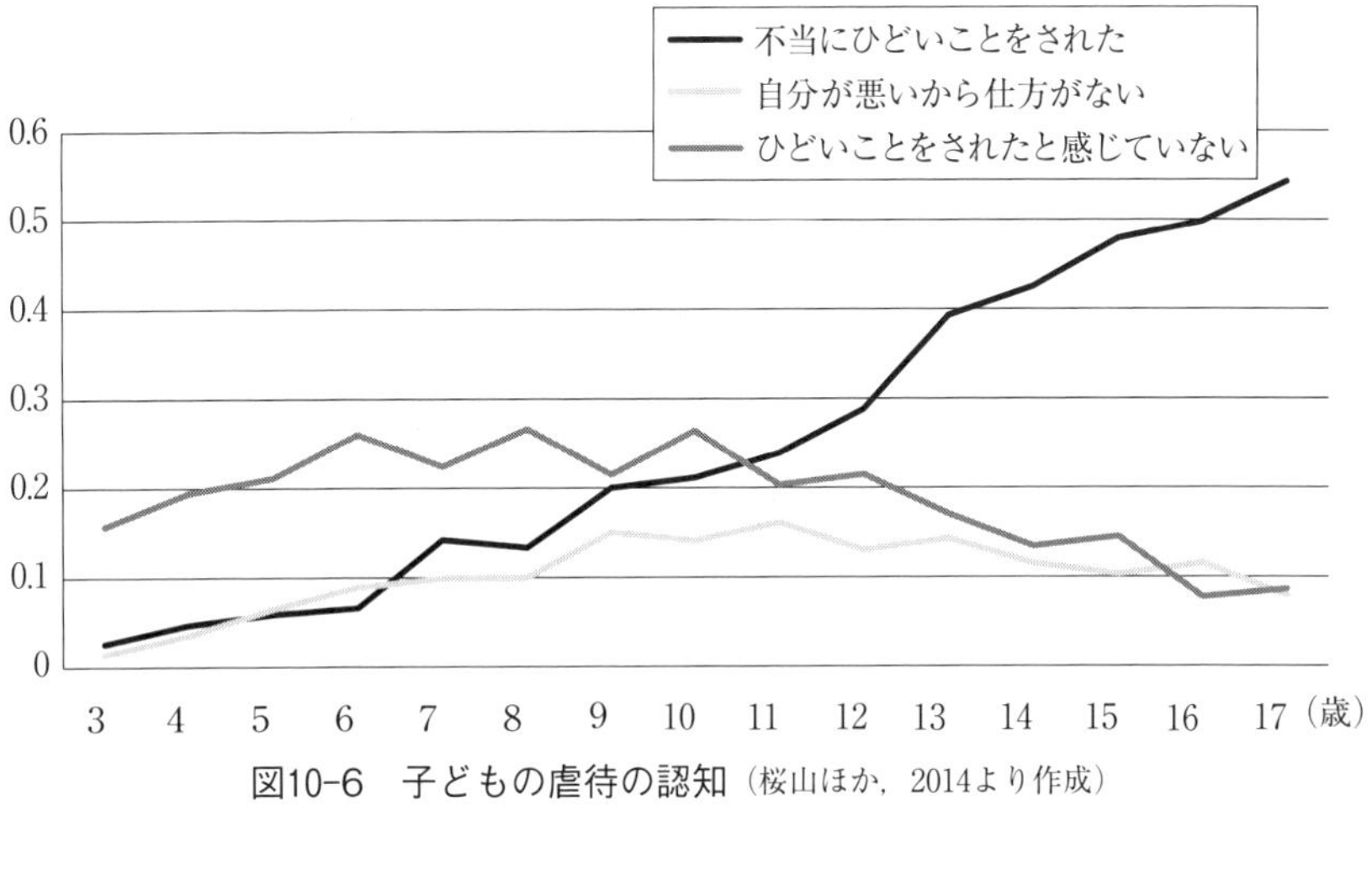

図10-6　子どもの虐待の認知（桜山ほか，2014より作成）

分をよくしようという気持ちが湧かないために、さまざまな課題にも立ち向かえず支援を求めません。自分をコントロールする力も弱く、努力で状況を変えられると思えなくなっています。このような子どもたちには、自分で選んで行動し責任を取ろうとする主体性を身につけることが大切です。日々の生活のなかで、自分の思いを大切にしてもらい、こうなりたいという目標をもてるようになること、周囲の大人たちが助けてくれると思えることが支援の目標になります。虐待の影響が大きいほど、時間がかかり根気のいる支援が必要になります。

4　保護者への支援

児童虐待は、子どもと保護者の関係がこじれ悪循環が進んでいることがほとんどです。本人たちにとっては不本意でしょうが、第三者から「虐待」と通報されたことで支援を受けるきっかけをつかむ場合もあるでしょう。硬直した悪循環をほぐすために、子どもや保護者が誰かに支えられ少しでもほっとすること、場合によっては子どもが家庭から離れお互いに冷却期間をおくことも必要です。ここでは、保護者への支援の実際を見てみましょう。

1　児童相談所による支援（二〇一三年四月から五月の調査から）

これまで述べてきたように、虐待を行ったとされた保護者は、人間としてひどい保護者というよりも、生きづらさを抱え支援が必要な保護者と考えることが実情に合っています。子育てが難しい状況にあるなかで、児童相談所の働きかけに応じているもしくは応じていた家族は桜山ほか（２０１４）の調査で、虐待を行ったとされた７４３４件の中の六一％です。残りの事例のなかには働きかけていない、他機関が対応しているなども含まれていて、働きかけに応じない家族は十一％です。援助を求める保護者は二割でしたが、虐待といわれてしまう状況のままでよいとは思えず、受け身ではありますが児童相談所の支援を受ける保護者が多いと推測されます。

支援の内容を見ると、虐待を行ったとされた保護者の二三％に児童相談所での面談による支援が行われ、三〇％の保護者に家庭訪問による支援が行われています。家庭の様子を見るためという理由もありますが、さまざまな事由で来談できない保護者が多く、支援者が出向くことが必要な場合も多いのです。

児童相談所の働きかけにより三・五％の保護者が生活保護を受けるようになっています。一般に子どものいる家庭の受給率は一・四％程度ですから意味のある数字だと思います。また、三・四％の保護者が精神科を受診するようになり、一・五％の保護者がヘルパーを利用するようになるなど、福祉や医療面での支援が行われています。一方、親教育などのプログラムが導入された割合は三・三％にとどまっています。保護者を変えるというよりは、まずは生活の支援が必要で行われている現状があります。畑（２０１３）は、児童相談所などの機関が、家族に寄り添いながらあり続けることが大切で、それにより何とか「家族」として地域で生活し続けられることが可能な親子がいると述べています。

2　支援機関による保護者支援の実際

次に、地域の支援機関がどのように支援を行っているかを、厚生労働省（２０１３）が発表した支援事例集から紹介します。

一例目は、児童家庭支援センターが「ホームスタート」（訪問型子育て支援）を利用して支援した事例です。三歳児健診でネグレクトを疑われたため保健センターがかかわり始めました。母親は、膠原病を患っていて、本児を出産した後にうつ状態が続いていました。母親は個別相談や家庭訪問を断っていましたが、児童家庭支援センターの訪問型子育て支援のチラシを見て申し込みました。センターの相談員とボランティアが家庭に訪問し、母親の話を聞くとともに、ボランティアと子どもの遊ぶ様子を母親に見てもらい一緒に遊ぶことを何回か行いました。そのなかで母親は、「第三者の意見がとても参考になった」、「落ち込むことが少なくなった」、「人とのかかわりが増え、一緒にやりたいと感じるようになった」、「物事の捉え方が変わった。子育てに余裕ができた」と感想を語り、遊びのなかで、「子どもの笑顔を見るのがうれしい」、「自分がこんなふうに変わるとは思わなかった」と語るようになりました。子どもに思うようにかかわってあげられないという自覚があって、子どもにかかわってくれる人を求めていたのでしょう。相談よりも実際に子育ての手助けを受け、母親も想像しなかった変化が生まれた事例です。

二例目は、母親の育児不安により子どもがネグレクト状況に置かれていたもので、その軽減をめざして母親ミーティング（自助グループ）を利用した事例です。

小学一年生と二歳の子どもの母親です。母親は電話相談で、育児不安を訴えていました。「大きな声を聴くとドキドキする。男の人が複数集まっていると恐怖を感じる。保護者同士の交流は苦手で苦痛だが、交流しようと努力している」と語り、「自分が不安だと、子どもが不安を感じているのではないかという思いが強くなる」と語りました。子育てができないと思う一方、自分の親とは違う子育てをしたいと思っていました。実際は、不安を感じると子どもに関心が向かず、子どもの衣服がちぐはぐだったり季節にそぐわない服装だったり、やや清潔に欠けることも見られ、ネグレクトの状態が見られました。しかし、不安が大きくなければ世話は行き届いている状態でした。父親や父方祖父母が手を貸してくれても、手を出さないでほしいという気持ちを強く訴えたり、「自分ができないから（そう言うの）か」という被害的な思いを語っていました。

相談員が母親ミーティングを勧めると参加するようになりました。そこで、自分の子育ては「どうしたらいいかわからない状況」であることに初めて気づき、それが自分だけではないことに気づきます。ミーティングを振り返る個別面接も行いました。そのうちに、子どもが不安そうと決めつけて、子どもの自由な行動に制限を加えたり遊びを切りあげることが、減ってきました。自分のことと子どものことを分けて見られるようになってきたので、医療受診を勧めると、母親は「恐怖感が辛い」と語るようになり、受診するようになりました。電話相談では、母親の感じる恐怖感を話題にして、目の前で起きていることと恐怖感の区別をつけるように支援しました。次第に祖父母とのかかわりも改善され、援助も受けられるようになりました。十年経過して年に一回程度の電話相談が続いています。母親ミーティングをきっかけに相談が進み、医療へもつなげた事例です。相談が軌道に乗るまでの工夫がこの事例でも見られます。

3　児童福祉施設での保護者支援

虐待の程度が重い場合、子どもを施設に入れることになります。子どもが施設に入っても保護者との縁が切れるわけではなく、施設も保護者と子どもがよい関係をあらたに築けるように支援を行います。「虐待する保護者」として保護者に会うのではなく、保護者を支える立場として会います。保護者をねぎらうことから始め、保護者が自分の苦労を語り、一緒に子育てができるような関係をつくろうとしています。

児童福祉施設で働いている筆者も、入所児の保護者から「あのまま一緒に暮らしていたら、虐待のニュースに出ているところでした」、「包丁を持ち出していたかも」、「母も子も共倒れでした」、「離れてみて冷静になれました」という言葉を聞いたことがあります（髙田、滝井　２００８）。それほどに追いつめられるまでがんばっていたのです。保護者は、自分が子どもを育てきれず、第三者に預けねばならないことに深く傷つきます。その傷つきから、子どもや支援機関に否定的な姿勢や攻撃的な言動をみせることもあります。保護者に日頃から子どもの様子を伝え、ともに子どもの生活方針を話し合うようにしていきます。希望の芽を摘みとらないように、今できそうな保護者と子どものかかわりを探り、折り合いながらかかわり続けられることをめざして試行錯誤を続けていきます。「毎月買っていたので、私も子どもの頃楽しみだったんですよね」と少女漫画雑誌を届けに来たり、「ピーマンが食べれるようになったと聞いてびっくりしたので」とお弁当をもってきて一緒に食べることを希望した保護者もいます。

このように、一度離れて暮らし、徐々に交流を増やしていくなかであらたな関係を築いていきます。交流や一時帰宅を繰り返し、保護者が「これからは私が面倒をみます」と覚悟し、その家族なりのやり方で一緒に暮らすことが理想です。

しかし、あえて一緒に暮らさない道もあります。ある小学生の少女が、一時帰宅中に家族のためにとお味噌汁を作りました。しかし、継母は口をつけられませんでした。一時帰宅が終わって継母は電話で、「どうしても飲めなかった。申し訳ないけれど生理的にだめなんです。」と泣かれました。「ひどい母親」と責め、子どもの気持ちを汲んでほしいと少女とかかわることを強いたり、逆にかかわることを制限していれば、母子の関係は途絶えたかもしれません。少女は施設での生活を続け高校生となってアルバイトもするようになると、継母と電話でおしゃべりするようになり、一緒に暮らさないけれど「仲のよい」関係になっていきました。このように、子どもと家族が一緒に暮らさなくても、お互いを大事な人としてかかわり続けられようになることが大切だと思います。

5　子育ての難しさ

　これまで見てきたように、虐待はさまざまな理由で子育てに余裕がもてなかったり、不安を抱えたりしている保護者が行ってしまう傾向があります。そして、虐待に因る子どもへの悪影響がさらに子育てを難しくして事態が悪化していきます。親を責めるのではなく、子育ての支援が必要なのです。本章の最後に、支援すべき子育てについて、実母の思いにそってさらに考えてみましょう。

　普通に母性がある人であれば、自然に子どもを愛おしく思い子育てに専念すると考えられがちですが、本当にそうなのでしょうか。そのような考えがあまりに強いため、子育てにまつわる保護者の複雑な思いを語ることがはばかられる傾向がありますが、それをふまえなければ支援を行えません。ハーディ（Hrdy, 1999）は、「いったん授乳が始まると、続いて起こる一連の出来事を表すには隷従という言葉がぴったりだ。母親は内分泌系、感覚系、神経系のすべての面で、乳児の欲求に奉仕し、自分の子孫に貢献するように改造される」（下巻319頁）と述べています。この「隷従」ともいえる強烈な状況を、「赤ちゃんの命を守る責任をもっているのは私なんだ」、「子どもが求めているものを与えられる自分は確かに母親なのだ」という感覚を抱いて快く引き受ける母親は多くいます。しかし、子育ては慢性的な強烈な疲れを招き、家事などが忙しく子育てに専念する余裕がない場合や働く必要がある場合は、複雑な思いをもたらします。また、自分の時間を奪われたりペースを乱されたりして怒りを覚えることや、子どもが求めるときの圧倒的な力に恐怖すら感じることもあります。過去の虐待など外傷的な記憶にとりつかれ、子どもと接しているときに怯え、混乱することがあることも研究でわかっています（遠藤　２００７）。ハーディは「育児の理想と現実のあいだには、巨大な溝が存在するのだ」とも述べています。

母親の心模様について、乳幼児精神医学者であるスターン（Stern, 1998）を参考に考えてみましょう。スターンは、「確かに母親なのだ」という感覚はそんなにあたりまえにもてるわけではなく、さまざまな悩みや不安を母親が抱えると述べています。「妊娠中に育ててきた想像上の子どもと、目の前の子どもの違い」、「思っていた母親である自分のイメージと現実の自分の違い」、「思い描いていた家族像と現実の家族との違い」などに戸惑い、「私は子どもを愛せているだろうか、そもそも愛するつもりがあるのだろうか」、そして「人間という動物として自分は適性があるのだろうか」という心配まで湧きあがってくると述べています。

このような戸惑いから、母親はほかの女性たちに関心が向くようになり、認められたいという思いが湧きあがります。夫ではその役は荷が重く、子育て経験者や自分の世話をしてくれた人との交流が望まれます。一人で過ごさなくてすむようなことや、サポートを求めて連絡をとりあうことは、心理的に必要なことだと述べています。

そして、子育てについてスターンは、「完璧はないし、完璧であることは子どもによくない。ずれた行動・不器用な行動が子どもの対処能力を伸ばす」と述べています。願うのは、「私たちの犯す過ちが深刻すぎるものでありませんように」、「過ちが正されないまままあまりにも長く放置されませんように」ということで、「一番大切なのは、自分が何を経験しているのかを探り、それをほかの誰かと共有する道を見つけること」と述べています。

保護者から子どもへのかかわりが強調されることが多いのですが、子どもが親に合わせる力はかなりあります。保護者が完璧に振る舞わなければならないということではなく、お互いが心地よく過ごせるように、子どもの心の動きに思いを寄せられる余裕をつくることが大切です。

おわりに

児童虐待をテーマに子育てについて考えてきました。子育ては、過去に比べ格段に時間をかけ、濃やかになっています。子どもと向き合う時間は、子どもに飲み込まれる吸い取られる経験につながります。ゆとりがなければ自分を失う経験になってしまいます。「あるべき」とされる子育てのレベルが格段に高くなっていると同時に、価値の多様化、自由の思想は、世間一般の家族像という後ろ盾を失わせてきています。理想はいろいろ語られますが、及第点はあまり示されません。一人ひとりの親が子育てをその人の責任で考えなければならない時代になっています。すべきことよりしてはいけないことを考えるほうが、わかりやすいかもしれません。その意味で虐待はしてはいけないことの例です。

そもそも子育ては、不安や戸惑いの大きなものであり、支えられるべきものであるのに、まわりからの理解が得られない恐れから孤立と意固地さを生んでしまうことは悲しいことです。湧きあがる不安や恐れをまわりの人に頼ることで減らし、ゆとりをもつことが望まれます。報道されるような極端な例ではなく一般的には、「虐待」というしてはならないことをしてしまった裏に、さまざまな事情で子育ての支援が得られてこなかった保護者と子どもの姿が見えてきます。虐待という言葉で保護者を責めるのではなく、「虐待」とされる行為が支援を求めるサインで、周囲の人と手を携えて行う、本来の子育てを行うきっかけであると考えることが必要でしょう。

参考文献

遠藤利彦　２００７　愛着理論の現在　こころの科学１３４号　日本評論社　20-24頁

畑千鶴乃　２０１３　虐待の重症度と生活困難と関連　松本伊智朗（編著）　子ども虐待と家族　明石書店　37-45頁

Hrdy, S.D. 1999 *Mother nature.* Chatto & Windus. 塩原通緒（訳）　２００５　マザー・ネーチャー　早川書房

厚生労働省家庭福祉課保護者子関係再構築支援ワークキンググループ　２０１３　社会的養護関係施設における親子関係再構築支援事例集

桜山豊雄ほか　２０１４　児童虐待相談のケース分析等に関する調査研究　平成25年度財団法人こども未来財団児童関連サービス調査研究等事業

Stern, D.N., Stern, N.B. & Freeland, A. 1998 *The birth of a mother.* Basic Books. 北村婦美（訳）　２０１２　母親になるということ　創元社

髙田　治・滝井有美子　２００８　家族からの分離と再統合　中釜洋子・野末武義・布柴靖枝・武藤清子　家族心理学　有斐閣ブックス　213-214頁

滝川一廣　２００８　子育てと児童虐待　そだちの科学10号　日本評論社　80-86頁

滝川一廣　２０１２　学校へ行く意味・休む意味　日本図書センター

第11章 母と娘

その関係の重さと「自立」

信田さよ子

はじめに

臨床心理学・精神医学の周辺で用いられる言葉が、時代の動向や雰囲気とマッチすると一種の流行語になることがあります。甘えの構造、モラトリアム、アダルト・チルドレン、ニート、社会的引きこもりなどを具体的にあげることができますが、ここ五、六年じわじわと進行しているのが母娘関係の問題への関心の広がりであり、墓守娘や毒母といった言葉が一般にも見られるようになりました。大型書店に行けば「母娘コーナー」があり、ずらりと多くの本が平積みにされています。母娘関係という主題は、少なくとも臨床心理学において正面から扱われることが少なかったように思われます。

本稿では、母娘関係が主題化されるまでの親子関係をめぐる論点をまとめ、筆者が母娘関係に注目するようになった契機と歴史的・社会的背景を述べます。さらに本主題を窓口に「自立」概念をとらえなおし、親子関係について提言したいと思います。

1　親と子の関係

1　父・息子関係①　エディプスコンプレックス

父息子関係についての代表的な概念として、ジグムント・フロイト（1856–1939）のエディプスコンプレックスがあります。精神分析的理論を学ぶ際に必ず出会うこの言葉は、フロイトによって提示されました。ギリシャ悲劇の「オイディプス王」は、古代ギリシャ三大悲劇詩人の一人であるソポクレスが、紀元前四二七年ごろに書いた戯曲です。主人公のオイディプスが知らないままに父を殺害し母と結ばれ、そのことを知ったのちに自ら両目を突いて盲目となり、王位を退いて放浪するというあらすじです。

フロイトはこれにヒントを得て、男児は最初の異性である母親を欲望し、それが母の夫（＝父）によって禁止されることで、母と切断されると考えました。息子は父のように強くなりたいと望みながら（同一視）、父は母への近親姦的欲望を禁止する憎しみの対象ともなります。一方で、近親姦的欲望を抱く息子にとって、父は自分のペニスを去勢するかもしれないという恐怖の対象ともなります。このような父に対する葛藤を父を殺害することなく乗り越えること、そして母への欲望を断念することが「自我」の形成のプロセスに不可欠なのであり、これらはすべて現実ではなく無意識の世界において行われるとしたのです。いわばキリスト教的父性原理にも通じるこの概念がフロイトの精神分析理論の中心であり、心的発達理論の根幹をなしています。女性は息子の女親（母）であり、しかも女親（母）は父という存在の陰画として機能するしかありません。そして、娘はいずれ息子の女親（母）になるべく理論化されていたのです。

2　父・息子関係②　阿闍世コンプレックス

フロイトによって創始された精神分析はいまだに大きな影響力をもっていますが、西欧の近代的自我や人格を前提としたこの理論が、果たして日本ではどれほど受け入れられるのかについては、多くの精神分析家たちがさまざまな提言を行ってきました。

なかでも注目すべきは「阿闍世（あじゃせ）コンプレックス」です。これは精神科医古澤平作（1897–1968）が創唱し、精神科医小此木啓吾（1930–2003）が広めた概念です。西欧的二項対立的な世界観にもとづき、母から切断する父と去勢不安を抱く息子との関係を基礎としたエディプスコンプレックスに対し、阿闍世コンプレックスは仏教経典に題材をとりながら、母性原理にもとづいた感情的葛藤である甘えや依存を許しあう二者関係をあつかっています。エディプスコンプレックスの体験の克服によって獲得される超自我（理想・良心・倫理観）は、父親から懲罰されるという去勢不安から生まれる罪悪感を根底にもっていますが、阿闍世コンプレックスの体験には、エディプスコンプレックスのような罰や恐怖による罪悪感は存在しないのが特徴です。

阿闍世コンプレックスで見られる罪悪感は、「自分が悪い事をした（母親を恨み殺そうとした）のに、相手から許されてしまったことによる申し訳のなさや後悔・謝罪としての罪悪感」であり、その世界は「悪い行為をした加害者（子ども）を〈罰する〉のではなく、〈許すこと〉によって子どもに自己懲罰的な罪悪感を自発的に抱かせようとする世界」です。何よりも、阿闍世コンプレックスは、母親と子どもの二者関係における「甘え・憎悪・許し・謝罪の複合感情」であり、最初から父親のような社会的存在としての他者は存在していません。同じ罪悪感であっても、父という超自我ゆえの内面化された規範による罪悪感と、許されてしまうことで生じる「申し訳なさ」のそれとは大きく異なるのはいうまでもありません。父ではなく、母と息子の関係を中心にもってきた考え方なのです。

3　母・息子関係──マザーコンプレックス

男性が母との良好な関係を披歴することは、日本以外ではそれほど否定的にとらえられているわけではありません。イタリアなどではむしろ母親思いの表れをよしとし、韓国でも公衆の面前で母親を大切にする姿は賞賛されこそすれ揶揄されることはありません。ところが、日本では一九九二年のテレビドラマ「ずっとあなたが好きだった」（TBS系）がきっかけになり、登場人物の名前の「冬彦さん」を代名詞にすることで、マザーコンプレックスのマイナスイメージが固定しました。ドラマにはいつまで経っても子どもの自立を促さない母親と、母親への依存によって自立できない息子というわかりやすい組み合わせが登場し、マザコンという略語はダメな男の代名詞として一気に広がりました。

もともとの意味は母親に対して息子が執着することを表していますが、エディプスコンプレックスのように学問的に定説があるわけではなく、日本でも一九七〇年代初めには用いられていたようです。ユング心理学の第一人者である河合隼雄（1928-2007）は、西欧では結婚によって母親とは切断されるが、日本ではその契機を経ることなく結婚に至るので男性の多くが母親と切れることなく家族を形成していくと述べました。このような母息子関係を、エディプスコンプレックスをもじって批判的に表現した言葉が、マザコンだと考えられています。マザコンには、母親を拒否できない男性に対する女性からの批判と、女親である母親を切断できないふがいなさに対する同性からの批判という二つの側面があります。

4　父・娘関係―エレクトラコンプレックス

個人として自立するためには父親との対峙・乗り越えが必須であるという考えは、あくまで息子を対象にしており、娘は視野の外です。臨床心理学においても、フロイト理論を学びながらそこに自分はいないと感じ、戸惑いを覚えた女性は少なくないでしょう。それは、精神分析のみならず、多くの人文科学は人間＝Manを前提として組み立てられてきたことを思えばそれほど不思議でもありません。

では精神分析において、ペニスをもたない娘の成長・発達はどう位置づけられるのでしょう。フロイトは息子も娘も同じであるとしたのですが、弟子であるカール・グスタフ・ユング（1875–1961）は、同じくギリシャ悲劇において父王アガメムノンを殺した母親に復讐する娘「エレクトラ」になぞらえ、娘の場合をエレクトラコンプレックスと呼びました。しかしながら、父親に対して独占的欲望を感じ母親に敵意を抱くこの概念は、それほど広く受け入れられたわけではなく、むしろ批判を受けることも少なくありませんでした。フロイト自身がユングの提唱したこの概念を明確に批判しています。

5　母・娘関係の登場

エディプス理論における女性の位置づけは、フロイト以降の精神分析の流れにおいて争点であり続けました。ペニス・エンヴィ（男根羨望）という言葉を最初に目にしたときの衝撃は忘れられませんが、女性の精神分析家たちもそのことを課題にし続けてきました。サラ・コフマンはヘレネ・ドイッチェやアンナ・フロイトらの格闘をたどりながら女性論を表し（Kofman, 1982）、その後もフロイトの女性観に関して論考を続けています（コフマン／鈴木訳　２０００）。一方で、一九六〇年代末からアメリカを中心に起こった第二波フェミニズムに影響を受けた女性たちは、フロイト理論に女性が位置づけられていないことを批判し、女性による女性の自立のための理論構築をしようとしました。

その点で欠かせないのがナンシー・フライデー著『母と娘の関係――「母」の中のわたし、「わたし」の中の母』（フライデー／俵・河野訳　１９８０）です。原題は"*My mother myself*"といい、一九七七年にアメリカで出版されるやいなやベストセラーとなりました。ウーマンリブやフェミニスト的ムーブメントと連動し、女性たちが同性の親である母との関係を、男性の視点を経ることなく初めて描いたものです。母と娘の関係を共生関係＝シンビオーシス（symbiosis）というキー概念で読み解く本書は、共生関係から離れることが自立であるとしています。そして次のように結論づけています。

> 私たちが母親から分離できれば、母親は別の女に見えるようになる。私たちには関係のない女として、一人の人間として、母を見ることができる。いつまでも共生的に結びついていると、私たちは、まだ母親から完全な愛を得られるのではないか、という希望を捨てきれない。もう、私たちは成人している。自分がそんなものを望んでいないのはわかっている。幻想を捨てて、別のところに目を移さなければならない。まるで酔いからさめたような感じ。成熟とはそういうことだ。それこそ真実だ。
>
> （フライデー／俵萌子・河野貴代美（訳）『母と娘の関係――「母」の中のわたし、「わたし」の中の母』講談社　１９８０年　201頁）

娘の立場から母親を同じ女性として理解しようと努めることを推奨し、女性としての身体性や性の問題をからめた記述は、歴史的な試みであったといえるでしょう。性的解放を掲げる当時の状況を色濃く反映しているその内容は、フロイト的な解釈を乗り越えようと試みてはいるものの、その後九〇年代にかけて発展する女性学がもたらした成果はまだ反映されてはいませんでした。そればかりではなく、当初フェミニズムは母娘関係を扱うことには慎重でした。それについて竹村和子は次のように述べています（竹村　２００２）。

じつは当初フェミニズムでさえも、母－娘関係が考察の対象にされることは、ほとんどなかった。なぜならフェミニズムは、階層的秩序を有する父権制への異議申し立てとして出発していたために、父－息子を連想させる世代間の垂直的な葛藤を有するらしい母－娘に対しては口をつぐみ、もっぱら女の水平的な連帯を強調する傾向にあったからだ。

（竹村和子『愛について――アイデンティティと欲望の政治学』岩波書店　２００２年　141頁）

2　家族の関係性を考える視点

1　アルコール・薬物問題と家族

フェミニズムにおける女性同士のつながりの強調、さらにフロイト理論の女性の立場から批判的検証といったさまざまな動きの背後には、当時のアメリカ社会がおかれた状況を読み取る必要があります。ベトナム戦争終結（一九七五年）にともなって、多くの従軍兵が家族のもとに帰還しました。しかし戦場における彼らのトラウマは薬物・アルコール問題として顕在化し、家族において繰り広げられる暴力につながりました。

七〇年代中盤から、フェミニストたちによるDV（ドメスティック・バイオレンス）や性暴力（レイプ）・虐待の被害者（女性・子ども）への支援が始まったのです。一九八〇年に発表されたDSM-Ⅲ（アメリカ精神医学会の精神科診断統計マニュアル第三版）にはじめてPTSDが登場したことは、ベトナム戦争退役軍人の精神的後遺症への一つの社会的保障であったことはよく知られています（小西　1996）。その際、ジュディス・L・ハーマンが、DVや性暴力被害による後遺症を複雑性PTSDとして診断名に含めるように主張したのですが、それは適いませんでした。そのような男性の暴力の背景としては、ベトナム戦争後に顕著となった、アルコール・薬物問題の深刻化をあげねばなりません。

2　アダルト・チルドレン（AC）

一九七〇年代末にアメリカのアルコール依存症治療現場のソーシャルワーカーたちが生み出したのが、アダルト・チルドレン（AC）と共依存という言葉でした。八〇年代のアメリカで隆盛をほこったポップサイコロジーは、心理学のわかりやすいシェマをあてはめて自分を理解することを促進しましたが、二つの言葉は恰好の用語として広く受け入れられ流行語のようになりました。八九年には日本のアディクションの専門家にも共有されるようになり（ブラック／斎藤訳　1989）、筆者がカウンセリングにおいてACや共依存のグループを担当するきっかけとなりました。

ACとは「現在の自分の生きづらさが親との関係に起因すると認めた人」と定義されます。もともとはAdult Children of Alcoholicsであり、親のアルコール問題がどれほど子どもに影響するかを明らかにする言葉でしたが、日本では機能不全家族という漠然とした言葉とともに広がり、一九九六年にはいわゆるACブームが生まれ、多くの関連本（西山　1995、信田　1996、斎藤　1996）が出版されてマスメディアでもとりあげられる現象が生まれました。

二〇〇〇年に児童虐待防止法が制定されましたが、十五年経った現在でも、虐待のような特殊な事例以外は親子関係に加害・被害のパラダイムをもちこむことへの抵抗は強いままです。ACという概念が画期的だったのは、九〇年代初頭にあって、はじめて親が子にとって加害者になりうることを示したことです。一九九五年の阪神淡路大震災後、インターネットの普及も加わり、燎原の火のごとく多くの人たちにACが共有されたのは、この一点によるものではないかとさえ思います。

さらに、カウンセリング経験を通して、ACと自認した人たちのほとんどがアルコール依存症の父親のことよりも、母親との関係に苦しんでいることに気づかされました。多くの人たちの語る言葉から、親の期待に添うことで親を支える子どもと、「あなたのために」という愛情の名のもとで支配を行使する母親という組み合わせがはじめて見えてきたのです。

一九九五年から現在まで、女性だけのACのグループカウンセリングを続けていますが、二十年以上も彼女たちの苦しみにかかわってきたことが、母娘問題を読み解く大きな助けになりました。いわばアダルト・チルドレンは母娘問題の原点ともいえます。

3　システム家族論とポジショナリティ

システム家族論にもとづく家族療法からは、母娘関係の問題は、母が世代境界を侵犯して娘と連合し、娘が偽親（偽夫）的役割をとっていると解説されるでしょう。ACという概念の新しさは、システム家族論的把握ではなく、親子関係が力における非対称性にもとづいているとした点です。どれほどよい親であろうとも、子どもに対してはいささかの加害者性を帯びてしまうのです。

システム論はシステム統合をめざしますが、ＡＣという概念は親子関係に「愛と絆」に代わって、非対称性・権力と支配・加害・被害という視点を投入したといえます。

したがって、親子関係について中立的で客観的な言説は、弱者ではなく強者である親に与することになります。もっと具体的にいえば、親子関係に潜在する権力関係を看過すれば、子どもではなく知らず知らずのうちに親の立場に立つことになるのです。母娘問題も同様に、娘の訴えを客観的・中立的に聞くと、親の心子知らずとつぶやきたくなるでしょう。ＡＣという概念に出会ってから、カウンセリングにおいては中立ではなく弱者の立場に立つことを心掛けてきましたが、母娘問題もどちらの立場に立つかという援助者の立場性（posisionality）が鋭く問われることになります。

3　娘という存在

1　墓守娘――母が重い娘たち

拙著『母が重くてたまらない・墓守娘の嘆き』（信田　２００８）が出版された当時、そのタイトルがどれほどのインパクトをもつかについては予測していませんでした。むしろカウンセラーとしての経験からあたりまえのことを書いたという意識が強くありました。読者の多くは本との出会いについて、こう語っています。「自分のことだと思ったけれど、怖くてすぐに手に取ることもできなかった」「何度も書店で逡巡した」「表紙を開くのが怖かった」。また、著者である私へのクレームが出版社に入ったとも聞かされました。

「あんなひどい本を出していいのですか」という批判を匂わせていたようです。これらの反応を知ることで、母を批判することは日本で大きな抵抗に遭うこと、そして母が重いと口に出すことすらタブーであったことを再認識したのです。

母娘といえば、男性たちからは家族の中で一番仲のよい関係と思われがちです。同性同士の気安さから旅行やショッピングをともにするために、優良な消費者としてもてはやされます。いわゆる世間の常識もそれに加担して、母と娘は仲がいいことを疑いもしなかったのです。父と息子が対立や切断といった言葉とともに語られるのと比較すると、大きな違いです。母親と娘の考えや思いがこれほどまでに、絶望的といえるまでにかけ離れていることをおそらく誰も想像できなかったのではないでしょうか。家族・親子にまつわる常識による被拘束性ゆえに、娘たちはそう感じる自分に問題があるのではないかと思い、母が重い、つらいなどと表立って口には出せないできたのです。

2　アラフォーの娘

同時期に類似のテーマを扱った数冊の本（斎藤　２００８）が出版されたことから母娘問題は話題になり、東日本大震災後からは「毒母」「毒親」という言葉とともに様相を少しずつ変えながら現在に至っています。

拙著を読んでカウンセリングに来談する女性（娘）たちの年齢は、二〇代から七〇代まで幅広く、彼女たちの母親も四〇代から九〇代までとこれまた幅広いのですが、二〇〇八年当初もっとも鋭く反応したのは、当時アラフォーと呼ばれた世代の女性たちです。出版社をはじめとするマスメディアの第一線で働く彼女たちが、自分のこととしてメディアをとおして発信することで多くの女性の共感を得て、一種のムーブメントといわれる現象を生み出したのです。コアとなったのはこのようにアラフォーの娘と団塊世代の母親という組み合わせなのでした。

アラフォーの娘が母親に抱くのはさまざまな感性や思いですが、なかでも顕著なのが深い罪悪感です。冒頭に述べた阿闍世コンプレックスにみられる「こんな自分でも許してくれた母への罪悪感・申し訳なさ」との違いは、彼女たちが母からの期待に自分が添えなかったこと、呪詛と恨みに満ちた母親を幸せにできなかったことに罪悪感を抱いている点です。その苦しさから、母が重いとひとことでも言おうものなら、人間でなくなるような恐怖に襲われるのです。

客観的中立的に外側から見ていると、彼女たちがあたかも母親を批判しののしっているかのように誤解されますが、母親の幸不幸は自分が支えるべきと考えており、母を幸せにできなかった罪悪感にさいなまれていることがその重さの中心なのです。

3 団塊世代の女性の挫折

日本の母親像の原型は、明治末期、日本が近代国家として体裁を整えたころに、あるべき家族＝近代家族の誕生とともに生まれたとされています（田間 2001）。良妻賢母や性別役割分業（男は仕事・女は家庭）も大正時代には浸透していたはずですが、当時は女性に参政権すらありませんでした。団塊世代を中心とした母たちが、戦後民主主義教育の影響を大なり小なり受けている点は、その母の世代との大きな相違点です。憲法が謳う基本的人権にもとづく男性との対等性や人生選択の自由を、言葉ばかりでなく学校の成績や受験競争をとおして身をもって知ったのです。四年制大学進学者は同世代の女性の五％でしたが、卒業しても社会の壁は厚く、就職口などありませんでした。専業主婦率がもっとも高いのは団塊世代の女性であるともいわれています。愛の成就という幻想とともに結婚になだれこんだのですが、夫は七〇年代から八〇年代にかけて、仕事優先の猛烈サラリーマンとして家庭には不在だったのです。

一度は自己実現を夢見た彼女たちが、ニューファミリーの幻想にも敗れた結果、自分と同じジェンダーを背負う娘という存在に巨大な何かを託すことは、それほど不思議ではないでしょう。

4 少子化による娘の地位の上昇

団塊世代を中心とした女性たちの子どもの出生数が多くても三人であるということは、長男相続制度の残滓の減少と相俟って、母の期待がしだいに息子から娘へとシフトしたことを表しています。男女平等の形骸化を体験した彼女たちは、自らの人生の代走者を娘に期待し、敗者復活戦に挑ませるのです。一方、母たちが明治生まれの祖母（姑）との関係で苦しんだ姿を見て育ったために、息子とは意識的に距離をとり、結婚したら嫁に不必要なまでに気を遣います。息子を自立させた母というプライドを死守するためにも、マザコンの息子を育てたと言われたくないからです。彼女たちの不平等感・不全感は、皮肉なことに息子と娘に対する対応の違いを生み出し、娘に対してだけは、あたかも解放区であるかのようにあけすけな支配を行使することになります。

娘が交際する男性との仲を婉曲に割く母親、娘を結婚させたくない母親は珍しくありません。その裏側には、もちろん将来の介護要員としての期待が含まれています。しかし娘がもっとも混乱するのは、就職までは競争に勝ち残ることが母の期待だったのに、ある年齢（三〇歳前後）になると暗に結婚を望むことです。女らしくなどと一言も言わなかった母が、「やっぱり出産しなくてはね。孫を抱っこしたいわ」などと言うのです。突然このように言われた娘は、母の期待の矛盾に股裂き状態に陥ってしまいます。

しかし母親は、自らの行為をすべて「母の愛」に変換してしまうので、支配・加害の自覚はなく、むしろ娘のためにこれほどまでに尽くしてきたと疑いもなく考えているのです。

5　寿命の延長と総子化《そうしか》の時代

国勢調査によると、一九二〇年代に五〇代の女性で親が存命だったのは二〇％程度だったのですが、二〇一〇年には五〇・四％になりました。「持ち親率」がここまで上がったということは、親である時間、子である時間がとてつもなく長くなったことを表しています。百歳超えも珍しくなくなった現在、娘である時間はかつてなく長くなっています。博報堂生活総合研究所はこの現象を「『総子化』の時代」（生活動力2013　２０１２）と呼んでいます。

かつては実家の母と五〇代で別れることによって、母親の像は美化され母性愛幻想は維持されたのです。また、家父長制による嫁と実家の切断は、母への思慕をつのらせることになりました。ところが結婚しても実家との行き来は変わらず、妻の実家の傍に住むようになることで、母と娘が切断される契機はなくなりつつあります。

団塊世代の女性たちの中には、高齢な母親がいまだに君臨している人もいます。戦後の混乱期を乳飲み子を抱えて生き抜いただけあって、足腰もじょうぶです。幼いころから「お前のために……した」「世間様は……だ」「母親を捨てればどんな罰があたるか」などと前近代的言語で強迫されてきた彼女たちは、よき娘でなくなることへの恐怖で身動きがとれないことでしょう。それでも元気なうちは、盆暮れと年二回の接触でなんとか距離をとっていられますが、倒れて介護が必要になると問題が一気に顕在化します。

背中をさすろうとすると手が止まる。母の手を握ろうとするととっさに嫌悪感で身動きできなくなる。直後に襲うのは、そんな行為をとってしまう激しい自責感です。百歳を超える母親が、自分の罪悪感を刺激する言葉を投げかけるたびに、いまだに二日間も寝込んでしまうという七〇代の女性もいます。高齢になればなるほど弱者化する母たちは、それと反比例する膨大な権力を手にするといえます。

4　被害者性について

1　被害者性の否認によって加害者化する

団塊世代の女性たちは、戦後民主主義教育を受け、核家族で育児書を片手に子育てをした世代です。すでに三歳児神話は彼女たちを席巻しており、自覚的に育児をすることがあたりまえでした。また、出産は自分の母を別の角度から見ることを可能にします。ではなぜそのような母たちが娘にとって重いのでしょう。その理由として、彼女たちが自らの被害者性を引き受けなかったことを焦点化したいと思います。被害者性を自覚することは、必ずしも恨み、呪い、ねたみにつながるわけではありません。自分がどのように不当に傷ついてきたかを自覚することは、自分の権利を知り、それが奪われたことを悼み、苦しむことでもあります。

家族内で女性が被害者であると宣言できたのは、ＤＶという言葉が一九九五年に北京で行われた第四回世界女性会議以降に日本に取り入れられてからです。その六年後、二〇〇一年にＤＶ防止法が制定されてから、多くの女性たちには夫からの暴力に耐えるのではなく、逃げたり、夫を加害者更生プログラムに参加するよう方向づけたりといった選択肢が生まれました。

しかし、多くの女性が夫から暴力をふるわれながらも、なかなか被害者性を認めないのは、加害者がほかならぬ夫であるからです。夫が変わらない、しかも別れるわけにはいかないと判断した彼女たちは、女はがまんしてあたりまえの人生というフォーマットに従っていきます。そこに被害者性はありません。

他者から被害者性を指摘されても否認する女性が多いのは、それを認めれば何かを捨てなければならず、あまりの困難さに尻込みするからかもしれません。被害者性を自覚せず引き受けることもないこのような母たちは、娘に対して夫やこれまでの人生の愚痴をこぼし、あなたのためにここまでやってきたという自己犠牲を誇示し、娘たちに「私のせいで母は苦しんでいる」という罪悪感を惹起します。母を少しでも幸せにしなければならないと考える娘たちは、母からの期待を先取りした親思いの子どもになるでしょう。

犠牲になった自己像を娘に注ぎ込む母たちは、娘が幸せになることを実は望んでいません。自分も耐えてきた現実から娘が一抜けすることを、どこかで妨害するのです。被害者性を引き受けることなく、娘に憑依し、犠牲者である自分を理解させ慰撫させ、母の代理として生きさせることで、母たちは満たされるのです。このように、母の被害者性の否認は、娘に対する加害者化につながるといえるでしょう。

2 被害者性とミソジニー（女性嫌悪）

母たちは夫に対して被害者意識を抱けないと述べましたが、漠然とした理不尽さは感じており、自分がなぜ女に生まれたのだろうと一度は考えたことがあるはずです。

ミソジニーとは、女性嫌悪もしくは女性蔑視とも訳されます（上野　２０１０）。もともとは男性たちが根深く抱くミソジニーですが、その対象である女性たちもいつのまにかそれを内面化しています。「女であることの嫌悪」「女に生まれて損をした」というミソジニーは、一方で女性が女性を差別するという意識や行為につながりやすいものです。

戦後民主主義の洗礼を受け、男女平等を形式的にでも知ったからこそ生まれるその感覚は、まるで父から母へのDVを目撃している男児が学校で弱者をいじめるように、同じ性である娘に向かうことがあります。ACのグループカウンセリングでほぼ全員に共通する経験が、初潮を母に伝えられなかったというものです。彼女たちは、おそらく暗黙のうちに娘である自分が「女性」になることへの母の嫌悪を感じとっていたのです。「いやらしい胸をしている」といったわかりやすい表現から、ブラジャーを決して買い与えないという行為まで、娘の性的成熟を嫌悪する母の姿は、まさに彼女たちのミソジニーそのものを表しています。

3　母として必要なこと

娘から重いと指摘され、時には会うことさえ拒絶される母たちに必要なことは何でしょうか。遠まわりのようですが、それは繰り返し述べてきた、自らの被害者性の自覚に尽きます。被害者の自覚なくして被害者を脱することはできないのです。被害者性を自覚すれば、加害者（それは個人とはかぎらない）に目を向けざるを得ません。そこから自分の傷つきや不幸への自覚が生まれ、加害者への怒りが生まれます。自分より弱者である同性の娘への、趣向を凝らした支配を行使することの醜さは、このようなプロセスを経なければ到底自覚することはできないでしょう。それほどまでに、自分の支配性や加害者性をみつめることは困難なのです。女性であること、結婚したがゆえに被らざるを得なかった数々の不幸に向きあうことを避けてはなりません。それは後ろ向きやマイナス思考として批判されるべきではなく、どれほどみじめであろうと直面しなければならないのです。安易に娘の人生に入り込み生き血を吸いとるような人生よりも、自分の不幸に向き合ってこそ、他者としての娘が浮かびあがってきます。娘が他者性をもつことが、母である自分を否定するのではありません。この一点が理解されないために、多くの母は娘を他者と認めないのです。

4　父や夫の果たす役割

母の被害者性の自覚が鍵を握ると述べましたが、父に責任はないのでしょうか。「僕たち男性にはよくわかりません」という態度は、めんどうなことから手を引きたいことの表れでもあります。理解不能という結果に終わるとしても、妻と娘の感じていることを知ろうとする姿勢を示すだけでも娘にとっては助けになるでしょう。彼らには、母親と娘の緩衝役として、時には母を制して切断する存在として機能する必要があります。エディプスコンプレックスの場合は、父は母を欲望する息子を切断しました。母娘問題においては、娘を他者としてみなさない妻を切断する存在が父といえるでしょう。そのことにより、娘の苦しみはなくならないまでも半減されることでしょう。

既婚の女性たちにとっては、母との関係に押しつぶされそうなときに、夫の協力と理解が生命線になります。母からの介入に対して防波堤になり、時間をとって妻の経験に耳を傾ける夫の姿勢によって、娘たちはかろうじて持ちこたえることができるのです。逆説的ですが、母たちも、夫に支えられていると感じることではじめて自らの被害者性が自覚できるのかもしれません。母親たちの無自覚さと娘への他者性のなさは、幾重にも堆積した深い孤立感の結果かもしれません。

おわりに

本稿の主題である母と娘の関係を、依存や自立といったこれまで使いふるされた言葉を用いて解析しようとすると、実に浅薄で単純な構図に帰結してしまうのではないでしょうか。それは、親離れ・子離れというわかりやすい言葉がほとんど何も役立たないのと同じです。心理学や臨床心理学がこれまで前提としてきた親子関係や母親像をパラダイム転換しなければ、昨今の母と娘の関係性を読み解くことはできないでしょう。

総子化時代、少子化、長寿化、非婚化、さらに格差社会化による若者の総体的貧困化。これらの変化は、おとなになったら親を離れて家を出ていく、中年になったら親と死別して老後を迎える、子どもは親を越える、年齢がきたら結婚して子どもが生まれ、さらに孫が生まれる、という「ふつう」の期待を撤去しなければならないことを意味しています。

筆者がカウンセリングで出会う高齢の親たちは、子どもたちに金銭的援助をするのがあたりまえになっています。

ACという概念に出会いカウンセリングの経験をとおして、三歳であっても子どもはどれほど親を支えているか、親の責任を子どもが肩代わりしているかが明らかになりました。家族関係に加害・被害、支配、暴力といった視点を投入しなければ援助が成り立たないという経験も積みました。

その延長線上に母と娘という新しい主題が登場したことは、子どもが親から解放されるにはどうすればいいのかという問いかけであり、それに対して援助者の有効な対応が求められる時代が来たということの証左です。依存と自立という言葉で親子関係の説明がついた時代は終わったのではないでしょうか。これからは「離れること」「距離をとること」「関係を断絶すること」をキーワードに加えることで、新しい家族像が描けるようになるでしょう。

最後になりましたが、娘たちへの具体的対応については紙数の関係で割愛したことをおことわりしておきます。また「母と息子」に関しても別途述べる必要があると考えています。

引用・参考文献

Kofman, S. 1982 *Respect des femmes.* Galilee.
コフマン、S／鈴木 晶（訳）２０００ 女の謎――フロイトの女性論 せりか書房
フライデー、N／俵 萌子・河野貴代美（訳）１９８０ 母と娘の関係――「母」の中のわたし、「わたし」の中の母 講談社
竹村和子 ２００２ 愛について――アイデンティティと欲望の政治学 岩波書店
小西聖子 １９９６ ジュディス・L・ハーマン／中井久夫（訳）『心的外傷と回復』解説文 みすず書房
ブラック、C／斎藤 学（監訳）１９８９ 私は親のようにならない――嗜癖問題と子どもたちへの影響 誠信書房
西山 明 １９９５ アダルト・チルドレン――自信はないけど生きていく 三五館
信田さよ子 １９９６ アダルト・チルドレン完全理解――一人ひとり楽に行こう 三五館
信田さよ子 ２００８ 母が重くてたまらない・墓守娘の嘆き 春秋社
斎藤 学 １９９６ アダルト・チルドレンと家族 日本評論社
斎藤 環 ２００８ 母は娘の人生を支配する ＮＨＫ出版
佐野洋子 ２００８ シズコさん 新潮社
田間泰子 ２００１ 母性愛という制度―子殺しと中絶のポリティクス 勁草書房
生活動力2013 ２０１２ 総子化 博報堂生活総合研究所
上野千鶴子 ２０１０ 女ぎらい――ニッポンのミソジニー 紀伊國屋書店

第12章 生殖医療は福音か？

親と子どもにとっての意味

平山史朗

はじめに

一九七八年の世界初の体外受精による児の出生を契機として、生殖医療は発展を続けています。実施施設数や実施件数から見ると世界一の生殖医療大国となったわが国では、子どもを得るための手段として生殖医療を利用することは、もはや特別なことではなく、「通常の選択肢」になったかのようにみえます。

子どもを望む人々にとって、生殖医療、そしてそれを支える生殖技術は、子どもをもつことをかなえてくれる可能性に満ちた希望の医療として輝いて見えることでしょう。しかし、生殖医療の発展は単純に福音として歓迎すべきことなのでしょうか。

本章では、子どもをつくる技術としての生殖医療が、それを利用して親になろうとする人々と、それにより生まれてくる子どもにとってどのような意味をもつのかについて考えてみたいと思います。

1　生殖医療によって誕生する子どもと家族のかたち

生殖医療はさまざまな点でヒトの生殖に影響を与えましたが、その大きなものとしては、生殖から性交を不要にしたことと、生殖に必要な精子・卵子・子宮という三つの要素をそれぞれ異なる人が担うことを可能にしたことがあげられるでしょう。現在のわが国では、男女が性交により妊娠し、その女性が出産し、親となった男女が生まれてきた子を育てるというのが「普通」の生殖と養育であると考えられているわけですが、生殖医療を利用することで子どもを産み育てる道筋がより多様になったということです。もちろん従来から養子縁組など「普通」以外の子どもを産み育てる道が生殖医療以外にも存在してきたことはいうまでもありません。

性交を介さず子どもが誕生することを不自然で好ましくないと考える人もいるでしょう。子どもは愛情に満ちた男女間の性交によって誕生するのが正しいかたちであるという考え方はロマンチック・ラブ・イデオロギーそのもので、生殖の多様性を無視した考え方ですが、そのような考えを採用するカップルが子どもを得るために生殖医療の助けが必要となる場合、価値観の葛藤が生じ、選択が困難になる可能性があります。

本節では、さまざまな生殖医療が誰にどのように用いられているかについて概説し、それによって生まれる子どもや家族のかたちについてまとめます。

1　前提としての家族の多様性を認識すること

「子どものいる家族」というと、みなさんはどのような想像をされるでしょうか。お父さんとお母さんがいて、二人くらいの子どもがいるような家族、それが「普通」の家族であると想定しませんでしたか。子どもの誕生や家族のかたちを考える際に注意しなければならないのは、子どものいる家族について、私たちがあるステレオタイプを想像し、そしてそれが「正しい」家族のかたちであるように考えてしまいがちであるということです。しかし、家族のかたちというのは時代や文化によってその規範を変えるものですし、現在の日本においても、実際には多様な家族のかたちがあることを忘れてはいけません。「標準的」なかたち以外の家族は少数派として見過ごされ、特別な家族として認識されがちですが、標準と例外という家族のかたちによる分類は目に見えない圧力となり、標準とされる以外のかたちの家族を生きにくくしている要因となっているのです。このことは、生殖医療を利用して誕生した家族についても同様で、自然に子どもを授かった家族から外れた特別な家族として扱うことが、彼らの疎外感を強めることにつながり、生殖医療を受けることをスティグマ化しているということを意識する必要があるでしょう。

現在の日本にみられる家族のかたちをあげてみると、離婚や死別で片方の親と子どもが暮らす家族、もともとシングルペアレントとして子育てする家族、ステップファミリー（いわゆる子連れ再婚家族）、祖父母や親戚と暮らす子ども、そして養子縁組や里親委託を利用して子どもを養育する家族などその姿は多様です。もちろん子どものいない家族でも、子どもを望まなかったカップルから、望んでも得られなかった不妊カップル、流死産などで失われた子どもをこころの中に抱えて生きるカップル、最近ではカップルの片方あるいは両方が性別違和（GD、以前の性同一性障害）を抱えるカップルや、同性カップルとして生活する人も増えています。さらに特定のパートナーをもたない一人家族という形態も存在します。生殖医療で子どもをもつことを考えるときには、単純に不妊の夫婦である男女だけではなく、それぞれの家族が生殖技術を利用する場合も考慮する必要があります。それをふまえたうえでこの技術が家族のかたちをどのように変える

（変えない）のかについて考えることが重要です。

2　不妊カップルのための配偶者間生殖医療

生殖医療はもともと不妊カップルに子どもを授けることを可能にするために発展してきました。ここでいう「不妊カップル」とは、子どもができることが社会から自然であるとみなされている人々のことを指します。いわゆる婚姻関係にある男女が大多数ですが、現在では事実婚カップルでも生殖医療を利用できることが多くなりましたので、それらの人々も含まれると考えます。

不妊カップルのための生殖医療は、大きくは配偶者間生殖医療と非配偶者間生殖医療に分けられます。事実婚カップルのことを考えると「配偶者間」という表現はおかしいのですが、生殖医療は婚姻関係にある男女を原則的な対象としてきたため本稿でも「配偶者間」生殖医療と呼びます。要するに、男性側パートナーの精子と、女性側パートナーの卵子と子宮を用いて子どもをつくるための方法のことです。配偶者間生殖医療は、不妊の原因に応じてその種類が選ばれますが、排卵障害に対して排卵誘発剤を使用したり、卵管閉塞に対して卵管鏡や腹腔鏡を用いて卵管形成術を行うといった原因を直接治療（解決）する方法と、不妊原因があっても卵子と精子の出会う確率を上げて妊娠を達成するための方法とがあります。いわゆる不妊治療として広く知られ実施されているのは後者の方法で、タイミング法、人工授精、体外受精‐胚移植（ＩＶＦ‐ＥＴ）、顕微授精（ＩＣＳＩ）などがあります。とくに体外受精をはじめとする高度な生殖医療のことを生殖補助医療（Assisted Reproductive Technology: ART）と呼び、二〇一三年の統計では全出生児の二十七人に一人がこれらの技術を用いて誕生しています。

図12‐1に代表的な生殖医療技術について示しました。図の上から下にいくに従って医療的な介入の度合

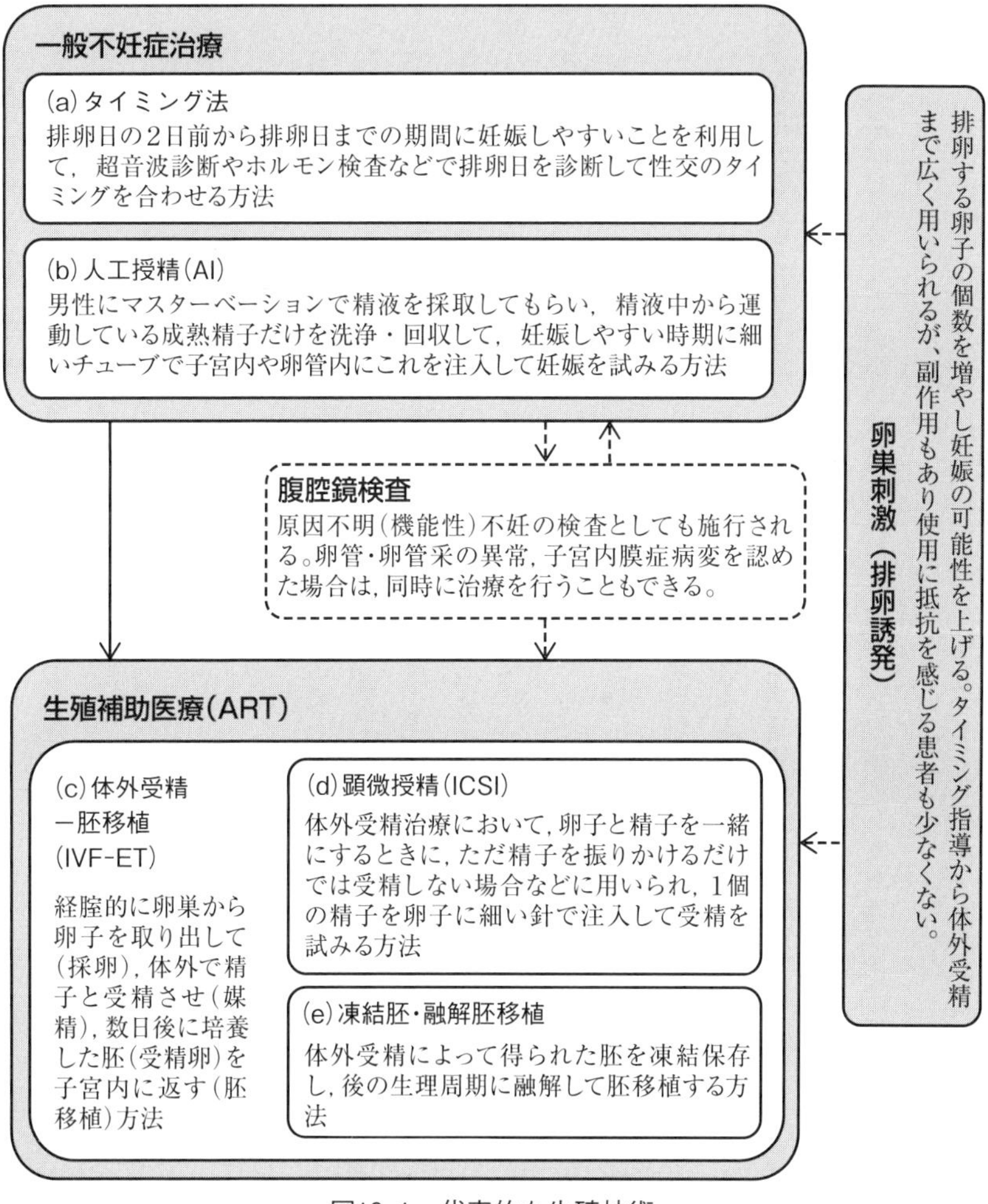
一般不妊症治療
(a)タイミング法
排卵日の2日前から排卵日までの期間に妊娠しやすいことを利用して，超音波診断やホルモン検査などで排卵日を診断して性交のタイミングを合わせる方法
(b)人工授精(AI)
男性にマスターベーションで精液を採取してもらい，精液中から運動している成熟精子だけを洗浄・回収して，妊娠しやすい時期に細いチューブで子宮内や卵管内にこれを注入して妊娠を試みる方法
腹腔鏡検査
原因不明(機能性)不妊の検査としても施行される。卵管・卵管采の異常，子宮内膜症病変を認めた場合は，同時に治療を行うこともできる。
卵巣刺激（排卵誘発）
排卵する卵子の個数を増やし妊娠の可能性を上げる。タイミング指導から体外受精まで広く用いられるが、副作用もあり使用に抵抗を感じる患者も少なくない。
生殖補助医療(ART)
(c)体外受精
ー胚移植
(IVF-ET)
経腟的に卵巣から卵子を取り出して(採卵)，体外で精子と受精させ(媒精)，数日後に培養した胚(受精卵)を子宮内に返す(胚移植)方法
(d)顕微授精(ICSI)
体外受精治療において，卵子と精子を一緒にするときに，ただ精子を振りかけるだけでは受精しない場合などに用いられ，1個の精子を卵子に細い針で注入して受精を試みる方法
(e)凍結胚・融解胚移植
体外受精によって得られた胚を凍結保存し，後の生理周期に融解して胚移植する方法

図12-1　代表的な生殖技術

いが高くなります。治療の段階が進むことを「ステップアップ」と呼びますが、必ずしもすべての方法を順番に実施するというわけではなく、不妊原因や年齢、患者の希望などによって進み方は異なり、ときには「ステップダウン」することもあります。

それぞれの方法について補足します。(a)タイミング法は性交で妊娠を試みる方法で人為的介入が少ないために患者にとっては許容しやすい方法といえます。しかしながら指示されたタイミングで性交をすることは性交から楽しみや自然さを奪い、とくにくり返しても妊娠が達成されない場合には義務的な性交に対して抵抗感や負担感を感じるカップルも少なくなく、夫婦関係という観点からは意外とストレスフルな方法です。(b)人工授精に関しては、「人工」という名称から侵襲的な治療を想像して不安や抵抗を感じる人もいますが、実際には精子が卵子と出会うまでの距離を短縮するだけであり、それゆえ生殖医療としてはそれほど精度が高い治療法ではなく、妊娠率も周期あたり一〇%前後と患者の見積もる期待よりも低いことが多いようです。生殖補助医療の中心となる(c)体外受精‐胚移植は、一九七八年にイギリスで、日本では一九八三年にはじめての出生児が誕生しています。ひとくちに体外受精といっても、卵巣刺激の方法や培養方法、移植に供する胚の状態などによりさまざまな方法があり、その成績は方法ごとに、あるいはまた対象となる女性の年齢によってもまったく異なるため、単純に公表される妊娠率の数字を比べることには意味がありません。(d)顕微授精は体外受精より高度な「次の段階」の治療と思われるかもしれませんが、それは必ずしも正しくなく、体外受精治療で用いられる技術の一つです。その他の生殖補助医療では、(e)凍結胚・融解胚移植も一般的に行われています。近年では、多胎妊娠の防止のために体外受精における移植胚数の制限がされるようになったことや、移植周期における子宮環境の調整のために実施件数が増加しており、出生児数も新鮮胚移植によるものより多くなっています。

配偶者間生殖医療を利用した場合に形成される家族のかたちは自然妊娠の場合と基本的に目に見える違い

はありません。しかし生殖医療そのものの影響というよりも生殖医療の利用の仕方による特徴として、多胎や高齢出産の問題がよく指摘されます。

前述のように二〇〇八年に日本産科婦人科学会が体外受精での移植胚数を原則一個としたことで多胎妊娠は激減し現在では五％程度までになっていますが、それまでは移植あたりの妊娠率を向上させるために複数個の胚を子宮に戻すことが一般的だったため、多胎妊娠が一〇％を超えていました。多胎妊娠・分娩のリスクには、低出生体重などによる児の発育の問題や周産期死亡の増加、母体の合併症の増加などがあります。産科医療からはＮＩＣＵ（新生児集中治療室）の病床が生殖補助医療による出生児で占められる状況が発生し、生殖医療に対する批判の声が高まりました。また、多胎児の育児については実証的なデータは少ないながらも虐待リスクにつながると指摘されることもあり、親の育児困難に対する支援が必要といえるでしょう。また、現在では不妊治療が一般的にも知られるようになってきたため、多胎児の出産は不妊治療の結果であると他者から認識されるという状況が増えてきました。このような他者からの視線は、親自身が不妊であったことや不妊治療を利用したことを否定的にとらえている場合には不妊であった自分を意識させられる機会となり脅威に感じられるかもしれません。ただし、もともと不妊カップルはそうでないカップルと比べて多胎妊娠・出産への許容度が高いことが知られており、多胎妊娠をリスクではなく一度に望んだ子どもが複数得られる機会だと肯定的にとらえることも少なくないようです。不妊カップルは多胎妊娠・出産のリスクについて知らされても「ゼロよりは二人」を希望しがちだということは、それだけ望んでも授からないという状況が、不妊カップルを追い詰めているということを示しているのかもしれません。

また生殖医療そのものは生殖可能年齢を伸ばしたわけではありませんが、高齢で子どもを希望する場合に生殖医療を利用するカップルの数は増えており、結果として高齢妊娠・分娩も増えています。昔から高齢女性でも出産する例は見られましたが、その多くはすでに分娩経験のある女性だったのに対し、高齢での初産婦が多いのが生殖医療による妊娠の特徴といえるでしょう。母親と子どもの年齢が離れていることが家族にどのように影響するかについて明確な見解はないと思いますが，親との年齢差が大きい子どものことを「はじかきっこ」と呼ぶこともあり，高齢出産が否定的にとらえられやすい文化の中で親子がどのように育っていくかについては注意が必要でしょう。

生殖技術が進歩したことによって誕生した家族のかたちはほかにもあります。胚の凍結技術により，同じ時に採卵した卵子でも移植する時期が異なるときょうだいとして誕生することがあります。時間差で生まれる双子（や三つ子）になるわけです。また，凍結保存された胚でも，もう希望する数の子どもが誕生したなどの理由からカップルが子宮に戻さない選択をした場合には廃棄されることになり，生まれなかったきょうだいをもつ体外受精出生児もいるということになります。このことについてたとえばイタリアでは，受精した段階ですでにいのちは誕生していると考えるため，体外受精で得られた胚は必ず子宮に戻さなければならない（廃棄してはいけない）と法律で定められていますが，日本ではそのような決まりはありません。胚（受精卵）がヒトかモノかという論争は以前からありますが，「家族として生まれる可能性のある胚」をどのように処遇するかについて生殖医療を利用するカップルが選択をする必要があり，家族メンバーにとっての胚の存在の意味が問われることになるでしょう。

3　不妊カップルのための非配偶者間生殖医療

不妊カップルは「二人の子ども」を得るために生殖医療を利用します。しかしさまざまな理由からそれが得られない場合に，第三者が関与して子どもをもつ方法のことを非配偶者間生殖医療と呼びます。非配偶者間生殖医療では，それまで自明であった生物学的な親と社会的な養育をする親が分離されることになり，

「親」概念の拡張が必要です。表12－1にさまざまな非配偶者間生殖医療における生物学的な親の由来についてまとめました。それぞれの方法について説明していきましょう。

1　精子の提供によるもの

精子は簡単に体外に取り出すことができるので、生殖医療が発達する前からカップルの男性パートナー以外の男性の精液を注入するという原始的な人工授精により子どもをもつことは可能でした。医学的に不妊カップルのための治療として第三者の精子を使用した記録としては十九世紀末にアメリカで報告されています。この非配偶者間人工授精（ＡＩＤ／ＤＩ）は無精子症等の男性を含むカップルのために世界的に広がり、日本でも一九四九年に慶應義塾大学で最初の出生児が誕生しています。当時の最先端の男性不妊症のための治療として、病院の身近にいる医学部の学生が少額の謝礼と引き換えに提供した精子を用いて人工授精を行い、多くの子どもが誕生したのです。ＡＩＤでは生物学的な父親は精子提供者ですが、出生届の父親の欄には依頼者夫婦の夫の名前が記載され、夫婦の子どもとして扱われてきました。これは、わが国の親子に関する法律の規定で、子どもを産んだ女性を母親とし、その女性が婚姻関係にある場合にはその夫を父親と推定するという原則があることから、生物学

表12-1　非配偶者間生殖医療による生物学的つながりの違い

		精子	卵子	子宮
通常の男女		夫	妻	妻
精子提供		SD	妻	妻
卵子提供		夫	OD	妻
提供胚移植		SD	OD	妻
代理出産	体外受精型	夫	妻	GC
	伝統型	夫	SM	SM
卵子提供＋代理出産		夫	OD	SM
精子提供＋代理出産		SD	妻	SM
精子・卵子提供＋代理出産		SD	OD	SM

注）男女の生殖は夫婦にかぎらないが，ここでは便宜上「夫」「妻」と表記した。SD：精子提供者，OD：卵子提供者，GC：ホストマザー，SM：サロゲートマザー。

的父親ではない夫が子どもを産んだ妻の配偶者として法的な父親となることにもこの原則を適用したのです。ＡＩＤは従来の家族形態を維持するかたちで現在まで実施され続け、これまでに一万人以上の児が誕生していると推測されていますが、その後の追跡調査が存在しないため、実際の出生児数や家族のその後については不明な点が多く残されています（後述）。また、実施に際しては精子提供者の情報について夫婦も生まれてきた子どもも知ることができない契約を結びます（精子提供者も被提供者夫婦や出生児の情報は得られません）。このようにして、ＡＩＤを受けたということ、そして夫の男性不妊は「なかったこと」として家族の中で処理されることになったのです。一九九七年に日本産科婦人科学会はＡＩＤの実施にあたりガイドラインを作成しましたが、実施されて五〇年近く経過してはじめて公式にＡＩＤという不妊治療の存在を認めたことになり、このことからも歴史的にＡＩＤが秘密の医療であったことがわかるでしょう。

また、女性側にも卵管閉塞など不妊の要因がある場合、ＡＩＤでは妊娠が困難で体外受精が必要な場合もありますが、技術的には可能でも日本ではＡＩＤのみが公認されているため実施できないことになっています。

2　卵子の提供によるもの

提供卵子を用いて子どもをつくるためには、採卵などの体外受精技術が必要なため、卵子の提供が始まったのは比較的最近で、一九八四年にオーストラリアで最初の報告がされました。卵子提供者は提供のために卵巣刺激を行い、採卵された卵子を被提供者に供することが一般的な方法ですが、不妊患者が自身の治療のために採卵した卵子の一部を提供する方法もあり、この場合は「卵子のシェアリング」と呼ばれイギリスなどで行われています。通常の卵子提供では生物学的な母親は卵子提供者となり、妊娠・分娩と養育はカップルの女性が担当します。卵子の提供者は被提供者の親族や知人である場合もあれば、まったく見ず知らずの他者のこともあります。提供者と被提供者に血縁関係がある場合には被提供者と出生児の間に血縁関係が維持され、遺伝的なつながりを重視する場合にはそのような提供者を希望することもあります。日本では一部の医療機関や不妊治療施設の団体が独自のガイドラインを作成して卵子提供を実施していますが、それを利用できるカップルはまだ少なく、現実的な選択肢とはなっていません。

3 胚の提供によるもの

精子と卵子の両方に問題がある場合、胚の提供を受けて子どもをつくることが考えられます。胚の由来としては、ほかの不妊カップルが不要とした、いわゆる余剰胚を提供してもらう場合と、提供精子と提供卵子から提供胚を作製する場合があり得ます。胚提供の場合、生物学的には不妊カップルとのつながりのない子どもが生まれることになりますから、養子縁組との類似性が指摘されることがあり、「受精卵養子」と呼ぶ人もいます。しかし胚提供の場合、妊娠と分娩を女性パートナーが担うことになりますから、養子縁組とは「産みの親」になれるという違いもあります。

4 第三者の子宮を利用して出産するもの

子宮が先天的に形成されない疾患として、ロキタンスキー症候群（ＭＲＫＨ症候群）が有名です。このような女性をはじめ、悪性腫瘍などの疾患のために子宮を摘出した女性、あるいは腎疾患などを抱えていて自身で妊娠することが危険なために妊娠できない女性がいます。これらの女性は養子縁組で子どもをもつことが可能ですが、代理母の子宮を借りて妊娠と分娩をしてもらい子どもをもつこともできます。代理母を用いて子どもを得る場合に、伝統的には代理母（サロゲートマザー）にカップルの男性の精子を注入する方法が用いられてきました（伝統的／人工授精型代理出産）。この場合卵子の由来も代理母となります。体外受精技術が誕生してからは、カップルの受精卵を代理母の子宮に移植することも可能となり、この場合はいわゆる「借り腹」としての代理母（ホストマザー／Gestational Carrier）利用となり、出生児の生物学的な親は依頼者カップルとなります（体外受精型代理出産）。もちろん体外受精技術を使えば、精子、卵子の由来も依頼者カップルとは別の男女で実施することができ、最大で精子提供者、卵子提供者、代理母、養育するカップルという五人の「親」が一人の子どもに関係することになります。

このように子宮のない女性が子どもをもつためには代理母の利用が必要でしたが、二〇一四年スウェーデンで子宮頸がんにより子宮を摘出した女性やロキタンスキー症候群の女性が、自身の母親から提供された子宮を体内に移植し、そこに体外受精で得られた夫婦の受精卵を移植し出産に至った例が報告されました。まだまだ一般的な治療になるには時間がかかると思われますが、日本でも臨床研究の計画が進められており、子宮のない女性が出産することができるようになる時代が近づいています。

日本では非配偶者間生殖医療に関する法的規制は現時点（二〇一五年初頭）では存在しませんが、法制化が今後進む可能性があり、その場合どのような技術が認められるのか、そしてその条件はどうなるのか、また生まれてくる子どもの法的な立場についてどのように位置づけられるのかは議論のあるところです。法的規制のない現在では、日本産科婦人科学会が法律婚夫婦に対するＡＩＤのみ実施のガイドラインを定めており、それ以外の治療については、一部国内の施設が独自のガイドラインを作成して実施しているほかアンダーグラウンドで実施しているともいわれています。法的に認められているあるいは法的規制のない諸外国で非配偶者間生殖医療を受けて子どもを得る日本人カップルの数も年々増加していると思われますが、その実態は不明です。

4　不妊カップル以外の家族が子どもを得るための生殖技術利用

不妊カップル以外でも、子どもができることが「あたりまえ」ではない場合があります。単身であったり、同性カップルの場合には自然に（公認されたかたちで）子どもができることはあり得ませんから、家族を意識的につくる手段として生殖医療を利用することになります。もちろん現在の日本では生殖医療は不妊カップルのためにのみ利用が認められているものが多いので、これらの家族が子どもを希望する場合には、海外で生殖医療を受けるか国内でアンダーグラウンドで実施している医師を探すことになります。

一般的に認められているのは性別違和の診断の後、性別変更をして男性になったＦＴＭ（female-to-male）夫と女性が婚姻してＡＩＤの利用により子どもをもつ場合ですが、以前出生届を提出する際に夫が出生児との生物学的つながりをもちえないことを理由に父親として受理されず、それを不服として最高裁まで争う事案が発生しました。結果として夫は父親として認められたのですが、非配偶者間生殖医療で生まれた子どもの立場が法的に不安定であることを示した例といえるでしょう。

またＧＤカップルについては、ＭＴＦ（male-to-female）女性が卵子提供と代理出産を利用して子どもをもつことが可能性としては考えられますが、現実的な選択肢とはなっていないようです。

単身女性や女性同士のカップルが子どもをもつためには精子の提供を受ける必要があります。単身男性や男性同士のカップルの場合には卵子提供と代理母（同一人である場合も）を利用するしかありません。アメリカや北欧の国々においてレズビアンカップルやゲイカップルは生殖医療の発達以前から養子縁組で子どもをもつ家族を形成してきた歴史があり、それらの家族の養育が適切に行われていることはすでによく知られていますし、非配偶者間生殖医療を利用して親になった同性カップルの養育についてもとくに問題は指摘されていません。

医学的な理由で生殖技術を利用する人もいます。がんに罹患した人が、その治療のために妊孕性を失ってしまう可能性がある場合に、抗がん剤治療や放射線治療を実施する前に精子、卵子、卵巣組織、受精卵などを凍結保存しておき、がん治療後に生殖医療で挙児を試みるというがん・生殖医療が注目されています。将来子どもがもてる可能性が残されているということが患者にとって希望となり、がん治療への意欲も高まるという効果も期待されていますが、がん治療開始までの短い期間に妊孕性の温存をしなければならないことから選択が困難であることや保存された卵子などを使用しても必ずしも子どもが授かるとはかぎらないことなど、未解決の問題も多く、がんの告知から治療後の生殖医療実施にわたる長期的な心理支援のあり方が検討され始めています。

2 生殖医療で子どもが生まれることの意味

1 子どもにとって生殖医療で生まれるということ

生殖医療の結果として生まれてくる子ども自身にとって、生殖医療で生まれることがどのような意味をもつのでしょうか。

世界的に見ても生殖医療で生まれた子どもに対する予後追跡調査は多くありませんが、現在のところ、生殖技術そのものによって、自然妊娠と成長や発達に差は見られないという考え方が一般的に支持されています。追跡調査の少なさは研究そのものの難しさを示しているともいえるのですが、最近では、北欧を中心として、大規模なコホート調査が行われ、その結果が公表されるようになってきました。それらの結果からは、体外受精や顕微授精の出生児の精神障害の発症リスクは自然妊娠の出生児と変わらないこと（Bay et al., 2013）や、体外受精で生まれた子どもは自然妊娠で生まれた子どもに比べて、自閉症のリスクはそれほど変わらないものの、知的障害のリスクがわずかながら高いこと、また、男性不妊が原因の顕微授精で生まれた子どもは体外受精で生まれた子どもに比べて、自閉症や知的障害のリスクが高いこと、ただし、全体から見た発症率はとても低く、体外受精や顕微授精によって上昇するリスクも小さなものであること（Sandin et al., 2013）などが指摘されています。そのほか近年になって、ＡＲＴで生まれた子どもに先天性のゲノムインプリンティング（遺伝子刷り込み）異常症の発生率が高い可能性が示唆されるようになってきました。また、造精機能に問題がある男性を父親として生まれた男児が男性不妊になるということも明らかになってきました。

子どもの立場からすると、親が生殖医療を利用しなければ出生自体がなかった可能性が高いわけですが、先天的な障害や発達的な問題を抱えて生まれ、それが生殖医療によるものであると判明した場合、親子の関係に何らかの影響を与える可能性は否定できません。

障害や問題の有無にかかわらず、生殖医療で誕生したことを出生児がどのように受けとめるかは、その子どもが生きる環境によって異なることが予想されます。親子関係や家族関係が良好であれば出生の経緯について肯定的に受け入れやすくなるでしょうし、そうでなければ家族関係の困難を出生の経緯と関係するように意味づける可能性もあるでしょう。ただし現状では配偶者間生殖医療を利用した親が子どもに妊娠の経緯について告知する割合は低いため、そもそも子どもが生殖医療の意味について考える機会自体がそれほどないことが考えられます。

近年知られるようになってきたのは、非配偶者間生殖医療で生まれた子どもたちの苦しみについてです。とくにＡＩＤは長い歴史をもつため、すでに成人した子どもたちがたくさんいます。前述したように従来のＡＩＤの特徴として、提供者情報がカップルにも出生児にも知らされないということがありますし、親となったカップルもＡＩＤで子どもをつくったことを子どもに告知することはほとんどありませんでした。しかしながらさまざまな理由で自分がＡＩＤという方法で生まれてきたことを知ったＡＩＤ者（成人したＡＩＤ出生児）が声をあげ始めました。彼らは自分の遺伝情報の半分がわからないこと、そしてＡＩＤで生まれたことを親に秘密にされ続けたことに対して怒り、自分が何者なのかというアイデンティティが崩されて苦しんでいることが明らかになりました。日本でもまだ数は少ないながら大人になったＡＩＤ者が自助グループをつくり、自身の出生の問題と取り組み始めていますが、彼らの多くがＡＩＤという方法自体に批判的な態度を表明していることの意味を私たちは真剣に考える必要があるでしょう（ＤＯＧ・長沖　２０１４）。

世界的にみても、ＡＩＤ者が声をあげ始めたことで、それまで匿名提供者で子どもへの真実告知が不要と考えられてきたＡＩＤや非配偶者間生殖医療に関する法律やガイドラインが変更されるようになってきました。スウェーデンは一九八〇年代半ばに人工授精法をいち早く制定し、提供者の匿名性を排除し、出生児が適切な年齢になった場合に提供者の情報を得られるようにしました。北欧の国々やオーストラリア、イギリスなどの国も提供精子・卵子の匿名原則を変更し、真実告知を推奨し出生児の出自を知る権利を保障するなど、「正直さが最善の方針（honesty is the best policy）」という考えが世界的な潮流となっています。

また、最近の興味深い現象として、インターネットやＳＮＳ（ソーシャルネットワークサービス）の発達により、非配偶者間生殖医療で生まれた子どもが、自身の身体的特徴や得られた情報から提供者、あるいは同じ提供者から誕生したほかの出生児を見つけ、出会うことが増えています。同じ提供者から生まれた出生児をマッチングするインターネットサイトも存在し、知り合いになった出生児同士は同じ境遇による悩みや苦しみを分かち合える存在としての関係を形成することも多いようです。彼らもある意味では新しい家族のかたちといえるでしょう。

2　親にとって生殖医療で子どもが生まれるということ

子どもを望んでも得られなかった不妊カップルにとって、生殖医療を利用して子どもが生まれることは、長年の苦しみから解放されようやく望んだかたちの家族が得られることになるでしょう。彼らからは、「普通の家族になれた」喜びがよく語られます。多くの不妊カップルにおいて、子どもがいるのが本来の状態であり、子どもの不在は異常で欠けた状態なのです。ですから生殖医療で子どもが得られることでようやくマイナスがゼロになったように感じられるのです。当事者以外は、生殖医療で子どもをつくるという家族形成法は科学技術の進歩がもたらした「生殖革命」による新しい家族のかたちのようにみなしがちですが、当事者の多くは特別な方法でできた家族と見られることを極端に嫌います。それは、特別な方法で子どもをつくったということが普通とは違う、自身の不妊のスティグマを刺激されてしまうからでしょう。このことは子どもに対して出生の経緯について話さない態度とつながります。調査からも生殖医療で生まれたことを子どもに伝える夫婦は非常に少なく、伝えない理由として「言う必要がない」からと考えていることが示されています（平山ほか　1999）。このような親の態度を支えているのが、生殖医療が家族のすがたを目に見えるかたちとしては変えなかったことにあるのではないでしょうか。誕生した子どもが生殖医療を利用してできたかどうかは、当事者以外にはわかりません。前述したように多胎や高齢出産の場合には疑いの目を向けられても、実際にはどうなのかは秘密にすることが可能です。

そして、この「普通の家族になった」という意識は、非配偶者間生殖医療で子どもを得た不妊カップルにもよく見られます。彼らは新しく特殊な家族のかたちをつくったと意識することを望まず、「普通の家族」として社会の中で埋没することを望みます。不妊カップルは非配偶者間生殖医療を利用しても、その事実は「隠せる」と信じ、家族の秘密として一生抱えて生きる決意とともに、「普通の家族」としての生活を選びます。もちろん中には非配偶者間生殖医療で家族をつくったことは一般的な家族の成り立ちとは違うけれども、自分たちなりの幸せな家族のかたちであると意識して築いていこうとするカップルもおり、彼らの多くは子どもにも出生の経緯について積極的に伝える計画があると語りますが、そのような家族はまだ少数派でしょう。しかしそもそも、「普通であること」をことさらに意識すること自体不自然なことのはずです。不妊当事者との心理臨床においてはこの「普通であること」へのこだわりがその人が生きていくことを不自由にしていると感じることがよくあります。子どもをもたないことや不妊であることへの社会の偏見を不妊の当事者自身が内在化してしまうことが苦しみの源泉ではないでしょうか。日本の社会において「普通」ではない生き方を選ぶことの困難はかように強く存在しているのです。

生殖医療を利用したことが家族の秘密として存在し続けることの長期的な影響についてはまだわかっていません。調査研究では配偶者間、非配偶者間を問わず、生殖医療で誕生した家族の親子関係に大きな問題はみられないという結果を示しています（Ilioi & Golombok, 2015）。しかし前述したようにＡＩＤ出生児にとって秘密の存在が家族の関係に悪影響を与えるとするものもあります。生殖医療を実施する医療者は前者のような統計的結果を信頼し、問題が生じるのは特殊な例であるため生殖医療自体はそれを望むカップルのために有用であるという立場をとるものが多く、子どもの福祉を重視する人々は、少数であっても生殖医療によって苦しむ子どもたちが誕生するのであれば、その実施には慎重であるべきとの立場をとります。依って立つ正しさの基準が異なるため、建設的な議論が困難な状況ですが、生殖医療が誰のためのもので、私たちにとって福音であるのかどうか、さまざまな声に耳を傾け考えていく必要があるのではないでしょうか。

3　非配偶者間生殖医療における提供者や代理母、およびその家族にとっての意味

非配偶者間生殖医療における配偶子の提供者や代理母は、これまでは人格をもたない存在として扱われてきました。匿名での提供が一般的であった時代には、提供者は若年未婚の男女であることも多く、不妊カップルを助けたいという利他的な動機だけでなく、提供による報酬を期待して応募する人も少なくありませんでした。彼らはあくまで提供や出産をした時点で役割を終え、依頼者や出生児とのかかわりをもつ機会はありませんでした。しかしながら非配偶者間生殖医療による出生児の出自を知る権利が尊重されるようになってきた現在では、生物学的な親や産みの親である彼らは、提供や出産の役割を終えた後も、人として出生児や依頼者カップルと関係をもつことが要求される場合も出てきました。ただし出生児の出自を知る権利が保障されている国でも、実際に出生児と提供者とが接触した事例はまだ非常に少なく、彼らの関係がどのようになるかについてはこれから明らかになっていくと思われます。

また、非配偶者間生殖医療による出生児と、精子や卵子の提供者の子どもとは、生物学的に半分きょうだいというつながりをもつことになりますが、提供者が自身の子どもに対して提供の経験を伝え、半分きょうだいが存在することを知った場合に何が起こるかについてはまったくわかっていないのが現状です。

3　生殖医療が私たちに問いかけるもの

最後に、生殖医療がもたらしたものとして、「妊孕性の可視化」に着目してみたいと思います。生殖技術

が発達していない社会では、どうして妊娠するのか（しないのか）は謎であり、まさに「授かりもの」として子どもが誕生します。生殖医療とは、それまでブラックボックスでコントロール不能であった妊娠をコントロールしようとする技術であるといえるでしょう。そして、写真や動画で見ることができるようになった卵子・受精卵は、生まれるはずの子どもとして認識されるでしょう。また、凍結保存された卵子や受精卵は、将来の子どもとして自分が親になることができることを保障してくれる（と感じられる）可視化された妊孕性と考えられないでしょうか。自分が妊娠・出産できる可能性を目に見えるかたちとして生殖医療は提示してくれます。目に見えるかたちとなった妊孕性は妊娠や出産をコントロールできると感じさせます。

しかしここで厄介なのが、この可視化された妊孕性は、確実に妊娠や出産を保障してくれるものではなく、あくまで可能性の域を出ないものであるということです。不妊患者の苦しみは、生殖医療という妊娠する可能性が提示されているにもかかわらず、それによっても子どもが得られないというコントロール不能感により強められるのです。

さて、ここで考えていただきたいことがあります。現在の生殖医療は不完全なものだから、すべての人に子どもを誕生させることができないことが問題であるとすれば、将来、それが可能になったとしたら、どうなるのでしょうか？

そんなことは単なる空想の世界のお話だから考える必要がないと思われるかもしれません。しかしながら、ｉＰＳ細胞研究等の再生医療が実用化し体細胞から精子や卵子（しかも性別関係なく）、あるいは子宮が作成できるようになることは、もうＳＦの世界ではなく、私たちが近い将来直面することになるであろうこの世界の話なのです。

子どもをもつということが完全にコントロールできるようになったとき、それはどのようなことを意味するのでしょうか。おそらくその時、私たちはどうして自分に子どもが必要なのかという根源的な問いと直面することになるでしょう。授かるものではなく、いつでもつくることができるのならば、どうして自分は、いま、子どもをもつのだろうかということを考えざるを得なくなるはずです。意識的に「家族をつくる」ことを考えるということは、子どもの意味、家族の意味を考えることなのです。生殖医療が私たちに問いかけるのは、まさに子どもの価値をどう考えるかであるといえるでしょう。

引用・参考文献

Bay, B., Mortensen, E.L., Hvidtjørn, D. & Kesmodel, U.S. 2013 Fertility treatment and risk of childhood and adolescent mental disorders: register based cohort study. *BMJ*, 347:f3978.

非配偶者間人工授精で生まれた人の自助グループ（DOG: DI Offspring Group）・長沖暁子　２０１４　ＡＩＤで生まれるということ 精子提供で生まれた子どもたちの声　萬書房

平山史朗　２０１３　不妊と結婚生活　家族心理学年報　**31**　57－68頁

平山史朗・吉岡千代美・出口美寿恵・大野加代子・向田哲規・高橋克彦　１９９９　体外受精で親になった夫婦の妊娠、出産、及びその子供に対する態度　日本受精着床学会雑誌　**16**　56－62頁

Ilioi, E.C., Golombok, S. 2015 Psychological adjustment in adolescents conceived by assisted reproduction techniques: A systematic review. *Human Reprod Update*, **21**, 84–96.

日本産科婦人科学会平成25年度倫理委員会・登録・調査小委員会報告（２０１２年分の体外受精・胚移植等の臨床実施成績および２０１４年７月における登録施設名）　日産婦誌　2014 : 66 : 2445–2481.

Sandin, S., Nygren, K.-G., Iliadou, A., Hultman, C.M. & Reichenberg, A. 2013 Autism and mental retardation among offspring born after in vitro fertilization. *JAMA*, **310**(1):75–84.

第13章 虐待といじめに見る日本の親子
社会的変動の中で

平木典子

はじめに

第Ⅰ部では、心理学における近年の親子研究の成果をふまえて二十一世紀の日本の親子の課題について展望しました。また第Ⅱ部では、親子のさまざまな悩みや問題に直接かかわっている心理臨床家が現代の親子問題をどのように支援し、意味づけしているかを見てきました。

第Ⅱ部で紹介された内に向かう子どもや怒りを行動化する子ども、虐待する親と子ども、親子の共依存、生殖医療に潜む親子の問題は、一見、個人あるいは特定の親子の問題のように見えますが、当事者だけでなく親子を取り巻くほかの人々との関係が絡んでいること、社会全体の問題であることをどの著者も指摘していました。問題の現われ方が違うだけでその根っこはつながっていると考えられるのです。

根っこには、第Ⅰ部で論じられた日本の父母の育児の特徴が示唆するケアラーとして生きる人間の存在と意味への問いがあるように思われます。私たちは一生、援《たす》け合うことなしに生きていくことはできないのですが、コンビニでは一言も言葉を交わすことなく買物ができ、スイッチを押せば機器が動いてくれる便利さのなかで、人手を借りないで生きているような錯覚に陥っています。

ところが、育児や教育、仕事の世界では、人と人がかかわることなしに物事は進みませんし、多くの悩みや問題は人間関係にまつわるものになっています。とりわけ現代の親子問題には、人がかかわりの中で生きていること、人の存在が「人権を大切にすること」で護られることを忘れ、無視しているような事件が目立ちます。

そこで本章では、日本の親子の象徴的課題として、心理臨床の視点から親による子ども虐待と子ども同士のいじめをとりあげ、日本の親子の課題を探ってみたいと思います。

1　虐待といじめの変化にみる現代の親子

現在、心理臨床・福祉の現場で子どもはもちろん、親も支援者も、そして社会全体も苦慮している問題が虐待といじめです。児童虐待の実態と保護者支援についてはすでに第10章でとりあげられましたので、本章ではその歴史的変化と社会的背景を概観し、後ほど述べる「子ども同士の虐待」とも受けとれるいじめと関連させて、親子問題の意味を考える手がかりにしたいと思います。

1　児童虐待相談の内容の変化

児童虐待は一九八八年に「児童虐待の防止等に関する法律制定」によって正式に問題としてとりあげられるようになりました。一九九〇年から厚生労働省は、児童相談所で取り扱われた十八歳以下の子どもの虐待相談件数の統計を取り始めましたが、以後、件数は急激に増え続けています（図13‐1参照）。これは、現実の虐待が増えたというよりは対応が整備されたことによって発見される数が増えたとみることが妥当だと思われますが、それでも近年の著しい増加傾向は注目に値します。

児童虐待相談件数は一九九〇年から二〇一三年の二十三年間に一一〇一件から七三七六五件（速報値）と七十倍に増えています。四種類の虐待（身体的虐待、性的虐待、ネグレクト、心理的虐待）の二〇一二年度の内訳は、最も多い身体的虐待が全体の三五・四％（前年度三六・六％）、二位は心理的虐待で三三・六％（前年度二九・五％）、三位ネグレクト（養育放棄）が二八・九％（前年度三一・五％）、最も少ないのが性的虐待の二・二％（前年度二・四％）でした。この順位でわかるように、二〇一二年と二〇一三年では、二位と三位が入れ替わって、ネグレクトよりも心理的虐待が増えています。

四種類の虐待については第10章でも説明されましたが、ここでの理解を助けるために、再度簡単に述べておきます。「身体的虐待」とは、殴る、蹴る、投げ落とす、激しく揺さぶる、火傷を負わせる、溺れさせる、首を絞める、縄などで縛って一室に閉じ込める、など。「性的虐待」とは、子どもへの性行為、性的行為を見せる、性器を触るまたは触らせる、ポルノグラフィの被写体にする、など。「ネグレクト」

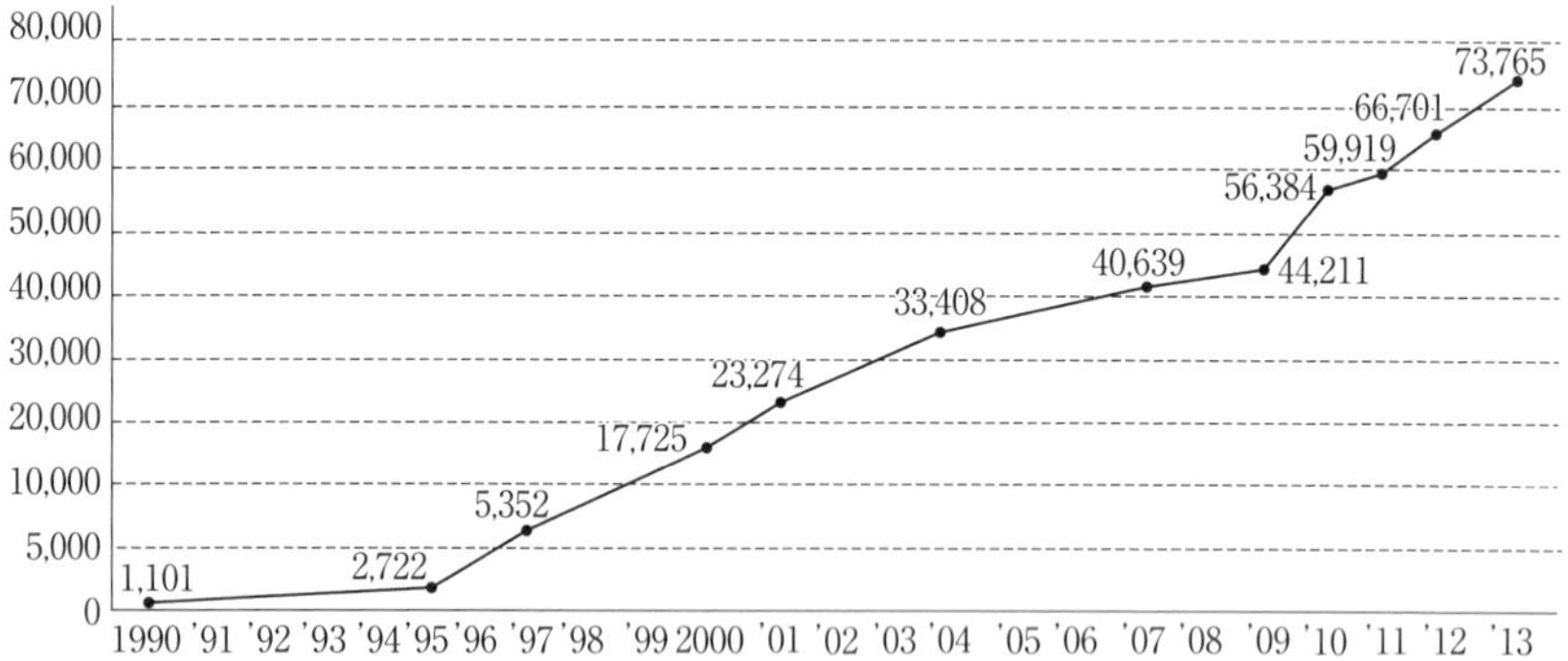

注）2010年度の件数は，東日本大震災の影響により，福島県を除いて集計
2000年，「児童虐待防止等に関する法律」成立
2013年は，2014年8月の速報値

図13-1　児童相談所の児童虐待相談件数（厚生労働省資料により作成）

とは、押し入れや車に閉じ込めたり放置したり、食事を与えない、不潔なまま放置したり、病気になっても病院につれていかない、など。「心理的虐待」とは、ことばで脅したり、無視したり、きょうだいの間で差別扱いしたり、子どもの目の前で家族に対して暴力をふるう（DV）など、です。

統計を取り始めて以来、身体的虐待に次いで多いのはネグレクト（養育放棄）で、三位が心理的虐待でしたが、心理的虐待は二〇〇九年に前年度の二倍の件数になり、二〇一二年にはネグレクトを超えました。二〇〇九年以降、身体的虐待は減り始めている半面、心理的いじめともいえる暴言や拒絶的態度が増えており、外からなかなか見えにくいところで子どもの心に深い傷を負わせる虐待として、大きな問題となっています。

虐待される子どもの年齢は、三歳未満が一八・八％、三歳から五歳までが二四・七％と四割以上が学齢前の子どもであり、また小学生が三五・二％と一番多く、虐待が低年齢化していること、とりわけ心理的虐待やネグレクトが低年齢児に多く、年齢があがるにつれて身体的虐待や性的虐待が増えていることが報告されています。

おもな虐待者については、実母が五七・三％と最も多く、実父が二九・〇％で、実父の割合が過去五年間では毎年二％ぐらいずつ上昇しています。

さらに、警察が検挙した児童虐待事件も増加の傾向にあり、二〇一三年は四七五人で、そのうち二五人が死亡しています。また、検挙された事件の虐待内容は身体的虐待が七〇・七％、性的虐待が二一・九％で、ネグレクトと心理的虐待はほとんど事件になっていません。検挙事件全体の主たる虐待者の割合では、実父が約四割、実母が約二割で、死亡事件では実父が五割弱、実母が四割を超えています〈詳しくは『平成26年版　子ども・若者白書』（内閣府　２０１４）を参照〉。

ただ、おもな虐待者の実母の割合が実父より多いながら実父が増加の傾向にあること、ただし検挙事件全体の主たる虐待者の割合では実父が実母より多く、死亡事件では実父と実母の割合がそれほど離れていないことは、虐待の内容では父母の差が少なくなっていることがわかります。

2 心理的虐待、ネグレクトの親の心理

近年、ネグレクトと心理的虐待の二つが増える傾向にあるということは、子どもにとっては目立たないところで心身ともに徐々に蝕まれていく、救われようのない痛ましい虐待が潜行していることを意味します。とりわけ、外からは見えにくい、親が無意識に陥っていく虐待ともいえるネグレクトには、深刻な事件に発展するものもあります。報道でも周知の通り、幼児が家の中に長期に置き去りにされて衰弱死したり、母がパチンコに熱中している間、長時間車中に放置された乳児が熱中症で死亡したり、一人で留守番をさせられた幼児が火事で焼死したりする事件は、ネグレクトの中でも死にいたる深刻な虐待です。

ネグレクトの中には幼児の死があり、心理的虐待には子ども自身が死を選ぶこともあります。ネグレクトや心理的虐待は事件にならない間に進行することを考えると、親の養育放棄や怠慢などによって子どもの存在が無視され、邪魔もの扱いにされていることが想像されます。このような虐待の質的変化は、現代日本の子育ての社会的問題としても注目されてきました。

厚生労働省による『虐待死亡事例の加害者に関する年次報告書（二〇〇〇年から二〇一三年まで）』にある虐待の動機をみると、「子どもの存在の拒否」「しつけのつもり」「保護を怠った」「泣きやまないことにいら立った」などが上位を占め、その他「子どもがなつかない」「子どもへの嫉妬」「パートナーへの怒りを子どもに向ける」「精神症状による」などがあげられています。

また、同省の母子保健への取り組みを報告した『「健やか親子21」第2回中間評価報告書（二〇一〇年）』

の虐待への取り組みの項では、社会的問題として育児不安がとりあげられ、その背景には少子化、核家族化、国際化、長時間労働などによる父親の育児不参加、地域の育児支援能力の低下など、第Ⅰ部でとりあげられた問題が指摘されています。

また、虐待の心理的背景としては、①世代間連鎖、②生活上のストレス、③しつけのつもり、④親にとって意に沿わない子、などの要素があるとされ、これらが重なるとリスクが高くなります。

心理臨床の現場では社会的、心理的背景をもった事例に出会うことが多く、親の心理と社会との関連について考えさせられます。

1 世代間連鎖

よく言われる世代間連鎖とは、虐待されて育った親とか、愛情豊かに育てられた経験がない親が子どもに虐待をしてしまうという意味です。子どもに対する愛情がないとか倫理観に欠けているという問題ではなく、自分が育てられた環境の中で愛情をもってしつけをされたり叱られたりした体験がないので、親と同じ行動をとってしまうのです。いざ子どもに対して訓練やしつけが必要となったとき、親の攻撃的、虐待的言動のモデルしか知らないので、大声で怒鳴ったり、殴ったりすることになってしまいます。適切な役割モデルがないため、ほかの方法を考えられないのです。

実際、「こっちを向いて」と泣いている子を黙らせようとして怒ると、もっと泣くでしょう。それに苛立った親が怒鳴ったり殴ったりすると、子どもは怯えて卑屈になっていきます。親はその態度に憤ってさらなる暴力や無視といった虐待へとエスカレートしていくのです。このような悪循環に陥ると、親にとって子育てはかぎりない時間とエネルギーを要する苦行になりかねません。

虐待を受けて育っても、親以外にモデルになる人や愛情を注いでくれる人、助けてくれる人がいると、このような悪循環に陥らないですみます。第Ⅰ部第1章のアロマザリングが参考になります。むしろ、後で述べる誰もが陥る可能性のあるしつけの仕方の誤解からくる問題が大きいといえます。子育てや出産については教育や支援が求められるところです。

2 生活上のストレス

この要素は、経済的、あるいは心理的にストレスがあり、育児負担が重い場合です。生活が苦しく、おまけに夫婦の仲が悪い場合、絶え間なく助けを求める未熟な子どもの要求はストレスになります。子どもが出すあたりまえの欲求でも父母の生活の不安を増大させ、その脅威に怒りや攻撃で対応してしまいます。最近、「子どもの貧困」と呼ばれる経済的、心理的に苦しい親子の危機が目立つようになりました。日本のひとり親家族では、親が働いても働かなくても貧困から抜け出せない現状があります。また、シングルマザーの七割がＤＶを受けていて、非正規雇用の母と子どもの困窮が問題になっています。

このような生活上のストレスに過去に虐待を受けて育った経験が加わると、上記の世代間連鎖の問題と重なって、子どもを虐待するリスクは高くなります。保健所や児童相談所、児童家庭支援センターなどの支援の大きな課題です。

3 孤立化した子育て

仕事が都市に集中し、馴染みのある親戚や友人がいる地域社会から離れて暮らす現代の夫婦は、核家族化し、孤独で孤立した子育てをしがちです。この孤立感は、虐待をしている親にかぎらず誰もが体験していることでしょう。夫が多忙で家事育児にまったくかかわらない専業主婦の母親は、育児不安と孤立の両方を抱えて、自ら支援を受ける術もわからないまま、追い詰められていきます。虐待をしている場合、それを意識すればするほど周囲にその事実を隠して、あるいは支援を拒否して一人でがんばろうとしてしまうこともあります。

子育ての苦労や親子関係の難しさなどを気軽に話す人がいれば、「誰にでもあることだから、大丈夫」とか「それは反抗期だから、つきあうしかない」などがわかり、ホッとすることもできます。専業主婦にはそんな仲間や支援者が必要なのが現代です。

また、「できちゃった婚」の夫婦、望まない妊娠の子どものいる夫婦など、言わば親側の事情で生まれた子のケアが夫婦の一方に孤独な子育てを負わせることもあります。さらに、夫や恋人をつなぎとめるための「かすがい」として産んだはずの子どもが、夫婦の仲をよくするどころか夫婦の仲を引き裂く「くさび」になることもあります。夫婦の選択で決められる子どもの誕生が孤立化した子育てにならない工夫は、社会の課題でもありますが、夫婦が覚悟して取り組むべき課題でもありましょう。

4 親にとって意に沿わない子

いわゆる育てにくい子どもです。病弱だったり、多動の傾向があったりする子どもは、子育てのストレスを増します。これに前述した三つの要素が重なると、子どもの自立のサインである反抗も「素直じゃない子」になり、自発的で好奇心旺盛な子どもは何をしでかすかわからない「手におえない子」になります。そうすると、親が「しつけ」と称して子どもの独自性を抑えるだけでなく、強い制約を加え、人権を無視した虐待に発展することもあります。

しつけをしているつもりの親には、子どもは親の命令に従うべき、従わせるには強く要求し、叩いてでも言う通りにさせてよい、という思い込みと言い分があります。こうなると柏木（第5章）が指摘しているように、親の思い通りに動かしたいという自己中心的な欲求だけで子育てをし、子どもの人権が無視されていきます。家庭でも学校でも出産や育児、子どもの人権についてきちんと学んでいないことの影響が考えられます。

5「叱る」と「怒る」の区別ができていない

これは、前述の問題のすべてにかかわるといってもいいコミュニケーションの問題です。また、虐待にかぎらず多くの親が陥るしつけの落とし穴にもなる「叱る」と「怒る」の混同です。「叱られた」ことを「怒られた」と言ったり、怒るのではなく叱るべきところで、感情的に攻撃してしまったり、この二つの言葉は日常生活の中でも区別なく使われるので、注意が必要です。

「叱る」とは、多くの人が守っているルールや常識の違反に対して、それを是正し、ルールや手順を伝え直し説明して、それに従ってものごとを進めるように訓練する行為です。したがって、「叱る」ことは、相手が子どもであれ学生や部下であれ、人がかかわり合う家庭、学校、職場など社会的な習慣やルールを守って、特定のスキルを身につける場で必要になります。つまり、相手が未熟だったり訓練が必要だったりするとき、指導する立場の人が相手のためにとる行為です。手順やルールに従った取り組みをしなかったり、間違えたりしたときに、あらためて基本に立ち返り、相手がその意味を再認識し、身につけようと思えるように教え、訓練することです。したがって、「叱る」ことの基本は自分の苛立ちや怒りをぶつけることではなく、むしろ、伝えるべきことを冷静にきちんと伝えようとすることです。

「怒り」とは、自分が不快になったり、脅威を感じたりしたときにそれ以上危害が加えられないように用心し、相手を遠ざけ、自分を護ろうとするとき生まれる感情で、それを表現することが「怒る」ことです。怒りの感情は自分を護るための信号として大切であり、自分の感情として相手に伝える必要があります。たとえば「それは嫌です」とか「苛立っている」と表現してよいのです。

また、私たちの日常では激怒したり、攻撃的に排除したくなるほどの危険や脅威はめったになく、正直な気持ちを言えば「困った」とか「がっかりした」ときに、怒ってしまうことが多いのではないでしょうか。また、感情は相手の言動やまわりの出来事によって起きますが、それらは自分の感情のきっかけになっているのであって、どんな感情が起きるかは自分次第です。犬が近づいてきたときかわいいと思う人もいれば、怖いと思う人もいるように、脅威に感じることも人によって違います。怒りの感情は自分が起こしているのであって、それを相手が起こしたと思うと、相手を責めたり、咎めたりして、的外れの反応をすることになります。

ルール違反や未熟な言動が自分にとって脅威であれば、「やめてほしい」と頼む必要があるでしょう。しかし、その言動を是正するよう伝えたいとき、つまりしつけや訓練をしたいときは「叱る」必要があるでしょう。「叱る」ときに、自分の怒りの気持ちを重ねると、相手は混乱したり、困惑したり、怒ったりします。相手はあなたの怒りに脅威を感じながらあなたを受けとめ、さらに相手自身の言動の不都合を理解し、是正もしなければならないからです。

相手が子どもの場合、親に感情的に叱られると怯えや怖れの気持ちでいっぱいになって、訓練や是正に冷静に取り組むことができなくなります。そうすると、親はさらに苛立ち、子どもは防衛的になり、先ほどの悪循環に陥ります。親が望む言動は身につかないだけでなく、虐待の連鎖につながります。

虐待は、親の側の「叱る」と「怒る」の区別がついていない言動と、感情的に伝えられるしつけによって起こりがちです。ルールや習慣は冷静に学び、失敗をしながらも励まされて練習し、身につけるものです。しつけには丁寧な指示と根気よいサポートが不可欠です。怒るしつけは、言わば教え、導くことを口実にした自分の感情の押しつけと発散であり、子どものためにはなっていないのです。

3　子どもたちのいじめの傾向

心理臨床の現場で対応に苦慮するもう一つの問題はいじめです。内閣府発行の『平成26年版　子ども・若者白書』によると、以下のようなことがわかります（内閣府　2014）。学校が認めたいじめの数は、近年、急増しており、とりわけ人権侵犯事件として警察から学校側の安全配慮義務を問われた事件は、二〇一三年には四〇三四件と過去最高になりました。

いじめの原因・動機の主なものは、二〇〇五年ごろまでは、「いい子ぶる・なまいき」と「力が弱い・無抵抗」がほぼ同じ割合でしたが、次の年からは「力が弱い・無抵抗」がはるかに多くなっており、二〇一三年は、「いい子ぶる・なまいき」の約二倍になっています。つまり、いじめられても自分から「それをやめてほしい」とは言わない無抵抗な子どもに向かって嫌がることをしている数が増えたということです。

学校に認知されたいじめの方法は、「冷やかしやからかい、悪口や脅し文句、嫌なことを言われる」が全体の六四・三％で最も多く、次いで「軽くぶつかられたり、遊ぶふりをして叩かれたり、蹴られたりする」（二一・四％）、「仲間はずれ、集団による無視」（二一・三％）で、小学校、中学校、高等学校とも、方法に順位の差はありません。ただ、年齢があがるにつれて叩かれたり蹴られたりすることが減る一方、高等学校ではパソコンや携帯電話による誹謗中傷が多くなっています。

一方、いじめられる子どもは、七二・八％が学級担任に、二八・七％が保護者や家族に相談していますが、スクールカウンセラーや学校以外の相談機関に相談する人は少なく、一割の人は誰にも相談していません。人数は少ないながら、学校外の相談機関にあたる私の研究所に来談した人々の特徴は、学級担任がきちんと対応してくれず不登校になり、また学校としても対応ができないほど荒れている場合で、最終的に転校を決心しています。

また、「仲間はずれ・無視・陰口」といった典型的ないじめは、ここ一〇年間で、小学四年生から六年生で男女ともおおむね半数の子どもが経験しており、被害経験の割合は横ばいの状態です。二〇〇七年度の小学校四年生が中学三年生になるまでの六年間で十二回の調査をした結果、週に一回以上の被害を十二回継続して受けた者はいない一方で、被害経験がまったくない者が十三・〇%と非常に少なくなっています。加害経験については、週に一回以上、十一回以上継続した者はいないものの、加害経験がまったくない者は十二・七%に過ぎません。そして、六年間で被害・加害とも六回以上経験している子どもがさらに四割前後いるのです。

以上のことから、いじめはどこでも常に起こっており、特定のいじめっ子、いじめられっ子がいるわけではなく、被害者と加害者が入れ替わっている現状がわかります。

4　いじめ、いじめられる子どもの心理

けれども、だからと言って、いじめを軽く見ることはできません。

いじめとは、日常の人間関係がある集団内で、複数の子どもたちが一人の子どもを対象に「キモい」「ウザい」「死ね」といった短いことばの暴力を浴びせ、「おまえはいなくなればいい」といった意味の命令調の言葉で相手の存在を拒否して、相手に苦痛を与えることです。ときにはインターネット上でいわれのない誹謗中傷を広げて、集団による屈辱的な仲間はずれ、脅し、たかり、暴行などにエスカレートしていきます。

いじめの加害者は、自分を名乗らないでこっそり机の中やげた箱にいじめ言葉を書いた紙きれを入れるなど卑怯な方法を使います。ネット上では数人の仲間による相手の弱点を書き込んだ文章や写真のコピーがば

らまかれます。闇の中で心理的迫害が続き、相手を死に追い込むこともあります。

一方、いじめの対象となる子どもは、いじめる側にとってたまたま「目立つ子」ですが、いわゆる「悪いことをして目立つ」のではなく、どちらかというとおとなしい、優しい子どもです。体型や動作が異なる子、成績がよすぎる子などがターゲットになることもありますが、本人がいじめられるようなことをしていることはほとんどありません。むしろ、ありのままでいられて、受け入れられている子どもは、そうでない子にとってねたみや嫉妬、反感の対象になり、劣等感や被差別意識を刺激する煩わしく、うっとうしい、いなくなってほしい存在になるのでしょう。

しかし、いじめられる子どもにとって「ウザい」「キモい」「死ね」という言葉は、身に覚えのない屈辱的な命令であり、どうしてそんなふうに言われなければならないのかわからないため、ひたすら苦しみに耐えることになります。仲間はずれにされ、八方ふさがりになった子どもは、大人に助けを求めるしかないのですが、大人が頼りにならないとき、不安と情緒的混乱を抱えながら子どもはいじめを隠し、孤立していくことになります。脅威の場から自分を守るには、理由を言わず不登校、引きこもりになったりします。

いじめる側は、いじめる対象がいなくなったり、ほかにいじめる対象ができたりするといじめの対象を変えます。いじめられる側にいた子どもは、いじめの集団に入れさせられたり、入ったりして、それ以上いじめられないようにします。不本意に、あるいは仕返しとしていじめる側に入ることもあります。このように、いじめは大人に気づかれぬところで潜行し、一度でも異質とレッテルを貼られた子どもは人格を否定され、存在を拒否された体験をもったまま、自信を失って大きくなっていきます。

大学に入学してはじめていじめを語る学生の中には、いじめる側に回った自分の行為を悔い、悩み、自分を取り戻すのに時間がかかる学生や、大学に来てはじめて自分がありのままに振る舞ってもよいことを知って、戸惑いながらあらためて自分探しをする学生がいます。いじめられた体験は、中学から高校にかけての青年期前期の発達課題である親密な仲間関係づくりやその中での自分探しを延期させることになります。加えて、受験勉強だけに集中したことのつけは大学にまで回ってきて、大学で一気に青年期の課題に取り組むことになります。

2 いま、家族に起きていること

これまで述べてきた親の虐待と子どものいじめは、どこかでつながっていることを感じる読者も多いと思います。虐待やいじめをしている大人も子どもも、相手の存在を認めない言葉や行動をとり、自分の欲求を満たすために一方的に相手に不満をぶつけている姿が重なります。言いかえれば、虐待もいじめも人権侵害をしているところ、相手を死にまで追い詰める危険性があるところが共通です。また、自分の言動が自覚できないほど狭い視野の中で、感情的に動いているところも似ています。

このようになっていく大人と子どもの言動には、今、私たちの日常で何が起こっているかを読み解くメッセージが含まれているように思われます。そのメッセージは心理療法や家族療法の中で立ち直っていった人びとがくれたメッセージとも重なり、現代の日本の親子を考えるうえでヒントになると思われます。どんなメッセージなのか受けとっていくことにしましょう。

1 虐待で親や大人が表現していること

虐待している親は虐待という行為の中で何を言いたいのでしょうか。もちろん、先述したように、親が子どもに直接、伝えたいことは、「親の言うとおりに動け、さもないと罰する」、あるいは「あなたのような手のかかる者に煩わされたくない」といったことです。その奥には、便利で、思い通りにものごとが進む世の中で、こんなに思い通りにいかないこと（子育て）があるとは、知らなかったし、やりたくない、という気持ちがあるでしょう。

スイッチやボタン一つで自由にものごとが進む便利な社会では、人間の赤ん坊、幼児など予測もつかない動きをする未熟で、手間のかかる者とのつきあいは、めんどうで、敬遠したい心理が働く可能性があります。コンビニでは言葉を交わさずともすぐ食べられるものが手に入り、省エネをねらった家電製品があふれている利便性の高い社会では、かつて家族が果たしていた家事・育児・教育機能はＩＴ機器や外部にまかせて、家族の機能とは考えられなくなってきました。

また、以前は家族に求められる機能であった性的・生殖的欲求も配偶者にかぎることなく充足されるようになりました。十代の妊娠や「できちゃった婚」は、子どもを育てる心の準備がないままに欲求充足をした結果、子どもが生まれることになった例かもしれません。性的、生殖的欲求を満たすことの先には、待ったなしの子育てがあることや自由な時間が制限されることまで念頭にはなく、あるいはあってもそれを避けたい気持ちのほうが強く、子育ての放棄につながるような行動をズルズルとっていくことにもなるのでしょう。

2　家族に求める情緒的安定機能はどこへ？

そして、第5章で柏木がふれたように、現代のカップルが求める結婚の価値は「心理的安定」であり、愛情やケアといった情緒的安定が得られることなのです。

ところが、誰もが求める情緒的安定の場は家族にはなくなり始めています。グローバル化し、機能化され、分業化のされた日常生活は、仕事と家庭の分離をもたらしました。ものごとはマニュアルと手順で規則どおりに進められ、家事は省力化されましたが、便利さと引き換えに家族関係は貧しくなっていきました。家族メンバーは自己実現のためにバラバラに動き、個食化・中食化・外食化が進んで、家族の時間は稼働と消費という課題達成のためにもっぱら使われ、居住空間は睡眠の場に変わり、家族団欒の時間はほとんどありません。

働く人びとは「早く、たくさん、完璧に」というスローガンのもとで、ほとんどの時間とエネルギーを稼ぐ労働に使い果たして、家族とつき合う時間も気持ちの余裕もなく、心身の健康へ配慮する力も失って、うつや循環器疾患に陥っています。孤立化は子育てをしている主婦だけの問題ではなく、家庭に居場所のない父親の問題でもあり、育児不安、DV、離婚の増加などにつながっているでしょう。課題達成にほとんどの時間を注いでいる父母は、子育ても課題となって子どもを追い立てるようになっていきます。

子どもは、父母の望むおけいこ事をさせられ、進学・就職させられ、親のできなかったことを身代わりになって実現する人として私物化されています。その延長線上に虐待があり、その理不尽さは第8、9章で述べられた言葉にならない子どもの行動である不登校、引きこもり、ニート、摂食障害、自傷・他害などの訴えに表現されています。第11章でとりあげられたアダルトチルドレンやパラサイトする娘も例外ではないでしょう。

近年、人々は心理的・情緒的安定を満たしてくれそうもない家族に魅力を失い、その時間も方法も見つからない日常に失望して、未婚・晩婚・非婚を選ぶ人々も増えています。一人世帯が増え、少子化と孤老化によって弱い立場にある人びとを支える中年層・若年層にも負荷が増大し、望むと望まざるとにかかわらずパラサイト・シングルになっていく人びともいます。

3　子どもがいじめで表現していることは？

子どもは、自由にことばで表現することができない時期、さまざまな訴えを行動で示します。そのなかには、摂食障害、不登校、うつ、引きこもりなどの心身の症状と、いじめ、非行、凶悪な犯罪、家庭内暴力、校内暴力などの暴力化傾向があります。心身の症状は不安や恥、他者から認められない悲しみなどの身体化であり、暴力化の傾向は怒りや苛立ちの身体的表現で、いずれも言葉にならない思いを社会に向かって訴えているSOSと読みとる必要があります。加えて、夜中まで続くゲーム中毒や友人関係をつなぐためのメールのやりとりなどは、怒りの暴力化、怖れや悲しみの沈黙とあわせて、コミュニケーションの行動化であり、感情表現の抑圧と爆発です。

内向する怖れや悲しみは心身の症状で、うまく表現できない怒りや苛立ちは暴力で訴えるという違いはありますが、子どもたちは課題達成と便利さを追求して毎日を過ごしている大人を見て、そのモデルを真似して行動していると見ることができます。いじめている子どもは親の身勝手な命令や指示を怒りも込めてほかの子どもに向け、いじめられている子どもは残業と睡眠不足で疲弊しながら、文句も言わずじっとがまんしてひたすら会社の言いなりになっている親の態度を見習っているかもしれません。世代間連鎖は虐待のみならずいじめやそれ以外の子どもの言動にも現われていると見ることができるでしょう。

このような子どもたちの言動は、ものが豊かな国であっても、自分の存在そのものが受けとめられず、愛されている実感がなく、情緒的かかわりが薄いところで起こります。また、個性や違いを認めず、「違っている」だけなのに「間違っている」と決めつける親や大人がいるところ、型にはまった言動を押しつける場で示されます。不寛容で「わからず屋」の大人に、「人間らしくなれ！」と訴えたいのではないでしょうか。ただ、「わからず屋」には伝えることをあきらめてしまった子どもたちが、インターネットやゲーム機器で一人遊びをするか、いじめやそのほかの行動化で八つあたりをし、刹那的な生き方で気晴らしをしていると理解することもできます。その結果、人生の準備は先延ばしにされ、子育てもキャリアも棚上げにされたまま、仕事を選ぶ時期、子育てをする時期になってままならぬ人生の現実に直面することになります。そこには自分の意のままに子どもを動かそうとする親の姿が重なります。

3　豊かさと便利さだけでは満たされない情緒的安定

このように見てくると、二十一世紀の私たちの日常は人間のあり方に無理を強いていることがわかります。先にも述べたように、その無理を大人も子どももさまざまなやり方で訴えていますが、この章ではその訴えの象徴として親から子への児童虐待と子ども同士のいじめをとりあげました。

この二つの行動化は、心理・社会的視点から一言で表現すると、人が生きるうえで不可欠な情緒的安定が得られていないことを意味しています。

人は生まれながらにして人間関係を維持する欲求と課題を達成する欲求とをもっています。未熟で生まれる子どもは他者のケアや愛なしには生きていけませんので、泣くことでそれを求め、ケアしてくれる人から「あなたがそこにいることを受けとめていますよ」というメッセージをもらって情緒的安定を得ます。その安定はケアする人への愛着を形成し、ケアする人とケアされる人の信頼関係が生まれます。このような心理的安定は一生にわたる人間関係を維持する力となり、子どもにかぎらずケアを必要とする人への心遣いとなります。

一方、子どもがあっという間にものごとを記憶し、考え、実行できるようになる様子をみると、人間には何かを成し遂げようとする志向性がもともとあることがわかります。それは現代のような文明と科学の進んだ社会を創造する大きな力になってきたことをみるとよくわかります。そして、現在も人間の課題達成志向はかぎりない発展をもたらす可能性を示しています。

しかし、課題達成志向が肥大化すると、何もかも課題化され、子育ても親の課題となります。子どもが学校から帰ってきたとき、あるいは夕食の食卓で「今日は、どうだった?」とか「今日は、どんなことがあったの?」と尋ねる代わりに、「テストはどうだった?」とか「宿題はしたの?」と聞いてはいないでしょうか。あるいは、おやつや夕食も課題のようにすませるように命令し、親が望んだ塾や習い事に通わせてはいないでしょうか。

そこで伝えられるメッセージは、「課題を達成して、よい成績を修めているかぎりで私はあなたを認める」というもので、「あなたはここにいるだけでいい」とか「あなたの存在そのものが大切」といったものではないでしょう。存在を認められない子どもは、課題を達成して認められなければならないことになり、それが親の気に入られないと、存在が否定されることになります。課題達成を強いる親、虐待する親のメッセージは、このように伝わっていることが考えられます。

心理療法では、多くの不登校や引きこもり、いじめや暴力などを示している子どもが、家族関係や友人関係を回復し、情緒的安定を得ると、問題が解決していくのを体験します。つまり、課題達成的に動いていた父母や大人が、子どもに愛情やケアを向けることによって、子どもも大人も愛することと働くことのバランスを得ていくのです。

心理療法の創始者と言われたフロイトは、かつて弟子の「人生で大切なものは何ですか?」という問いに、「愛することと働くことさ」と答えたと言われています。これは人間が生まれたときから持っている二つの特性を生かすことであり、子どもも大人もこの二つの機能のバランスの中で安定を得ていくのではないでしょうか。

科学技術の発展はさらなる課題達成志向を高めていくでしょう。しかし、最後まで残るのは人間にしかできないことです。子育てに象徴される相手を思い遣り、ケアするかかわりは、存在そのものを大切にする心の表現であり、人間にしかできないことです。人間はいつも生理的・心理的・社会的な存在として、人々とともにこの機能を発揮しようとしてきました。つまり、ケアは子育てや介護などの親子関係にとどまらず、時代を超えてケアを必要とする人々に向かって人間にしかできない生理・心理・社会的行為として残り続けるでしょう。日本の親子は今、分断されている体と心、能力と情緒のつながりを回復し、そしてケアの心で人々の関係をつなぎ直すことではないかと思われます。

参考・引用文献

平木典子　２００４　［新版］カウンセリングの話　朝日選書

平木典子・中釜洋子　２００６　家族の心理――家族への理解を深めるために　サイエンス社

柏木惠子・平木典子（編著）２０１４　日本の夫婦――パートナーとやっていく幸せと葛藤　金子書房

厚生労働省　２０１３　子ども虐待による死亡事例等の検証結果等について第９次報告

厚生労働省　２０１３　健やか親子21　最終評価報告書

内閣府　２０１４　平成26年版　子ども・若者白書

執筆者（執筆順）

根ケ山《ねがやま》光一《こういち》　早稲田大学人間科学学術院教授〈1章〉

牧野《まきの》カツコ　宇都宮共和大学副学長・子ども生活学部教授〈2章〉

石井《いしい》クンツ《くんつ》昌子《まさこ》　お茶の水女子大学基幹研究院人間科学系教授〈2章〉

舩橋《ふなばし》惠子《けいこ》　静岡大学名誉教授〈3章〉

柏木《かしわぎ》惠子《けいこ》　編者〈4，5章〉

神谷《かみや》哲司《てつじ》　東北大学大学院教育学研究科准教授〈6章〉

藤崎《ふじさき》宏子《ひろこ》　お茶の水女子大学基幹研究院人間科学系教授〈7章〉

野末《のずえ》武義《たけよし》　明治学院大学心理学部教授〈8章〉

藤田《ふじた》博康《ひろやす》　山梨大学大学院教育学研究科教授〈9章〉

髙田《たかだ》　治《おさむ》　川崎こども心理ケアセンターかなで施設長〈10章〉

信田《のぶた》さよ子《さよこ》　原宿カウンセリングセンター所長〈11章〉

平山《ひらやま》史朗《しろう》　東京HARTクリニック臨床心理士・生殖心理カウンセラー〈12章〉

平木《ひらき》典子《のりこ》　編者〈13章〉

編　者
平木典子《ひらき のりこ》
統合的心理療法研究所（IPI）所長
1959年津田塾大学学芸学部英文学科卒業。1964年ミネソタ大学大学院修士課程修了。立教大学カウンセラー，日本女子大学教授，跡見学園女子大学教授，東京福祉大学大学院教授を歴任。専門は家族心理学，家族療法。主著に『自己カウンセリングとアサーションのすすめ』（金子書房），『カウンセリングの心と技術』（金剛出版），『アサーション入門――自分も相手も大切にする自己表現法』（講談社現代新書），『図解　相手の気持ちをきちんと〈聞く〉技術――会話が続く，上手なコミュニケーションができる！』（PHP 研究所），『アサーションの心――自分も相手も大切にするコミュニケーション』（朝日新聞出版）ほか。

柏木惠子《かしわぎ けいこ》
東京女子大学名誉教授
1955年東京女子大学文理学部心理学科卒業。1960年東京大学大学院博士課程単位取得満期修了。教育学博士（東京大学）。東京女子大学教授，白百合女子大学大学院教授，文京学院大学教授を歴任。専門は発達心理学，家族心理学。主著に『子どもという価値――少子化時代の女性の心理』（中央公論新社），『家族心理学――社会変動・発達・ジェンダーの視点』（東京大学出版会），『親と子の愛情と戦略』（講談社現代新書），『子どもが育つ条件――家族心理学から考える』『おとなが育つ条件――発達心理学から考える』（ともに岩波新書）ほか。

日本の親子
不安・怒りからあらたな関係の創造へ
2015年10月25日　初版第1刷発行　　　検印省略
2016年1月25日　初版第2刷発行

編　者　平木典子
　　　　柏木惠子
発行者　金子紀子
発行所　株式会社　金子書房
〒112-0012 東京都文京区大塚3-3-7
TEL03-3941-0111／FAX03-3941-0163
振替00180-9-103376
URL　http://www.kanekoshobo.co.jp
印刷／藤原印刷株式会社
製本／株式会社宮製本所

ISBN978-4-7608-3033-6　C3011　　Printed in Japan